KB170350

토론 수업

생각
더하기
시리즈01

'생각더하기 시리즈'는 삶의 기본이 되는 우리의 '생각'에 집중한다. 스스로 생각하는 힘을 키우고 다양한 관점에서 삶과 세상을 바라보게 해준다.

토론수업
다원주의 사회를 살아가는 시민의 필수 교양

초판 1쇄 발행 2023년 02월 28일   지은이. 목광수 외 6명
3쇄 발행 2024년 04월 30일   펴낸이. 김태영

도서출판 큐 (씽크스마트)   홈페이지. www.tsbook.co.kr
경기도 고양시 덕양구 청초로 66   블로그. blog.naver.com/ts0651
덕은리버워크 지식산업센터 B동 1403   페이스북. @official.thinksmart
전화. 02-323-5609   인스타그램. @thinksmart.official
     이메일. thinksmart@kakao.com

ISBN 979-11-984411-0-2 (03170)

•씽크스마트 - 더 큰 생각으로 통하는 길
'더 큰 생각으로 통하는 길' 위에서 삶의 지혜를 모아 '인문교양, 자기계발, 자녀교육, 어린이 교양·학습, 정치사회, 취미생활' 등 다양한 분야의 도서를 출간합니다. 바람직한 교육관을 세우고 나다움의 힘을 기르며, 세상에서 소외된 부분을 바라봅니다. 첫 원고부터 책의 완성까지 늘 시대를 읽는 기획으로 책을 만들어, 넓고 깊은 생각으로 세상을 살아갈 수 있는 힘을 드리고자 합니다.

•도서출판 큐 - 더 쓸모 있는 책을 만나다
도서출판 큐는 울퉁불퉁한 현실에서 만나는 다양한 질문과 고민에 답하고자 만든 실용교양 임프린트입니다. 새로운 작가와 독자를 개척하며, 변화하는 세상 속에서 책의 쓸모를 키워갑니다. 흥겹게 춤추듯 시대의 변화에 맞는 '더 쓸모 있는 책'을 만들겠습니다.

자신만의 생각이나 이야기를 펼치고 싶은 당신.
책으로 사람들에게 전하고 싶은 아이디어나 원고를 메일(thinksmart@kakao.com)로 보내주세요.
도서출판 큐(씽크스마트)는 당신의 소중한 원고를 기다리고 있습니다.

다원주의 사회를 살아가는

시민의 필수 교양

목광수 외 6명 지음

차례

1부

2부

읽고, 쓰고,
토론하라

우리가 살아가는 현대 사회는 다양한 가치와 이념이 공존하는 다원주의 사회입니다. 이런 다원주의 사회에서는 상충하고 갈등하는 다양한 생각이 존재하며 사회가 평화롭게 공존하고 진보하기 위해서는 이러한 생각이 잘 조정될 필요가 있습니다. 인류 역사에서 우리는 갈등을 조정하는 다양한 방식을 발견할 수 있습니다. 그중 '토론'discussion은 갈등을 조정하는 대표적인 방식 중 하나입니다. 그렇다면 상충하는 생각과 갈등이 토론으로 자연스럽게 조정될까요? 도대체 토론이 무엇이기에 갈등을 조정할 수 있을까요?

토론은 단순히 서로의 생각이나 취향을 표현하는 말하기가 아닙니다. 개인은 취향을 통해 각자의 개성과 정체성을 드러내기 때문에 이를 수정해 달라는 요구는 이상합니다. 요즘은 '취존', 즉 취향 존중이라는 말이 널리 사용되며 이는 저마다 추구할 수 있는 세련된 삶의 방식이기도 합니다. 그런데 사회 협력이나 내용을 두고 이견異見이 있을 때도 '그건 취향이니 서로 존중하라'고 말할 수 있을까요? 취향이 개인적이고 주관적이라면 토론의 주제와 내용은 사회적이고 객관적입니다. 그렇기 때문에 토론은 단순히 각자의 생각을 말하는 장場이 아니라, 더 나은 방향으로 나아가기 위해 잘못된 부분은 수정을 요구하고 개선책을 제시하는 표현의 과정입니다.

19세기 프랑스 정치학자인 토크빌Alexis de Tocqueville은《미국의 민주주의》(1835)에서 미국의 민주주의를 심도 있게 분석했는데 특히 미국 사회의 토론 문화를 생생하게 증언합니다. 토크빌은 서로 주장을 제시하고 반박하는 이런 '시끌벅적한' 토론 문화가 미국 사회 특유의 민주주의를 보여준다고 말합니다. 사회의 공적인 조건에 대해 시끌벅적하게 이야기를 나누며 다원주의 사회의 갈등이 조정된다면 과연 그 기준은 무엇일까요? 조정의 기준을 살펴보기에 앞서, 토론의 가치에 대해서 생각해 보면 좋을 것 같습니다. 토론의 가치가 먼저 확인되어야 토론의 조정 기준을 모색할 필요가 확실해지기 때문입니다.

취향을 존중할 때와
토론해야 할 때

토론의 장점과 가치를 가장 잘 말해주는 고전 중 하나가 존 스튜어트 밀John Stuart Mill의《자유론》(1859)입니다. 여기서 토론의 필요성을 강조하는 부분을 함께 읽어 봅시다.

일반적으로 말해 입헌주의 국가에서는 국민에 대해 전적으로 책임을 지는 정부든 그렇지 않은 정부든, 정부가 대중이 일반적으로 수용할 수 없는 수준까지 의견 표현의 자유를 제도적으로 통제하려고만 하지 않는다면 의견 표현을 종종 통제하려고 한다고 해서 두려워할 필요는 없다. 정부와 국민이 완전히 하나이고, 국민의 여론에 부합하지 않는다면 정부는 결코 의견 표현의 자유를 억압하기 위해 권력을 사용하려고 하지 않는다고 가정해 보자. 그러나 나는 스스로든 정부를 통해서든, 국민에게는 그러한 억압을 행사할 권리가 없다고 생각한다. 그러한 권력은 그 자체로 정당성을 갖지 못한다.

가장 좋은 정부일지라도 가장 나쁜 정부와 마찬가지로 그렇게 할 정당한 권리는 없다. 국민의 여론을 빌려 의견 표현의 자유를 억압하려 한다면 그것은 여론에 반함에도 불구하고 그러한 자유를 억압하는 것만큼이나 나쁘다. 아니 그보다 더 나쁘다. 전체 인류 가운데 단한 사람이 다른 의견을 가지고 있다고 해서 그에게 침묵을 강요하는 일은 옳지 못하다. 한 사람이 자신과 의견이 다르다고 해서 나머지 사람들에게 침묵을 강요하는 일만큼이나 용납할 수 없다. 어떤 의견이 본인 이외의 다른 사람에게는 어떠한 가치도 없는 개인적인 의견이라고 하더라도, 그에게 침묵을 강요하는 것이 단지 사적인 침해라고 하더라도 그렇다. 그런 억압을 받는 사람이 많고 적음에 따라 약간의 차이가 있을 수는 있겠지만 그런 억압을 용납할 수 없다는 것은 마찬가지이다.

어떤 의견에 대한 표현의 자유를 억압하는 행위는 현세대뿐만 아니라 미래의 인류와 그 의견에 찬성하는 사람뿐만 아니라 반대하는 사람 모두에게 도둑질에 버금가는 심각한 악행이다. 만약 억압된 의견이 옳다면, 인류는 자신들의 오류를 진리로 수정할 기회를 박탈당하게 된다. 설령 억압된 의견이 틀렸다고 하더라도, 자신들의 옳은 의견을 틀린 의견과 대비해봄으로써 진리를 더 명료하고 생생하게 깨닫게 될 엄청난 혜택의 기회를 상실하게 된다.

　이러한 두 가설에는 각각에 상응하는 논증이 있으므로 각 가설을 구분해서 검토할 필요가 있다. 우리가 어떤 의견을 검토 없이 억누르려고 할 때, 우리는 그 의견이 틀렸다고 확신할 수 없다. 설령 틀렸다는 확신이 있더라도 그 의견을 검토 없이 억누르는 일은 여전히 옳지 못하다.

　첫째, 권위를 통해 억누르려는 그 의견이 사실은 옳을 수 있다. 그 의견을 억압하려는 사람들은 물론 이를 부인할 것이다. 그러나 그들은 결코 오류가 없는 존재가 아니다. 그들에게는 다른 모든 인류를 대신해 그 문제에 관해 결정하고 다른 모든 사람에게서 판단할 수 있는 방법을 빼앗을 어떠한 권위도 없다. 만약 어떤 의견이 틀렸다는 확신 아래 다른 사람들이 그 의견을 들어 볼 기회조차 갖지 못하게 한다면 그것은 자신들의 확신이 절대적이라고 믿는 것이다. 어떤 의견이 논의되는 토론 자체를 못하게 하는 것은 자신들은 오류가 없고 완전하다고 전제하는 것이다. (중략)

　둘째, 다수가 지지하는 기존 의견이 옳다고 가정해보자. 그 의견의 진리에 대해 자유롭고 공개적으로 검토되지 않았을 때 어떤 결과가 생길 수 있는지 검토해 보자. 자신이 옳다고 의견을 고집하는 사람은 자신의 의견이 틀릴 가능성이 있음을 기꺼이 인정하려 하지 않을 수 있다. 그러나 이런 사람이 자신의 의견이 옳다고 생각하더라도 충분히, 자주, 그리고 기탄없이 토론하지 않을 경우, 그것은 살아 있는 진리가 아니라 죽은 독단이 되고 만다는 깨달음을 통해 자신의 태도를 바꿔야 한다.

(다행스럽게도 이전처럼 그렇게 많지는 않지만) 아직도 일부 사람들은 자신들이 진리라고 생각하는 어떤 의견에 대해 그 근거를 조금도 알지 못하고, 가장 피상적인 비판에도 쉽게 대응조차 하지 못하면서도 그것을 의심 없이 수용하는 것으로 충분하다고 생각한다. 이런 사람들은 권위를 통해 어떤 신조를 습득하면 자연스럽게 그에 대한 문제제기와 논의는 어떠한 이익도 없고 오히려 손해만 끼칠 뿐이라고 생각한다. 이들의 영향권 안에서는 이렇게 수용된 신조에 대해 현명하고 사려 깊게 토론하여 거부할 가능성이 거의 없다. 그래도 이런 신조가 별다른 지식 없이 단숨에 거부될 수도 있다. 왜냐하면 토론을 완전히 막기란 거의 불가능하기 때문이다. 또한 일단 토론이 시작되면 확신에 근거를 두지 않은 믿음은 가장 간단한 논증 앞에서도 쉽게 무너지기 때문이다. 그러나 자신이 마음으로 옳다고 생각하는 의견이 토론을 통해 논증되지 않고 입증되지 않은 믿음이고 편견에 불과할 수 있다는 가능성을 포기한다면 이런 방식은 합리적인 사람이 추구하는 진리관이 아니다. 이것은 진리를 모르는 것이다.

John Stuart Mill, 《On Liberty》, 1859, 제2장.

자유롭게 의견을 표현하는 측면만 주목한다면 밀의 주장은 앞에서 말했던 '취향 존중'과 다를 바 없습니다. 밀은 인용문처럼 토론을 통해 진리에 접근할 수 있으며 생생하게 살아 있는 의미를 제시할 수 있다고 말합니다. 이런 점에서 밀은 개인 취향이 아닌 사회적·공적 영역의 의견이 진리로 접근해 나아가기 위한 토론의 가치를 말합니다. 그렇다면 토론은 어떻게 진리에 접근하며, 토론을 통해 어떻게 생생한 의미를 전달할 수 있을까요?

토론의 궁극적 목적은
상대방의 관점에서 나를 점검하기

토론이 진리에 접근하기 위해서는 진리가 아닌 것을 파악하고 좀 더 타당한 생각이 무엇인지 판별할 수 있는 능력이 필요합니다. 생생하게 살아 있는 의미를 드러내기 위해서는 해당 주장이 모순 없이 잘 정돈되어 있어야 하기 때문입니다. 이것이 바로 '비판적 사고'입니다. 어떤 사람들은 비판적 사고가 학문에서만 필요하다고 생각합니다. 그러나 비판적 사고는 삶의 특정한 영역뿐만 아니라 모든 영역에서 영향력을 행사합니다. 우리는 인생 계획을 세울 때, 회사에서 어떤 기획안을 검토할 때, 어떤 정보를 수집할 때 등 많은 상황에서 비판적 사고를 합니다.

여기서 말하는 '비판'이란 무엇일까요. 표준국어대사전은 비판을 '현상이나 사물의 옳고 그름을 판단하여 밝히거나 잘못된 점을 지적함'이라고 정의합니다. 우리는 '다른 사람이 제시한 의견이나 입장의 문제점을 공격'하는 것을 비판이라고 생각합니다. 비판은 논쟁에서 승리하기 위해 상대를 쓰러트리는 방법이고, 비판적 사고는 그 전투에서 효과적인 전략을 수립·수행하는 데 필요하다고 생각합니다. 이렇게 본다면 토론에 능한 사람이란 논쟁에서 승리하는 사람이죠.

상대의 주장을 공격한다는 단순한 의미의 비판 개념은 멀리 고대 그리스의 철학자 소크라테스까지 거슬러 올라갑니다. 플라톤이 쓴《소크라테스의 변명》에 따르면 소크라테스는 아테네 시민에게 큰 영향력을 끼쳤던 사람을 찾아다녔습니다. 그는 정치가, 시인, 장인匠人 등 당대에 모두가 지혜롭다고 평가하는 사람들을 만나서 대화를 나누었습니다.

소크라테스는 대화를 통해 그들이 지혜롭다고 알려져 있지만 실제로는 지혜롭지 않다는 사실을 드러냈습니다. 그래서 아테네 사람들의 미움을 샀고 결국 재판에서 사형 선고를 받아 독배를 마시는 처형을 당했지요. 소크라테스는 당대에 가장 잘 나가던 사람과 말을 이용한 전투, 즉 논쟁에 능했던 셈입니다. 그가 훌륭하게 '비판'을 수행했던 사람처럼 보일수는 있습니다. 소크라테스와 대화한 누구도 소크라테스를 상대로 승리하지 못했습니다. 소크라테스와의 대화는 상대방이 결코 지혜롭지 않다는 불편한 진실을 드러내는 결과를 가져왔고, 이러한 점에서 소크라테스는 논쟁의 승리자처럼 보입니다. 토론이 이렇게 상대와의 논쟁에서 승리를 추구하는 활동이라면 밀이 이야기한 '토론을 통해 진리에 접근'하는 일은 소크라테스에게 아무 의미가 없었을까요?

소크라테스가 사람들과 토론했던 이유는 논쟁에서의 승리가 아닌 다른 데 있었습니다. 바로 자신보다 지혜로운 사람을 찾기 위해서였습니다. 아폴론의 신탁을 사람들에게 알려주는 퓌티아는 소크라테스보다 지혜로운 사람은 아무도 없다고 말했는데 소크라테스의 절친인 카이레폰이 이 말을 듣습니다. 카이레폰은 신탁을 소크라테스에게 전했고 그 내용을 들은 소크라테스는 존재론적 고민에 빠집니다.

소크라테스는 자신이 지혜롭지 않다고 생각했습니다. 누구나 그렇듯 인간은 완전한 진리를 모두 파악할 수 없으니까요. 소크라테스는 자신의 한계를 잘 알고 있었기에 아폴론의 신탁은 그를 혼란스럽게 했습니다. 그가 당대의 지혜로운 사람을 찾아다녔던 이유는 그들과의 논쟁에서 승리해 자신보다 더 지혜로운 사람을 찾아서 아폴론의 신탁을 논박하고 그것이 진리가 아니라는 사실을 입증하기 위해서였습니다 플라톤의《소크라테스의 변명》21c.

소크라테스의 '비판' 대상은 동시대의 지혜로운 사람들이 아니라 아폴론이었습니다. 소크라테스는 아무리 신의 말이라도 잘못된 점이 있다면 참일 수 없기 때문에 진리로 입증되기 전에는 무조건 받아들일 수 없었습니다. 소크라테스가 아폴론과 싸우려던 것은 아닙니다. 그는 단지 진리를 찾고 싶었고 이를 위해 신탁의 내용이 실제로 참인지를 검토하려 했습니다.

진리는 발화자의 지위에 따라 결정되지 않습니다. 정당성과 일관성에 따라 결정되지요. 신의 말도 무조건 진리는 아닙니다. 반대 논거가 제시되지 않는 한에서 잠정적으로 참일 뿐입니다. 소크라테스는 정치인, 시인, 장인과의 대화를 통해 그들이 자신보다 더 지혜로운 사람이라는 점을 확인하여 신탁에 대한 반대 논거를 제시하려고 했습니다. 그런데 대화를 해보니 그들은 명성과 달리 생각보다 지혜롭지 않다는 사실을 알게 되었습니다. 소크라테스는 신탁에 대한 반례를 찾는 데 번번히 실패합니다. '소크라테스보다 더 지혜로운 사람은 없다'는 신탁에 대한 반례가 기각될수록 아폴론의 신탁이 참일 가능성은 높아집니다. 이런 점에서 소크라테스는 대화를 통해 진리에 접근하는 과정을 지나고 있었습니다. 정치인, 시인, 장인이 생각보다 지혜롭지 않다는 사실이 드러나 이들을 논쟁에서 이긴 것처럼 보였다면 그건 소크라테스가 진리를 추구하는 과정의 부수적인 결과에 지나지 않습니다. 그들이 논쟁에서 진 것처럼 보였다면 일종의 착시입니다.

비판의 목표는 논쟁에서의 승리가 아니라 주장의 정당성을 검토해 거짓을 제거하여 진리에 접근하는 것입니다. 소크라테스는 대화를 통해 진리 체계 전체의 정당성과 일관성을 확보하고자 했습니다. 이것이 진리를 탐구하는 방식입니다. 소크라테스는 주어진 주장을 검토하여 포괄적 진리를 추구하는 데 초점을 맞췄습니다. 모든 사람은 생각과 의견, 정보의 편린을 가지고 있습니다. 소크라테스는 진리란 생각과 의견, 정보의 조각이 일관성을 갖추고 있는 체계라고 생각했습니다. 그가 다른 사람에게 질문을 던진 이유는 상대가 가지고 있는 지식 체계가 일관적인지 검토하기 위해서였습니다.

A라는 정보와 B라는 정보를 모두 참이라고 여기고 있는데 두 정보가 서로 모순된다면 실제로 A나 B에 대해서 안다고 할 수 없습니다. 모순된 두 주장을 한꺼번에 참이라고 여긴다면 어떤 주장에 대해서도 제대로 이해하지 못했거나 알지 못하는 상태이기 때문입니다. 따라서 소크라테스의 비판은 상대방의 지식 체계가 일관적인지, 각 정보에 대한 개념과 근거가 확실한지 점검하는 것이 목표였습니다. 이러한 검증으로서의 비판 과정을 통과한다면 비로소 그 정보에 대해 참된 앎을 지녔다고 말할 수 있습니다.

비판은 꼭 상대를 상정하지는 않습니다. 내가 가진 정보와 의견에 대해서도 비판할 수 있습니다. 나를 객관화하고 소크라테스가 상대방에게 질문을 던지듯 나에게 질문을 던지면 됩니다. 무엇을 알고 있다는 나의 믿음이 객관적이고 충분한 근거를 가지고 있는지, 올바른 개념을 사용하고 있는지 그리고 각 믿음과 정보의 조각이 전체적으로 일관된 체계를 갖고 있는지 점검합니다. 소크라테스는 철학 활동의 최종 목표란 결국 지혜를 찾는 것이고 이는 일관된 믿음 체계를 갖는 것이라고 생각했습니다. 이러한 점에서 소크라테스는 비판을 통해 진리에 도달할 수 있다고 생각했습니다. 만약 이 검증을 통과하지 못한다면 어딘가에 모순을 일으키는 지점이 있다는 뜻입니다. 그 부분은 과감히 제거합니다. 제거한 부분을 채우기 위해서 추가로 공부도 합니다. 이런 과정을 통해 우리는 진리에 가까이 다가갈 수 있습니다.

자신을 객관화하고 비판하는 일은 쉽지 않습니다. 소크라테스는 상대의 눈에 비친 자신을 봐야 한다고 말합니다 플라톤의《알키비아데스 1》113a. 상대의 눈에 내가 비칠 수 있을 정도로 가까이 있는 사람과 대화를 통해서 자신의 생각을 검토할 수 있다는 의미입니다. 상대방의 관점에서 나를 점검하는 것이 토론의 궁극적인 목적입니다. 상대 의견의 문제를 발견할 뿐 아니라 상대의 관점을 통해 나를 돌아보고 믿음의 문제나 오류, 비일관성을 찾는 것입니다.

소크라테스의 대화는 상대방의 주장만 일방적으로 검토하는 방식으로 이루어지지 않았습니다. 소크라테스는 스스로 지혜로운 사람이 아니라고 생각했습니다. 그래서 상대의 지혜만 검토한 것처럼 보일 수 있습니다. 하지만 그는 누구의 주장이든 토론을 통해서 모두 검토해야 한다고 말했습니다. 소크라테스는 타인의 생각 뿐 아니라 자신의 생각까지도 모두 나란히 비판의 대상으로 놓고, 생각의 체계 안에 있는 비일관성과 오류를 없애고 진리를 찾으려고 했습니다. 소크라테스에게는 그것이 토론의 목표였습니다 플라톤《필레보스》19c-e.

토론 참여자는 각자의 문제를 제거하고 주장의 근거를 확보하고 일관된 지식의 체계를 함께 찾아갑니다. 이것이 비판적 사고와 토론을 통한 진리 추구의 시작입니다. 진리 추구의 공공성은 바로 여기에서 비롯합니다. 구도자처럼 홀로 진리를 찾기보다 내 생각을 공공의 토론장에 내어 놓고 다른 사람들과 이에 대한 비판적 검토를 함께 한다는 점에서 말이지요. 소크라테스의 대화에는 당연히 동료 아테네 시민으로서의 신뢰가 전제됩니다. 21세기 한국에서 살고 있는 우리도 마찬가지입니다. 모두가 진리를 함께 추구하고 공유한다는 전제를 가지고 토론에 참여합니다. 함께 진리를 찾아간다는 점에서 토론은 공공적입니다.

알고리즘이 추천하는 대로
읽고 들으면 그만이라고요?

비판적 사고는 비약적인 과학 기술의 발전이 이뤄지고 있는 지금, 더욱 필요합니다. 과학 기술의 발전으로 정보의 홍수에서 진리에 접근하기 위해 더 많은 비판적 사고와 토론이 요구되기 때문입니다. 인공지능과 빅데이터는 1950년대부터 꾸준히 발전하면서 삶의 저변에 광범위하게 확산되는 중입니다. 스마트폰을 비롯한 많은 전자 제품에 이미 인공지능 기술이 도입됐고 인터넷 검색 기능 또한 인공지능 기술입니다. e-나라지표에 따르면 2021년 7월 현재 만 3세 이상 인구의 인터넷 이용률은 93.0%입니다. 우리나라 만 3세 이상 인구 47,317천 명이 최근 1개월 이내 1회 이상 인터넷을 이용했다는 의미입니다.

우리는 폭발적인 인터넷 사용으로 데이터를 제공하며 기술 발전에 기여하고 있습니다. 인공지능과 빅데이터의 시대에 우리는 어디서나 쉽게 호기심을 해결할 수 있지만 동시에 너무 많은 정보와 데이터 때문에 정확한 정보와 '가짜 뉴스'를 구분하기 어렵습니다. 많은 정보 가운데 어떤 정보가 중요하고 어떤 정보가 믿을 만한지 등을 판단해야 합니다. 이때 비판적 사고와 토론이 필요합니다.

비판적 사고의 자세한 의미는 다른 수업에서 깊이 다룰 예정이니 여기서는 비판적 사고의 의미, 특히 공적인 영역에서 다른 사람과 의견을 조정하고 진리로 접근하는 측면을 강조하여 설명하고자 합니다. 특히 다른 사람과 소통하면서 주장이 정당한지, 근거가 타당하고 적절한지 판단하는 영역에 집중하여 의미를 살펴보겠습니다.

만약 우리가 비판적 사고 없이 그냥 다른 사람의 말을 수용하고 따른다면 주체의 지위를 상실한 노예로 전락하게 됩니다. 현대인은 자유인으로서 삶의 주체 또는 주인공으로서 의미를 중시합니다. 삶에서는 자유가 중요하고 이는 주체적 사고, 즉 비판적 사고와 관련됩니다. 비판적 사고 없이 다른 사람의 의견을 무비판적으로 수용하고 그 의견에 종속되는 사람은 자유인으로 볼 수 없습니다.

비판적 사고 능력이 없다면 다른 사람에게 피해를 줄 수 있습니다. 미국으로 망명한 유대인 철학자 아렌트Hannah Arendt는 그의 저서《예루살렘의 아이히만》(1963)에서 '악의 평범성'The Banality of Evil이라는 개념을 통해 비판적으로 사고하지 않는 삶이 초래하는 해악을 고발합니다. 아이히만Adolf Eichmann은 가정에서 자상하고 성실한 남편이자 아버지였고 직장에서 자신의 역할을 충실히 수행했던 인물입니다. 하지만 그는 제2차 세계대전 때 일어난 유대인 대학살의 실무 책임자였습니다. 자신이 하는 일이 바람직한지, 옳은지 그른지, 이후에 어떤 문제를 초래할 수 있는지에 대한 비판적 사고 없이 그저 자신의 업무만 성실히 수행했습니다. 자신의 업무를 성실히 수행한 결과는 홀로코스트입니다. 유럽에 거주하는 유대인의 3분의 2에 해당하는 약 600만 명이 홀로코스트로 사망했습니다.

비판적 사고는 주어진 정보를 그냥 수용하지 않고 정보를 정확히 파악해 배경과 의미를 따져보는 사고입니다. 비판적 사고는 아래와 같은 질문을 통해 진리에 접근합니다.

- ★ 어떤 가정을 했는가?
- ★ 어떤 믿음에 의존하는가?
- ★ 정확한 개념을 사용하는가?
- ★ 판단의 근거는 무엇인가?
- ★ 사실에 바탕을 두고 있는가?
- ★ 어떤 관점으로 바라보는가?

비판적 사고는 전공이나 직업과 상관없이 모든 사람에게 필요한 기초 소양입니다. 비판적 사고와 토론이 오랫동안 교양 교육으로 자리 매김한 이유입니다. 하버드 대학은 2007년 학부 교육 과정 개편을 앞두고 진행한 연구 보고서에서 "하버드 대학의 교육 목적은 교양 교육 liberal education을 실시하는 데 있다"고 선언하며 다음과 같이 명시했습니다.

"교양 교육의 목표는 추정된 사실을 동요시키고 익숙한 것을 낯설게 만들며 현상과 그 배후에서 일어나는 것을 폭로하고 젊은이의 방향 감각을 혼란스럽게 만들고 그들이 다시 방향을 잡을 수 있는 길을 발견하도록 도와주는 것이다."

비판적 사고를 통해 우리는 다양한 정보를 분류·분석하며 이를 종합적으로 판단해 진리에 가까이 접근할 수 있습니다. 그렇다면 비판적 사고 능력을 키우는 효과적인 방법은 무엇일까요?

나와 타인 그리고 고전까지
비판적 사고로 읽을 수 있다면

밀은 모든 사람에게 의사 표현의 자유를 보장해야 한다고 말하지 않습니다. 그는 '성숙한 사람,' '귀가 열린 사람,' '지조 있는 사람'으로 범위를 한정합니다. 이런 사람은 추측해 보건대 아마도 '삶의 주체로서 자신의 표현과 행위에 책임을 질 수 있는 존재' 같습니다. 밀은 비판적 사고를 통해 삶의 주체로서의 지위를 확보하고 타자와의 관계에서도 진리에 접근하는 사고를 할 수 있는 사람에게 자유가 주어진다고 말합니다.

단순히 다른 사람의 말실수를 파고들고 꼬투리를 잡아 궁지에 몰아넣는 '토론 기술'은 바람직하지 않습니다. '삶의 주체'라는 의미는 그만큼의 삶의 무게를 책임질 수 있을 정도로 삶의 가치를 이해하고 이를 자신의 삶에 체화한 존재라는 뜻입니다. 다른 사람의 입장과 주장에 공감하면서도 더 나은 대안을 위해 모색하는 사람, 한마디로 교양 있는 사람, 지성을 갖춘 사람이겠죠. 같은 맥락에서 이 책은 고전 읽기를 통해 비판적 사고를 갖춘 사람이 되어보자고 제안합니다.

미국의 명문 대학 중 하나인 세인트존스 대학은 4년 동안 고전 100권을 읽고 토론하는 학교로 유명합니다. 토론은 이 학교의 수업 방식입니다. 학생들은 동일한 텍스트를 읽고 생각을 나누어야 합니다. 다양한 견해를 검토하면서 서로의 의견에 대해 비판하고 대안을 제시합니다. 대학은 이러한 방식의 세미나를 통해 학생의 지성과 교양이 성장한다고 합니다. 학교 측의 공식적인 수업 설명은 다음과 같습니다.

"세미나는 고전을 읽고 토론을 이어가는 세인트존스의 핵심 수업이다. 질문을 공유하고 광범위하게 대화해 고전을 효과적으로 마주하게 한다. 뿐만 아니라 고전의 저자들은 우리에게 인간으로서 생각해봐야 할 중요한 질문을 끄집어낸다. 세미나는 커리큘럼 전체의 중심을 잡아주는 닻이 되기도 하고, 학습에 활기를 불어넣을 뿐 아니라 깊이를 더한다."[1]

고전 중심 교육은 자칫하면 엘리트주의와 배타주의로 흐른다는 비판이 있습니다. 미국 컬럼비아 대학에서 모든 학생을 대상으로 개설되는 위대한 저서 읽기 교육 프로그램을 10여 년 동안 책임지고 운영했던 로오세벨트 몬타스Roosevelt Montas 교수는 이런 비판이 정당하지 않으며 오히려 고전을 통한 교육은 사회적·경제적 차이를 좁힌다고 대답합니다.

그는 자신의 저서 Rescuing Socrates: How the Great Books Changed My Life and Why They Matter for a New Generation에서 고전 읽기를 기반으로 한 토론식 교양 교육은 공동체 구성원 사이에서 자유롭게 의견을 나누는 방법을 교육하는 민주적 기능이 있다고 강조하면서, 계층에 따른 교육 격차를 줄이는 것이 고전 읽기 코어 교육의 역할이라고 주장합니다. 교육을 통해 학생들은 세상이 어떻게 지금의 모습에 이르게 되었는지에 대한 역사 인식을 보다 선명하게 가질 수 있습니다. 공통의 어휘를 제공하여 학생들이 자신의 역사 인식은 어떠한지, 어떤 인식에 따라 행동하고 있는지 설명할 수 있게 합니다. 교양 교육은 다양한 배경과 관점을 대화에 끌어들이면서 소통할 수 있는 능력도 길러주어야 합니다. 학생이라면 누구나 시민으로서의 소양을 갖출 수 있도록 돕는 것이지요. 우리가 말하는 고전 읽기를 통한 비판적 사고와 토론도 이와 크게 다르지 않습니

---

1 조한별 지음,《세인트존스의 고전 100권 공부법》, 바다출판사, 2016, p.81.

다. 말하자면 이 책은 세인트존스 대학의 훈련 방식에 대한 체계적인 안내서라고 할 수 있습니다.

　한국인의 독서량이 과거에 비해 많이 줄었습니다. 2022년 1월에 문화체육관광부가 발표한 '2021년 국민 독서 실태' 조사 결과에 따르면 2020년 9월부터 2021년 8월까지 만 19세 이상 성인 중에서 책을 1권 이상 읽은 이의 비율_{연간 독서율}은 47.5%, 독서량은 4.5권이었습니다. 이는 전년에 비해 8.2% 감소한 수치이며 독서량은 3권이 줄었습니다. 이런 흐름 속에서 유독 고전은 독자에게 기피 대상이 되는 것 같습니다. 《톰 소여의 모험》으로 유명한 미국의 소설가 마크 트웨인_{Mark Twain}은 '고전古典은 누구나 한 번쯤 읽기를 바라지만 사실은 아무도 읽고 싶어 하지 않는 책'이라고 정의해 고전을 외면하는 시대상을 풍자했습니다.

　국립국어원의 표준국어대사전에 따르면 '고전'의 사전적 의미는 '오랫동안 많은 사람에게 널리 읽히고 모범이 될 만한 문학이나 예술 작품'입니다. 고전에는 시간과 공간을 뛰어 넘는 인류의 지혜와 통찰이 담겨 있어서 독자의 사유를 더 깊이 이끕니다. 고전이 지성으로 나아가는 중요한 통로 중 하나인 셈입니다. 고전이 고전인 이유는 단지 뛰어난 지혜와 통찰이 담겨 있기 때문만은 아닙니다. 단순히 내용 때문이라면 고전苦戰하면서 고전古典을 읽을 필요가 없습니다. 인터넷이나 유튜브라는 광활한 지식의 저장소에서 고전古典의 정수만을 요약한 버전으로 빨리 흡수하면 그만입니다.

　고전의 가치는 내용을 수동적으로 받아들여 암기하는 데 있지 않습니다. 마치 소크라테스가 아폴론의 신탁마저도 정말 참인지를 검토하듯 고전이 정말 지혜와 통찰을 가지고 있는지 비판적으로 읽어야 합니다. 내가 제대로 읽었는지 다른 사람과 같이 검토해야 사유가 깊어질 수 있습니다. 고전에 담긴 지혜와 통찰, 즉 진리를 추구하는 고전 읽기가 비판적 사고와 토론의 목표입니다.

이 책의 1부는 서양 고전을 통해 배울 수 있는 비판적 사고 내용을 다룹니다. 고전의 일부를 발췌해 독자가 조금이나마 고전을 맛보고 스스로 해당 고전을 찾아 읽도록 돕고자 합니다. 고전 읽기의 이해를 심화시켜 고전에 담긴 지혜와 통찰을 얻는 데 도움을 줄 겁니다. 이 책은 이를 토론과 연계해서 다루기 때문에 책을 정독한다면 다른 사람들과 심도 있게 토론할 수 있는 지성을 갖출 수 있습니다.

2부는 1부에서 공부한 비판적 사고를 토대로 구체적인 토론 주제를 통해 비판적 사고 능력을 심화합니다. 인문, 자연, 사회, 공학 등 각 영역의 고전을 읽으면서 비판적으로 분석하고 평가한 다음, 자신의 주장을 효과적으로 제시하고 토론을 통해 진리에 접근하도록 도울 수 있습니다.

이 책은 대학에서 오랫동안 비판적 사고와 토론을 배우고 가르쳐 온 서울시립대학의 '의사소통교실'과 '철학과'의 선생들이 '어떻게 하면 우리 시대와 사회에 맞는 비판적 사고와 토론 교육을 할 수 있을까' 고민하면서 쓴 책입니다. 2022년 3월부터 격주로 모여 공부하고 토론하면서 책을 준비하는 시간 동안 우리가 꿈꿨던 것처럼 독자 여러분의 비판적 사고 능력과 지성이 길러지길 소망합니다.

2023년 봄을 기다리며, 저자 일동

: DISCUSSION

CLASS :

탈진실의 바다에서 헤엄치기
: HOW WE THINK

존 듀이와 함께 살펴보는
비판적 사고의 의미

수업을 시작하며

　민주주의가 시작된 고대 그리스의 도시 국가부터 현대의 민주 국가에 이르기까지 공통된 사회 현상은 '토론의 활성화'입니다. 고금古今을 통틀어 민주주의와 토론은 함께 성장하고 쇠퇴했습니다. 민주주의가 성장한 곳에서는 토론이 활성화되고 민주주의가 죽어가는 곳에서는 토론도 죽어갑니다. 토론이 경시되면 민주주의가 쇠퇴하고 토론이 장려되면 민주주의가 성장합니다.

　토론은 민주주의의 필수 영양분입니다. 민주주의에서 의사 결정을 위한 토론은 공동체의 중요한 사안을 두고 집단 이성이 함께 심사숙고하는 과정이기 때문입니다. 그것은 민주 시민, 즉 주인으로서 자주적인 활동을 의미합니다. 민주주의와 토론의 필수적인 관계는 다음과 같은 몇 가지 철학에 기반을 두고 있습니다.

　민주주의와 토론의 공통 철학 중 하나는 의견 표명의 자유입니다. 앞에서 살펴본 밀의《자유론》(1859)에서도 민주주의 사회에서는 각 사안에 다양한 의견이 표명되고, 소수일지라도 자신의 의견을 정당하게 말할 자유와 기회가 주어져야 한다고 강조했죠. 토론은 폭력적이거나 독단적인 방식으로 의사 결정을 하지 않겠다는 암묵적인 약속에 근거합니다. 다수의 힘을 이용하여 의사를 결정한다면 토론은 필요 없습니다. 토론은 토론에 임하는 상대방뿐만 아니라 토론 주제에 대해 관심 있는 모든 이들에게 의사 결정의 권리가 있다는 전제에서 이루어집니다.

민주주의와 토론의 또 다른 철학은 다양성에서 발생하는 의견 불일치, 즉 갈등을 인정하는 것입니다. 갈등 자체를 부정적으로 보는 경우도 있지만 갈등은 민주주의의 전형적인 현상입니다. 사회 구성원의 다양한 가치와 사상이 공존하는 현대 다원주의 사회에서 다름과 다름 사이의 갈등이 없다면 더 이상할 겁니다.

민주주의에 대한 심도 있는 연구를 제시한 미국의 철학자이자 교육학자인 존 듀이John Dewey는 《공공성과 그 문제들》(1926)에서 "반박을 통해 비로소 사태의 핵심이 드러난다. 다시 말해 사람들이 문제되는 대상을 서로 다르게 생각하고 서로 다르게 의미를 부여함으로써 생겨나는 그러한 차이가 드러난다. 사회적 문제를 좀 더 많은 지식과 지혜를 통해 다루는 상태는 원래의 문제 상황을 일시에 개선하지는 못하겠지만 문제 상황에 지적으로 접근하는 수준을 높일 수 있을 것"이라며 민주주의에서 불일치가 중요함을 역설합니다.

합리적으로 해결하려는 의지와 적절한 방법이 실천되지 않을 때 갈등은 나쁩니다. 그런 경우만 아니라면 갈등은 이해관계가 다양한 사람들이 각자의 삶을 살고자 하는 의지의 산물일 뿐입니다. 갈등 없이 모든 사람의 의견이 동일한 사회보다 온갖 갈등이 토론과 상존하는 사회가 더 낫습니다. 오늘날 한국 사회는 갈등 지수가 매우 높다고 말합니다. 세대, 성姓, 지역, 정치, 종교 등 온갖 갈등이 상존하는데 그만큼 합리적인 토론이 활발하게 일어나지 않는 게 더 문제입니다.

민주주의와 토론의 세 번째 철학은 평등성입니다. 평등성은 합리적인 의사소통의 기본입니다. 토론에서 평등성이란 어느 누구도 독단적으로 진리를 점유한다고 주장할 수 없다는 것입니다. 우리 모두가 틀릴 수 있습니다. 누구는 틀리거나 누구는 맞을 수 있고 어떤 경우에는 모두 다 맞을 수도 있습니다. 그렇기 때문에 우리는 대립된 관점을 존중하고 합리적으로 더 나은 대안을 찾는 공동의 노력을 기울여야 합니다. 그중 하나가 바로 토론입니다. 토론은 공적인 영역에서 다른 사람과 의견을 조정하고 진리로 다가갈 수 있는 민주주의 사회의 중요한 기제입니다.

그렇다면 공적 영역에서 갈등이 첨예한 사안에 대해 그냥 서로의 의견을 표현하기만 하면 되는 걸까요? 서로 평등한 위치에서 자유롭게 의견을 표명하면 자연스럽게 조정되고 진리로 접근해 나갈 수 있을까요? 그렇지 않습니다. 진리로 나가기 위해서는 어떤 기준에 따라 어떤 의견이 더 나은지에 대한 평가가 이루어져야 합니다. 이렇게 판단할 수 있는 능력이 바로 '비판적 사고'critical thinking입니다. 그렇기 때문에 토론 없는 의사 결정은 독재적이고, 비판적 사고 없는 토론은 공허합니다.

토론은 논제에 대한 찬성이나 반대를 위한 근거를 갖춘 의견 표명입니다. 어떤 주장이든 할 수 있지만 반드시 근거를 들어야 합니다. 근거를 통한 주장은 '논증'argument이며 토론 참여자는 반드시 논증 형태로 주장을 제시해야 합니다. 논증은 근거를 가지고 개인 또는 집단의 신념이나 태도, 정책, 가치 등을 정당화하려는 시도입니다. 근거가 없는 주장은 논증이 아니며 논증을 통해 주장을 입증하려는 노력이 없다면 토론이 아닙니다. 토론은 제안된 안건 또는 대안에 대한 의사 결정 행위로, 반드시 비판적 사고를 통해 이루어지고 논증을 통해 의견이 표명되고 정당화됩니다.

그런데 무엇이 부족한 근거인지, 어떤 근거가 더 나은지, 어떻게 하면 더 나은 근거를 제시할 수 있는지 자신 있게 말할 수 있는 사람은 많지 않습니다. 비판적 사고가 정확히 무슨 의미인지, 논증이 무엇인지 잘 모르기 때문입니다. 이번 수업에서는 비판적 사고가 무엇이며 이런 사고의 표현인 논증이 무엇인지에 집중해서 살펴보고자 합니다.

토론 수업을 위한
오늘의 고전

존 듀이의 《하우 위 싱크》

비판적 사고에 대한 다양한 정의가 있습니다. 하지만 비판적 사고의 의미를 파악하기 위해서 본래의 정의를 살펴봐야 합니다. 비판적 사고의 학문적 정의를 논의할 때 가장 많이 언급되는 사람은 듀이입니다. 20세기 초반, 미국의 교육학자이자 철학자인 듀이가 사고 방법에 대해 연구했던 결과물이 비판적 사고 증진 프로그램으로 현실화되었기 때문입니다. 사실 듀이는 자신의 글에서 비판적 사고를 '반성적 사고'reflective thinking로 표현하지만 그 의미는 이후 널리 사용되는 비판적 사고와 동일합니다.

> 우리는 **생각**이나 **사고**라는 말을 자주 사용한다. 사고라는 말을 너무도 빈번하고 다양하게 사용하기 때문에 이 말이 무엇을 의미하는지 실제로 정의하기란 쉽지 않다. (중략) 이 말이 사용되는 전형적인

방식을 살펴보면 우선 **사고**라는 단어는 광범위하게 사용되는 말이지만 아무 말에나 사용되지 않는다. 마음에 나타나는 모든 것, '우리의 머리를 통해 나오는' 모든 것을 사고라고 부른다. 어떤 것을 사고한다는 것은 어떤 방식으로든 그것을 의식한다는 것을 의미한다. 둘째, 사고는 이들 가운데 직접적으로 제시되지 않는 것으로 한정된다. 우리가 직접적으로 보거나 듣지 못하는 것, 냄새 맡거나 맛보지 못하는 것을, 또는 그러한 것들에 대해 생각하고 사고한다. 셋째, 사고는 이들 가운데 어떤 증거나 증인을 통해 지지되는 믿음으로 국한되어 사용된다. 세 번째 유형의 사고 가운데 두 가지 경우(혹은 두 가지 정도의 차이)는 구분될 필요가 있다. 첫 번째는 어떤 믿음을 지지할 근거를 언급하려는 시도가 별로 없거나 또는 거의 없는데 그 믿음을 수용하는 경우다. 두 번째는 어떤 믿음에 대한 근거를 의도적으로 찾아보며 해당 근거의 적절성을 검토하는 경우다. 후자를 우리는 반성적 사고reflective thought라고 부른다. 이런 반성적 사고만이 진정으로 교육적 가치를 갖는다. (중략)

어떤 믿음이 다른 믿음이나 행동에 영향을 미친다는 점은 매우 중요하다. 그렇기 때문에 사람들은 자신의 믿음의 근거나 이유, 논리적 결과를 살펴보도록 요구받는다. 이것이 반성적 사고이다. (중략) 반성적 사고는 **어떤 믿음이나 지식에 대해 그것을 지지하는 근거와 그것이 가져올 결과에 비춰 적극적이고 지속적이며 세심하게 숙고하는 것**을 의미한다. (중략)

반성적 사고는 **갈림길**이라고 불리기에 충분한 상황에서 시작된다. 이 상황은 애매모호하고, 딜레마를 겪게 하며, 선택지를 고르게 한다. 우리의 활동이 여기서 저기로 부드럽게 진행되거나 우리의 상상력이 마음대로 공상을 즐기는 동안에는 반성적 사고가 필요하지 않다. 그러나 어떤 믿음에 도달하는 과정에서 어려움이나 장애물을 만났을 때, 우리는 멈추게 된다. 불확실성이 주는 긴장 아래 우리는, 은유적으로 말한다면, 나무에 오른다. 우리는 어떤 위치를 찾으려고 노력한다. 그 위치에서 우리는 추가적인 사실을 조사할 수 있을 것이고, 상황을 더욱 잘 조망할 수 있는 관점을 획득함으로써 사실들이 어떻게 서로서로 관련되는지를 결정할 수 있을 것이다.

어떤 긴장이나 혼란을 해결해야 한다는 요구는 반성적 사고의 전체 과정을 지속하고 이끌어가는 요소이다. 해결해야 할 문제에 대한 물음이 없거나 극복해야 할 어려움이 없으면 사고의 과정은 제멋대로 진행될 뿐이다. (중략) 그러나 반성적 사고에서는 답해야 할 물음이나 해소해야 할 모호함이 어떤 목적을 설정하게 하고 사고의 과정을 일정한 경로로 유지하게 한다. 제시된 모든 결론은 사고 과정을 통제하는 목적과의 관련성 그리고 논의되는 문제에 적절한지 여부를 통해 검토된다. 혼란을 바로 잡아야 한다는 이러한 필요성에 따라 수행하는 탐구 방법도 또한 적절하게 정해진다. 가장 아름다운 길을 찾는 것이 목적인 여행자는 특정 도시로 가는 길을 찾을 때와는 다른 사항을 고려하여 찾아야 하고 자신에게 주어진 제안을 다른 원리로 검증해야 한다. 이처럼 우리가 직면하는 문제는 비판적 사고의 목적을 결정하고 목적은 비판적 사고의 과정을 통제한다. (중략)

만일 제안이 검토 없이 즉시 받아들여진다면 우리는 성찰이 거의 없는 무비판적인 사고를 하는 것이다. 제안을 마음에서 계속 이리저리 생각하는 것, 즉 반성적 사고를 한다는 것은 제안을 더 검토하고, 제안이 수용할 만하다고 증명하거나, 제안의 부조리와 부적절함을 분명하게 드러낼 수 있는 새로운 증거를 찾아 나선다는 것을 의미한다.

어려운 진짜 문제를 만나고 문제를 해결할 정도로 상당히 많은 유사한 경험이 있다면 좋은 사고와 나쁜 사고를 구분할 수 있는 능력, 즉 **탁월성**을 발견할 수 있다. 어려운 문제를 만났을 때 손쉬운 해결 방식은 그럴듯한 어떤 제안을 검토 없이 받아들여서 정신적으로 불편한 상태를 끝내는 것이다. 이와 달리 반성적 사고는 계속해서 우리를 다소 불편하고 귀찮게 만든다. 반성적 사고는 주어진 제안의 표면상 가치만 보고 검토 없이 받아들이게 하는 타성의 극복과 관련이 있기 때문이다. 또한 반성적 사고는 정신적 불안과 동요의 상태를 기꺼이 견디는 것과도 관련이 있다. 요약해서 말하면 반성적 사고는 더 많은 검토의 과정을 거치면서 수용할지 말지 판단을 보류하는 것과 연관돼 있다. 그러한 보류는 다소 고통스럽기도 하다. 나중에 더 보겠지만 좋은 정신 습관을 훈련하는 데 가장 중요한 요소는 결론을 보류하는 태도의 습득, 제시된 제안을 증명하거나 부정하기 위해 새로운 자료를 찾는 여러 방법을 습득하는 것이다. 의심 상태를 유지하면서 체계적 탐구를 지속적으로 수행하는 것이 반성적 사고의 핵심 사항이다.

John Dewey, 《How We Think》, 1910, 1장.

아리스토텔레스는 인간을 '이성적 동물'이라고 정의했습니다. '이성적'이란 사고하는 능력을 의미합니다. '사고'는 다양하게 해석할 수 있습니다. 듀이는 인간의 사고 활동 중에서 근거를 비판적으로 따져보고 검토하여 성찰하는 반성적 사고, 즉 비판적 사고만이 교육적 가치를 갖는 사고라고 분석합니다. 그는 비판적 사고가 단순하게 수용하는 자세는 아니기 때문에 능동적이고 적극적으로 자료를 탐색하고 문제를 해결하려는 노력이 필요하다고 주장합니다. 듀이는 이런 과정을 통해 좋은 사고와 나쁜 사고를 구분할 수 있다고 말합니다. 민주주의 사회에서 토론을 통해 더 나은 결론과 진리에 접근하는 과정은 쉽지 않지만 비판적 사고를 통해서라면 가능하다는 뜻입니다. 비판적 사고가 없으면 어떤 주장이 진리에 근접했는지 모르는 채 그대로 수용해 해악을 초래할 수 있고, 독단적으로 자신의 주장을 타인에게 강요하는 폭력을 행사할 수 있습니다. 우리가 일상에서 만나는 수많은 주장과 논의를 검토해 진리에 접근할 수 있는지 분석하고 판단하는 사고 능력이 바로 비판적 사고입니다.

비판적 사고에 대해 연구했던 듀이는 이를 토대로 민주주의에 대한 연구를 진행했습니다. 그는 《공공성과 그 문제들》(1926)에서 "민주주의의 다수결 규칙은 이를 비판하는 이들이 주장하는 것처럼 (그 자체로는) 어리석은 규칙이다. 그러나 단순히 다수결 규칙으로 끝나지 않는다. 다수의 결정이 진정한 다수의 결정이 되게 하는 수단이 중요한데 그것이 바로 선행하는 토론이다. 소수 의견을 접하면서 의견을 수정하는 토론의 과정이 중요하다"고 주장했습니다. 민주주의와 토론, 비판적 사고의 연결고리를 잘 보여주는 말입니다.

비판적 사고란
무엇일까?

듀이의 비판적 사고에 대한 철학적 이해는 이후 민주주의 시민 교육 과정에서 비판적 사고 프로그램으로 체계화되어 발전합니다. 이렇게 체계화된 비판적 사고가 무엇인지 파악하기 위해서는 비슷한 의미로 보이는 사고, 예를 들면 논리적 사고, 분석적 사고, 추론적 사고, 종합적 사고, 대안적 사고, 창의적 사고 등과의 차이에 주목해 보면 좋습니다.

비판적 사고와 비슷한 논리적 사고, 분석적 사고, 추론적 사고, 종합적 사고 등은 어떤 논의 체계 안에서 이루어진다는 공통점이 있습니다. 이런 사고를 '수렴적 사고'convergent thinking라고 합니다. 반면에 대안적 사고나 창의적 사고는 발상을 전환하여 대안을 모색합니다. 어떤 논의 체계 밖으로 나간다는 특징을 공유하고 있어서 '발산적 사고'divergent thinking로 분류합니다.

수렴적 사고는 어떤 측면에 주목하여 사고를 진행하는가에 따라서 세부적으로 분류될 수 있습니다. 논의 개념, 자료 분석 같은 측면에 주목하는 분석적 사고, 논의의 논리적 형식에 관심을 두는 추론적 사고, 의사 결정과 상황 등에 대한 전체적 조망에 주목하는 종합적 사고, 이러한 논리적 내용 모두를 포괄하는 논리적 사고, 발상 전환이나 대안 모색에 초점을 둔 대안적 사고 등 모두 강조점과 적용 영역에서만 차이를 둘 뿐 논의 체계 내에서 이루어지는 수렴적 사고에 해당합니다. 비판적 사고는 형식적 측면을 종합적으로 포함한다는 점에서 앞에서 언급된 사고보다 넓은 개념입니다. 여기에는 형식을 넘어서 내용까지 포함한다는 의미가 있습니다. 비판적 사고는 경험과 추론 과정에서 얻은 정보를 개념화하고 적용하며, 분석하고 종합할 뿐만 아니라 평가하는 사고를 의미하기 때문입니다.

비판적 사고는 어떤 기준에 따라 개념, 판단, 논증을 평가하고 분석한다는 점에서 포괄적입니다. 하지만 비판적 사고가 어떤 체계 내에서 이루어지는 수렴적 사고라는 점에서 현대 다원주의 사회에 부적합하다는 비판이 제기될 수 있습니다. 현대 다원주의 사회에서는 새로운 문제를 발견하고 대안을 모색하는 창의적 사고 능력이 요구됩니다. 그런데 기존의 주어진 논의 체계에만 국한된 비판적 사고는 시대적 요구에 둔감해 보입니다. 이런 비판은 비판적 사고를 수렴적 사고로 제한할 뿐만 아니라 발산적 사고인 창의적 사고를 수렴적 사고와는 전혀 무관한 사고라고 전제하는 데에서 발생합니다. 이런 비판이 적절한지 판단하기 위해서는 전제에 대해 곰곰이 생각해 볼 필요가 있습니다.

비판적 사고를 수렴적 사고로 제한할 수 있을까요? 듀이는 비판적 사고를 반성적 사고, 즉 사고에 대한 사고인 '메타meta 사고'라고 강조합니다. 메타 사고는 주어진 논의 체계를 반성한다는 의미에서 논의 밖의 관점을 취할 수밖에 없습니다. 따라서 비판적 사고는 좁은 의미에서 수렴적 사고에 해당하지만 수렴적 사고에만 한정되지는 않습니다. 비판적 사고를 통해서 논제에 대한 발상이 전환되기도 하고, 새로운 관점을 통해 새로운 문제를 발견하기도 하고, 새로운 대안을 제시하는 대안적 사고를 할 수도 있습니다. 비판적 사고는 대안 모색과 발상 전환 과정에서 논의 체계를 넘어설 수 있기 때문에 발산적 사고 일부를 포함합니다.

김영정, 「고등사고능력의 7범주」, 『자연과 문명의 조화』 제53권 제6호, 2005

비판-창의적(critico-creative) 사고 (느슨한 의미의 비판적 사고, 느슨한 의미의 창의적 사고)						
← 수리성 방향	비판적 사고					→ 예술성 방향
Formal Symbolic Thinking 기호적 사고	Analytical Thinking 분석적 사고	Inferential Thinking 추론적 사고	Synthetical Thinking 종합적 사고	Alternative Thinking 대안적 사고	Divergent Thinking 발산적 사고	Material Symbolic Thinking 상징적 사고
	·개념적 분석 ·테스트 분석	·분석적 추론: 연역 ·종합적 추론: 귀납	·귀추 ·논리 퍼즐 ·의사 결정 ·상황 추리 ·민감성	·관점/발상 전환 ·대안 창안 ·시야/시계 확장 ·시각/지평 전환 ·재정의	·유창성 ·융통성 ·독창성 ·정교성	
논리적 사고				창의적 사고		
광의의 논리적 사고(수렴적 사고)				협의의 창의적 사고		
협의의 논리적 사고			광의의 창의적 사고			

그렇다면 비판적 사고와 창의적 사고의 관계는 어떨까요? 창의적 사고는 새로움을 추구한다는 점에서 비판적 사고와 무관하다고 생각하기 쉽습니다. 하지만 창의적 사고는 기존 개념의 재정립, 기존 논의 사이의 연결, 개념의 변환이나 전환, 여러 관점의 고려, 다양한 대안 모색 등을 통해 제시됩니다. 창의적 사고는 기존의 논의를 체계적으로 분석하고 종합하는 비판적 사고의 토대에서 나옵니다. 이런 의미에서 비판적 사고는 넓은 의미에서 발산적 사고인 창의적 사고를 포함하는 사고입니다. 어떤 학자들은 넓은 의미의 비판적 사고를 '비판-창의적critico-creative 사고'라고 명명하기도 합니다.

　　비판적 사고는 좁게는 논리적 사고, 분석적 사고 등 수렴적 사고를 포함하는 동시에 넓게는 창의적 사고 등 발산적 사고를 포함합니다. 비판적 사고를 설명할 때 자주 사용되는 옆의 표p.38는 이런 논의를 잘 보여줍니다.

구성 요소와 평가 요소

　　어떻게 해야 수렴적 사고와 발산적 사고를 모두 포함하는 비판적 사고 능력을 기를 수 있을까요? 비판적 사고 능력을 향상시키기 위해서 어떤 요소에 주목하여 사고해야 하는지를 알 필요가 있습니다. 활 쏘기 실력을 기르기 위해서는 과녁을 보고 연습하는 것이 효과적입니다. 비판적 사고의 구성 요소와 평가 요소를 안다면 이를 중심으로 연습할 수 있습니다. 비판적 사고의 구성 요소에 대해서는 다양한 이론이 있습니다. 다양한 학자가 제시한 구성 요소 가운데 공통분모에 해당하는 요소를 정리하면 다음과 같습니다.

목적, 물음, 가정, 정보, 개념, 결론, 관점, 함축, 맥락, 대안

비판적 사고의 요소를 평가하기 위해 널리 사용되는 열 가지 기준은 다음과 같습니다.

분명함, 정확성, 명료성, 적합성, 중요성, 깊이, 폭 넓음, 논리성, 공정성, 충분성

모든 글이나 토론에서 위에 제시한 비판적 사고의 구성 요소와 평가 요소를 모두 사용할 필요는 없습니다. 논제에 맞춰서 필요한 요소를 구성하고 평가에 사용하면 됩니다. 일단 무엇에 주목해야 하는지 모든 요소와 기준을 결합해 보면 다음과 같습니다.

—— 논의 목적: 저자화자의 목적은 무엇인가?

비판적 사고는 항상 어떤 목적을 갖습니다. 비판적 사고는 무엇인가를 주장하는 사고이기 때문입니다. 비판적 사고를 평가하기 위해서는 해당 주장의 목적이 무엇인지, 목적이 분명하고 적절하게 구현되고 있는지 검토해야 합니다. 또한 목적이 중요한지, 논리적으로 일관적인지 등도 검토해야 합니다. 논의 목적이 불분명하거나 잘 구현되어 있지 않다면 이러한 검토를 통해 분명히 드러나도록 수정해야 합니다.

─── 논의 문제: 저자화자가 해결하려는 핵심 문제는 무엇인가?

비판적 사고는 논의되는 어떤 문제가 배경입니다. 앞에서 비판적 사고가 어떤 목적을 갖는다고 했는데 어떤 목적을 갖는다는 의미는 목적에 해결해야 할 문제가 있다는 뜻입니다. 따라서 비판적 사고를 평가하기 위해서는 논의되는 질문이 저자화자가 제시하는 목적에 적합한 질문인지, 질문이 분명하고 명료하게 제시되었는지 검토해 봐야 합니다. 논의되는 질문이 분명하고 명료하지 않거나 적절한 질문이 아니라면 해당 물음을 평가 요소에 맞게 재구성해야 합니다.

─── 가정: 저자화자가 설정한 가정은 무엇인가?

비판적 사고에서 제시되는 주장이나 전제에는 명시적 혹은 암묵적 가정이 있습니다. 주장이나 전제는 아무 생각 없이 등장하지 않습니다. 반드시 사고나 판단의 배경이 되는 생각이나 가치관에서 시작됩니다. 가정 없이 사고할 수 있다는 주장은 의심스럽습니다. 비판적 사고를 평가하기 위해서는 그러한 가정이 무엇인지, 가정이 논리적으로 정당하고 현실에 적합한지 분석하고 검토해야 합니다. 이러한 검토를 통해 가정이 부적절하다고 판단했다면 수용할 만한 가정으로 보완해야 합니다.

─── 정보: 저자화자가 사용한 정보는 무엇인가?

비판적 사고에는 주장이나 전제와 관련된 정보가 담겨 있습니다. 정보는 관찰, 경험, 자료 등 다양한 것을 포함합니다. 비판적 사고를 평가하기 위해서는 이러한 정보가 주장과 전제와 관련이 있는지, 충분한지, 공정하고 정당한지 등을 검토해야 합니다. 이러한 검토를 통해 정보가 부족하다면 어떻게 보완할지도 고민해야 합니다.

── 개념: 저자화자가 사용한 주요 개념은 무엇인가?

비판적 사고에는 어떤 개념이 사용됩니다. 개념이란 어떤 현상이 담고 있는 다양한 내용을 포착하기 위해 사용하는 기술적 용어입니다. 비판적 사고를 평가하기 위해서는 제시된 주장이나 전제가 개념을 명료하고 분명하게 사용했는지 검토해야 합니다. 이러한 개념 파악을 통해 비판적 사고에 대한 분석과 평가를 해나갈 수 있기 때문입니다.

── 결론: 저자화자가 추론을 통해 제시하려는 결론은 무엇인가?

비판적 사고의 대상은 주장을 담은 글이나 말이기 때문에 추론 과정과 이를 통해 도달한 결론이 포함되어 있습니다. 비판적 사고를 통해 저자화자가 어떤 추론 과정을 통해 결론에 도달했는지, 추론 과정이 정당했고 논리적으로 타당했는지, 그런 추론을 통해 도달한 결론이 중요하고 합당한지 검토해야 합니다. 만약 추론 과정이 타당하지 않다면 어떻게 보완할 수 있을지 숙고해야 합니다.

── 관점: 저자화자가 취하는 관점은 무엇인가?

저자화자가 어떤 주장을 제시할 때 주장은 어떤 관점을 담고 있습니다. 대형 마트 비정규직 노동자의 파업 이야기를 다룬 웹툰《송곳》에는 "서는 데가 바뀌면 풍경도 달라지는 거야"라는 대사가 나옵니다. '서는 데'는 자신의 위치인 어떤 관점point of view을 의미합니다. 비판적 사고를 평가하기 위해서는 해당 주장이 어떤 관점에 서 있는지를 파악해야 하며, 이를 평가하는 자신의 관점도 확인할 필요가 있습니다. 또한 이러한 관점이 공정하고 적합한지 검토해야 하며 해당 문제에 대해 대안적 사고를 모색할 수도 있습니다.

—— 함축: 저자화자의 주장이 함축하는 내용은 무엇인가?

저자화자가 어떤 주장을 제시할 때 어떤 내용을 암묵적으로 함축할 수 있습니다. 예를 들어 어떤 추론에 따라 도출된 결론이 행동으로 옮겨졌을 때 어떤 손해나 이익을 가져올 수 있습니다. 이를 '함축'이라고 합니다. 비판적 사고를 평가하기 위해서는 해당 주장이 함축하는 내용이 무엇인지, 논의가 공정하고 논리적으로 전개됐는지 검토해야 합니다.

—— 맥락: 저자화자가 논의하는 맥락은 무엇인가?

저자화자가 어떤 주장을 제시할 때 그 배경에는 특정한 맥락이 있습니다. 그 맥락을 공정하고 적합하게 파악하고 이해해야 합니다.

—— 대안: 저자화자의 논의로부터 제시할 수 있는 대안은 무엇인가?

저자화자가 어떤 주장을 제시할 때 추구할 대안도 모색해야 합니다. 대안은 공정하고 논리적이며 다각적으로 폭넓게 제시되어야 합니다.

비판적 사고의 요소와 기준을 사고할 때마다 주목할 필요는 없습니다. 글이나 토론의 주제나 상황에 따라 특정 요소가 부각될 수도 있고 어떤 요소는 나타나지 않을 수도 있습니다. 하지만 이에 주목하면서 자신의 읽기, 쓰기, 말하기를 수정해 나간다면 비판적 사고 능력이 함양될 것입니다.

논증이란
무엇일까?

비판적 사고 능력을 향상시키기 위해 수렴적 사고부터 시작해 봅시다. 비판적 사고를 구성하는 요소와 평가 기준 가운데 가장 효과적인 방안은 논증argument 구성 능력 훈련입니다. 논증은 전제와 결론을 통해 주장을 제시하는 방법이기 때문에 비판적 사고의 구성 요소와 평가 요소를 잘 담아낼 수 있습니다.

논증은 비판적 사고를 함양시키지만, 비판적 사고의 필요조건이지 충분조건은 아닙니다. 듀이의 반성적 사고는 넓은 의미의 비판적 사고로 볼 수 있습니다. 비판적 사고는 논증과 관련된 논리적 사고 이외에도 창의적 사고 등을 포함하기 때문입니다. 동시에 논증을 통한 수렴적 사고의 함양이 발산적 사고의 기초를 마련한다는 점 또한 기억할 필요가 있습니다. 따라서 비판적 사고 능력을 향상시키기 위해서는 논증부터 시작하는 것이 효과적입니다.

1) 논증의 특성

논증은 형식적으로 명제proposition의 집합이며 내용적으로는 주장하는 글입니다. 논증은 명제로 구성됩니다. 명제는 참과 거짓을 판단할 수 있는 문장입니다. 감탄문, 의문문, 명령문 등은 명제에 포함되지 않습니다. 예를 들어 "내일 비가 옵니까?"라는 의문문은 참과 거짓을 판단할 수 없기 때문에 논증을 만들 수 없습니다.

하지만 문장 형태만으로 명제를 판단하면 안 됩니다. 형태는 의문문이지만 강한 주장이 담겨 있을 경우 명제로 볼 수 있기 때문입니다. '저자가 자신이 쓴 글에 책임이 없다는 게 말이 됩니까?'라는 의문문은 '저자는 자신이 쓴 글에 책임이 있다'는 명제입니다. 따라서 명제인지 아닌지는 1차적으로 문장 형식에 주목하고, 2차적으로는 내용상 의미를 통해 파악해야 합니다. 이런 명제의 말 묶음이 논증입니다.

논증은 주장하는 글입니다. 주장과 근거를 담고 있지 않은 글은 논증이 아닙니다. 근거 없이 자신의 믿음이나 의견을 진술하는 글, 장면이나 광경을 서술하는 글, 보고하는 글, 설명하거나 해설하는 글, 다양한 사례를 제시하는 글 등은 주장과 근거가 없기 때문에 논증이 아닙니다.

우리는 주장을 담은 글을 쓸 때나 토론할 때 어떤 근거를 통해 자신의 주장을 제시합니다. 이러한 사고 과정이 추론inference이며 이를 언어로 표현하면 논증입니다. 논증은 주장을 담은 명제결론와 주장의 근거에 해당하는 명제전제로 이루어집니다. 전제와 결론은 순서가 뒤바뀌기도 하고 어떤 경우는 전제가 숨어 있기 때문에 이를 찾아내어 검토해야 합니다. 만약 숨은 전제가 모두가 인정할 만한 전제라면 생략해도 상관없지만 그렇지 않다면 좋은 논증이 되기에 부족할 수 있습니다.

2) 논증의 종류와 평가

논증의 유형과 평가에 대한 자세한 논의는 다른 수업에서 자세하게 다루고 여기서는 간략한 구분만 제시하고자 합니다. 논증의 유형은 전제와 결론 사이의 논리 연결 방식에 따라 '연역 논증'deductive argument과 '귀납 논증'inductive argument으로 구분됩니다. 연역 논증은 전제와 결론 사이의 관계가 필연적이라 전제가 참이라면 결론은 반드시 참입니다. 귀납 논증은 전제와 결론의 관계가 개연적이어서 전제가 참이더라도 결론이 반드시 참이 되지는 않습니다.

연역 논증은 전제와 결론 사이의 관계를 형식적으로 평가해 타당한valid 논증과 부당한invalid 논증으로 평가합니다. 타당한 논증의 전제가 모두 사실과 부합하면 건전한sound 논증이고, 그렇지 않으면 건전하지 못한unsound 논증입니다.

귀납 논증은 강도strength와 설득력cogency으로 평가합니다. 연역 논증은 타당과 부당으로 명료하게 구분되지만 귀납 논증은 강하거나 약한 정도로 평가합니다. 강한 귀납 논증 중에서 전제가 모두 참인 논증은 설득력 있는 논증이고, 전제 중에 거짓이 포함된 논증은 설득력 없는 논증입니다. 약한 논증은 모두 설득력 없는 논증입니다.

3) 논증의 분석과 재구성

주장하는 글을 쓰거나 토론할 때는 논증을 구성해야 합니다. 먼저 다른 사람의 글이나 토론에서 논증을 분석하고 재구성할 줄 알아야 합니다.

① 전제와 결론 찾기

② 숨은 전제 찾기

③ 논증의 구조 재구성

④ 논증의 형식적 평가

⑤ 논증의 내용적 평가

이러한 과정을 통해 논증을 분석하고 재구성하는 연습을 할 때 비판적 사고 능력이 향상됩니다. 우리가 토론에서 비판적이고 논리적으로 사고해야 하는 이유는 주장의 타당성, 개연성, 올바름 등을 따져보기 위해서입니다. 비판적 사고를 통해 우리는 공동체의 중요한 문제를 인식하고 이를 분명하게 표현할 수 있습니다. 관련된 사실을 학습하고 사실을 해석하는 능력도 기를 수 있을 뿐만 아니라 관용적이고 열린 사고 능력을 배양할 수 있습니다. 무엇보다 문제 해결을 위해 타인과 효과적으로 의사소통하고 협력해 자기 중심적인 태도에서 벗어나 진리로 나아갈 수 있습니다.

■ 다음 중 옳으면 O을, 틀리면 X를 하세요.

① 창의적 사고는 비판적 사고에 포함되지 않는다. ( )

② 수렴적 사고와 창의적 사고는 아무 관계 없다. ( )

③ 비판적 사고의 구성 요소에는 목적, 물음, 가정, 정보, 개념, 결론, 관점, 함축, 맥락, 대안 등이 포함된다. ( )

④ 비판적 사고의 평가 기준에는 분명함, 정확성, 명료성, 적합성, 중요성, 깊이, 폭 넓음, 논리성, 공정성, 충분성 등이 포함된다. ( )

⑤ 모든 비판적 사고에는 구성 요소가 모두 포함되어야 한다. ( )

⑥ 글이나 토론의 주제나 상황에 따라 비판적 사고의 구성 요소 가운데 특정 요소가 부각될 수 있고 어떤 요소는 나타나지 않을 수 있다. ( )

⑦ 논증 구성 능력을 훈련하면 비판적 사고 능력을 향상시킬 수 있다. ( )

⑧ 명제는 참과 거짓을 판단할 수 있는 문장이다. ( )

⑨ 의문문은 명제가 아니지만 감탄문은 명제이다. ( )

⑩ 논증은 근거와 주장으로 구성된다. ( )

⑪ 논증은 전제와 결론의 관계에 따라 연역 논증과 귀납 논증으로 구성된다. ( )

더 깊은 토론을 위한 참고자료

★ 존 듀이 지음, 정희욱 옮김, 《하우 위 싱크》, 학이시습, 2011

본문에 사용된 인용문은 듀이의 《How We Think》(1910)를 번역한 글입니다. 1933년에 동일한 제목으로 개정되기도 했습니다. 인간 사고에 대한 듀이의 폭넓은 이해를 보여주며 특히 반성적 사고에 대한 깊이 있는 논의를 접할 수 있습니다.

★ 존 듀이 지음, 이유선·정창호 옮김, 《공공성과 그 문제들》, 한국문화사, 2014

공공성, 공중 그리고 국가의 기원과 작동 방식에 대한 정치·철학적 고찰을 담은 고전입니다. 현대 사회는 형식에 불과한 다수결을 민주주의의 전부로 이해합니다. 하지만 듀이는 민주주의의 정신을 구현하기 위한 토론의 중요성을 강조합니다. 비판적 사고와 토론 그리고 민주주의의 관계를 잘 보여주는 책입니다.

생각의 틀을 쌓아봅시다
: STOICHEIA

유클리드와 함께 살펴보는
형식적 연역 논증

수업을 시작하며

비판적 사고는 어떤 믿음을 가지는 데 있어서 근거가 무엇이고, 결과가 무엇인지 능동적으로 생각해 보는 사고입니다. 이를 위해서는 한 믿음이 다른 믿음을 잘 뒷받침하는지 살펴야 합니다. 우리가 가진 믿음을 한데 모아 묶거나 한 믿음에서 다른 믿음을 이끌어낼 줄 알아야 합니다. 이러한 사고 과정을 추론이라고 하며 추론을 말로 표현하면 논증이 됩니다.

논증이란 어떤 말과 그것을 뒷받침하는 다른 말로 이루어진 말 묶음입니다. 달리 말해 논증은 근거전제, 이유와 결론주장으로 이루어진 말 묶음입니다. 근거와 결론으로 구성된 논증에 대한 이해가 있어야 내가 수용하는 믿음이 무엇에 의존하며 다른 믿음이 참인지, 어떤 가정을 하는지, 정확한 개념을 사용하는지 등에 대한 정확한 답을 명료하게 찾을 수 있습니다. 논증을 제시하거나 분석하는 것은 비판적 사고를 위한 핵심 기술입니다.

우리가 참이라고 믿는 주장을 정당화하기 위해 논증을 제시하는 방법은 두 가지입니다. 하나는 논리에 잘 들어맞는 정형화된 형식에 호소하는 방법이고, 다른 하나는 형식이 아닌 말과 말 사이의 내용 관계에 호소하는 방법입니다. 일반적으로 전자를 연역적 방법_{또는 형식적 방법}이라 하고, 후자를 귀납적 방법_{또는 비형식적 방법 또는 과학적 방법}이라고 합니다. 이 장에서는 형식적 연역 방법을 먼저 살펴보기로 합시다.

우리가 어떤 믿음을 가지는 데 정형화된 형식을 따른다면 그러한 형식이 정말로 믿음에 관여하는지 의구심이 생길 수 있습니다. 20세기 영국의 수학자이자 논리학자인 앨런 튜링Alan Mathison Turing은 '기계가 사고할 수 있는가'에 대한 답을 찾는 과정에서 인간의 사고방식을 기계로 재현하고자 컴퓨터를 고안했습니다. 컴퓨터는 형식적인 체계에 따라 작동합니다. 또한 특정 체계에서 주어진 조건과 결합 규칙에 따라 일정한 결과를 산출하는 컴퓨터 언어나 코딩은 형식적 논증과 매우 밀접합니다.

19세기 영국의 수학자 조지 불George Boole은 일찍이 형식적 사고를 기계로 구현하고자 했습니다. 당시엔 오직 인간만이 참과 거짓을 가리는 논리적 사고를 할 수 있다고 믿었지만 불은 참과 거짓을 가리는 인간의 논리적 사고를 마치 수의 연산처럼 수식으로 만들 수 있다고 생각했습니다. 사칙연산을 통해 수를 연산하는 것처럼 논리를 연산할 수 있다고 생각했던 것입니다.

불은 참인 믿음과 참인 믿음이 만났을 때만 참인 믿음을 만들어 내는 연언 연산, 어느 한쪽 믿음만 참이어도 참인 믿음을 만들어 내는 선언 연산을 고안했습니다. 그는 아무리 복잡한 문장이라도 연언 연산과 선언 연산을 통해 분석하고 정리할 수 있다고 생각했습니다. 이 아이디어는 20세기 미국의 수학자이자 컴퓨터 과학자인 클로드 섀넌Claude Shannon이 논리 연산을 수행할 수 있는 디지털 회로를 만드는 데 기본 요소로 사용하면서 복잡한 연산을 처리하는 프로세서의 기초가 되었습니다. 현재 우리의 전기 통신 시대를 연 디지털 혁명의 토대이자 출발점입니다. 기계가 인간의 사고를 구현할 수 있는지 답을 찾는 과정에서 고안된 컴퓨터의 계산 원리의 원형은 인간의 형식적 사고 방식입니다.

토론 수업을 위한
오늘의 고전

유클리드의 《기하학 원론》

　　인간의 사고에서 형식적 추론이 이루어지는 과정을 집대성하여 분석한 사람은 아리스토텔레스입니다. 아리스토텔레스는 우리에게 익숙한 모순율, 배중률, 삼단논법, 대당사각형 등 말과 말 사이에 성립하는 형식·논리적 관계를 논리학 저서인 《범주론》, 《명제론》, 《분석론 전서》, 《분석론 후서》, 《변증론》, 《소피스트적 논박》에서 정리했습니다. 아리스토텔레스의 제자인 소요학파 철학자들은 이 여섯 권을 한데 묶어 《오르가논》으로 펴냈습니다.

　　아리스토텔레스는 철학 작업을 위한 기본 도구로 논리가 필요하다고 생각했습니다. '사유의 대상은 형상' 같은 철학 주장은 경험을 통해 참인지 거짓인지 곧바로 알 수 없기 때문에 경험적 관찰이나 실험으로 정당화되기 어렵습니다. 그렇기 때문에 고대 철학자들은 관찰이나 실험이 아닌 다른 방법으로 철학적 주장이 왜 말이 되는지를 보여줘야 했습니다. 그들은 철학적 주장이 말과 생각의 이치에 부합한다고 보여주면서 철학적 주장이 참이라고 증명했습니다. 철학적 주장을 관찰과 실험이 아닌 다른 말로 뒷받침해서 참이 되는 이유를 제시한 것입니다.

그들은 철학적 작업을 위한 기본 도구로 형식적 논리가 필요했습니다. 형식적 추론의 기원은 고대 그리스 철학자까지 거슬러 올라가는데, 수학자 유클리드의 저서인《기하학 원론》에서도 형식적 추론을 통해 수학적 주장을 정당화하는 사례를 찾아볼 수 있습니다.

이집트 알렉산드리아에서 활동한 수학자 유클리드의《기하학 원론》은 인류 역사상 가장 중요한 수학책으로 알려져 있습니다. 유클리드가 활동하던 알렉산드리아는 당시 그리스의 철학, 수학, 천문학이 동시에 집대성되던 장소였습니다. 그런 곳에서 유클리드는 이전부터 전해져 온 수학 지식을 모아서 정리하고 체계적으로 분석하여《기하학 원론》으로 펴냈습니다.

이 책은 기하학뿐만 아니라 비율, 약수, 완전수, 무리수 등 수학의 모든 내용이 포함된 수학의 근본 설계도입니다. 근대 독일의 관념론을 연 철학자 칸트Immanuel Kant뿐만 아니라 현대 논리학의 창시자 프레게 Friedrich Ludwig Gottlob Frege는 유클리드의 기하학을 순수한 논리적 사고만으로 충분히 이해하기 어렵다고 평가했습니다.《기하학 원론》의 수학적 사고는 논리적이기 때문에 우리가 이 장에서 다룰 형식적 논증의 사고방식을 찾아볼 수 있습니다. 다음 지문은 수학에서 널리 사용되는 증명 방식인 귀류법이라는 형식적 논증을 보여줍니다.

> **정리 27**
> 두 개의 직선을 가로지르도록 다른 하나의 직선을 그어보자. 이때

생기는 엇각이 서로 같다면, 두 직선은 평행하다.

두 개의 직선 AB와 CD를 가로지르는 직선 EF를 가정하자. 이때 엇각 AEF와 EFD는 서로 같다. 그렇다면 AB와 CD는 평행하다.

만약 평행하지 않다면 AB와 CD를 길게 늘였을 때 A, C의 방향에서든 아니면 B, D의 방향에서든 만나게 될 것이다정의 23에 의해. 길게 늘였을 때, AB와 CD가 B, D 방향의 점 G에서 만난다고 해 보자. 그렇게 해서 생긴 삼각형 GEF에서 외각 AEF가 반대편에 있는 내각 EFG와 같다고 해 보자. 이것은 불가능하다. 그러므로 아무리 길게 늘이더라도 AB와 CD는 B, D 방향에서 만날 수 없다. 같은 방식으로 AB와 CD가 A, C 방향에서도 만날 수 없음을 증명할 수 있다. 그런데 양쪽 방향 모두에서 만날 수 없는 직선들은 평행하다정의 23에 의해. 따라서 AB와 CD는 평행하다.

EUCLID'S ELEMENTS OF GEOMETRY

The Greek text of J.L. Heiberg (1883~1885)

from Euclidis Elementa, edidit et Latine interpretatus est I.L. Heiberg, in aedibus B.G. Teubneri, 1883~1885

edited, and provided with a modern English translation,

by Richard Fitzpatrick, 2007, pp. 30~31.

유클리드의《기하학 원론》에 수록된 '1권 정리 27'입니다. 이 부분은 정리 27이 성립하지 않는다고 가정한 후 '모순을 이끌어 내는' 방법으로 정리 27이 성립한다고 증명합니다. 두 직선이 평행하지 않고 만난다고 가정하면 삼각형이 생깁니다. 그러면 삼각형의 외각이 다른 내각보다 커야 하지만 가정에 따라서 두 각은 크기가 같아야 하는 모순이 발생합니다. 이러한 추론 방식은 주어진 조건에 해당하는 이유에서 필연적으로 결론이 따라 나온다는 점을 보여주며 주어진 전제의 내용과 참이 결론에서도 보존됩니다. 위 추론이 일정한 형식을 따르고 있기 때문입니다.

1) 형식적 연역 논증이란?

형식적 논증이 무엇인지를 알아보기 전에 한 가지 유의할 점이 있습니다. 형식적 논증은 기본적으로 연역 논증입니다. 그렇다고 해서 연역 논증이 모두 형식적 논증은 아닙니다. 연역적으로 타당한 논증 중에는 형식이 아니라 전제와 결론에 언급된 개념에 따라 결론의 참이 필연적으로 보증되는 연역 논증도 있기 때문입니다.

예를 들어 '연수는 준서보다 키다 크다. 준서는 은우보다 키가 크다. 따라서 연수는 은우보다 키가 크다'와 같은 논증은 '키가 크다'는 개념에 따라 전제의 참이 결론의 참을 보장하는 연역 논증입니다. 이유를 묻고 답하는 토론에서는 주장을 정당화하고 오류를 덜어내기 위한 방법으로 형식적 연역 논증이 많이 사용됩니다.

형식적 연역 논증이란 형식에 따라 결론의 참이 보장되는 연역 논증입니다. 형식에 따라 근거의 참이 주장의 참을 반드시 보장하는 논증은 형식을 유지하면서 내용을 바꾸더라도 근거의 참이 결론의 참을 반드시 보장한다는 사실은 변하지 않습니다. 이렇게 형식에 따라 주장의 참이 보장되는 논증을 타당한 논증 형식이라 합니다. 타당한 논증 형식을 따른다면 내용과 관계없이 모두 타당한 논증입니다.

타당한 논증 형식은 많지만 그중 우리가 실생활에서 자주 만나는 7가지 유형을 살펴봅시다. 아래 예시에서 영어 대문자에는 평서문을 넣습니다. 단, 아래의 정언삼단 논증의 영어 대문자에는 '~는 사람이다', '~는 죽는다' 등 술어를 넣고, a와 같은 영어 소문자에는 '영희' 같은 개체의 이름를 넣습니다.

★ **전건긍정 논증:** P이면 Q이다. P이다. 따라서 Q이다.

★ **후건부정 논증:** P이면 Q이다. Q가 아니다. 따라서 P가 아니다.

★ **연쇄삼단(조건삼단, 가언삼단) 논증:** P이면 Q이다. Q이면 R이다. 따라서 P이면 R이다.

★ **선언삼단 논증:** P 또는(이거나) Q이다. P가 아니다. 따라서 Q이다.

          (P 또는(이거나) Q이다. Q가 아니다. 따라서 P이다.)

★ **귀류 논증:** P가 아니라고 하면, Q이면서 동시에 Q가 아니라고 해야 한다. Q인 것과 Q가 아닌 것을 동시에 받아들일 수 없다. 따라서 P이다.

★ **구성적 양도 논증(딜레마 논증):** P이거나 Q이다. P이면 R이다. Q이면 R이다. 따라서 R이다.

★ **정언삼단 논증:** 모든 P는 Q이다. a는 P이다. 따라서 a는 Q이다.

어떤 내용이 들어오더라도 이유의 참이 주장의 참을 보장하지 못하는 형식이 있습니다. 이를 부당한 논증 형식이라고 합니다. 아래처럼 부당한 논증 형식을 따르는 논증은 나쁜 논증, 즉 오류입니다.

★ **전건부정 오류:** P이면 Q이다. P가 아니다. 따라서 Q가 아니다.

★ **후건긍정 오류:** P이면 Q이다. Q이다. 따라서 P이다.

★ **선언지긍정 오류:** P 또는(이거나) Q이다. P이다. 따라서 Q가 아니다.

P 또는(이거나) Q이다. Q이다. 따라서 P가 아니다.

타당한 형식의 논증과 부당한 논증의 형식을 구별했습니다. 이를 통해 우리는 주장을 정당화할 수 있는 중요한 방법을 배운 셈입니다. 예를 들어 '사형 제도를 시행해야 한다'는 주장을 정당화하기 위한 형식적 논증을 다음과 같이 전건긍정 논증에 따라 구성할 수 있습니다.

전제 1 사형 제도가 살인 사건과 같은 강력 범죄의 예방 효과가 있다면 사형 제도를 시행해야 한다.

전제 2 사형 제도는 살인 사건과 같은 강력 범죄의 예방 효과가 있다.

결론 따라서 사형 제도를 시행해야 한다.

위 논증을 통해 '사형 제도를 시행해야 한다'는 주장이 적절한 근거를 통해 정당화된 것처럼 보입니다. 하지만 타당한 논증 형식을 갖추었다고 해서 모든 주장이 참이 정당화 되지 않습니다. 다음의 논증을 살펴봅시다.

전제 1 고통이 심하면 죽이는 것이 최선이다.

전제 2 연명 치료를 받는 환자는 고통이 심하다.

결론 따라서 연명 치료를 받는 환자의 안락사가 최선이다.

전제 3 영화배우는 모두 가수이다.

전제 4 이정재는 영화배우이다.

결론 따라서 이정재는 가수이다.

위 두 논증은 모두 형식이 타당합니다. 형식만 보면 두 논증의 결론이 정당화됐고 결론을 수용해야 할 것 같습니다. 그런데 결론이 거짓입니다. 거짓인 결론은 수용할 수도 없고 정당화되었다고도 할 수 없습니다. 그런데도 위와 같은 논증을 제시한 이유는 형식만 갖추면 어떠한 근거를 제시하든지 결론이 반드시 참이 된다고 생각했기 때문입니다. 타당한 형식인데 결론이 거짓인 이유는 무엇일까요? 두 논증의 전제를 살펴보면 알 수 있습니다.

첫 번째 논증의 두 전제는 참일까요? 전제 1의 '고통이 심하면 죽이는 것이 최선이다'라는 전제는 참이라고 하기 어렵습니다. 진통제를 투여한다든가 고통의 원인을 제거하는 등 고통을 완화시키는 처치가 최선일 수도 있습니다. 두 번째 논증의 전제 3 또한 참이 아닙니다. 영화배우이면서 가수인 사람도 있겠지만 모든 영화배우가 가수는 아닙니다.

두 논증의 결론이 거짓인 이유는 거짓 전제 때문입니다. 타당한 형식에 따라 논증을 구성할 때 거짓 전제를 하나라도 포함하면 결론은 거짓이 됩니다. 거짓을 포함한 주장은 결국 거짓이 되어 설득력을 잃습니다. 거짓 주장을 정당화하면 논증이 아무리 타당해도 상대방은 그 주장을 받아들일 수 없습니다. 전제가 모두 참이면서 형식적으로 타당한 논증만 설득력이 있습니다. 이러한 논증을 건전하다고 합니다.

2) 형식적 연역 논증의 특징

토론을 위해 알아두면 유용한 형식적 연역 논증의 특징을 살펴보면 다음과 같습니다. 첫째, 형식적 연역 논증에서 전제를 추가하면 타당하지 않은 논증을 타당한 논증으로 만들 수 있습니다.

전제 1 모든 바이러스는 유기체의 살아있는 세포 안에서만 살 수 있다.

전제 2 박테리아 α는 유기체의 살아있는 세포 안에서만 살 수 있다.

결론   따라서 박테리아 α는 바이러스이다.

위 논증은 전제가 참이어도 결론이 거짓인 부당한 연역 논증입니다. 그런데 '유기체의 살아있는 세포 안에서만 살 수 있는 모든 것은 바이러스다'라는 전제를 추가하면 결론의 참이 보장됩니다.

둘째, 타당한 논증에 어떤 전제를 추가해도 타당성에 영향을 미치지 않습니다. 다음은 타당한 형식의 논증입니다.

전제 1　만약 금성에서 포스핀이 발견된다면 금성에는 생명체가 있다.

전제 2　금성에서 포스핀이 발견되었다.

결론　　따라서 금성에는 생명체가 있다.

'금성은 저녁 서쪽 하늘에 뜬 개밥바라기다'라는 전제를 추가하거나 심지어 '금성은 수성보다 태양에 더 가깝다'는 거짓 전제를 추가해도 타당성에는 변함이 없습니다. 논증이 타당한 형식을 갖췄다면 전제와 결론 사이의 뒷받침 관계를 문제 삼기 어렵습니다. 타당한 형식을 갖춘 연역 논증은 전제가 결론을 잘 뒷받침하는 논증이기 때문입니다. 하지만 전제와 결론 사이의 뒷받침 관계가 타당하다고 해서 결론을 그대로 믿어서는 안 됩니다. 제시된 전제가 모두 참인지 검토한 후 결론을 믿을지 말지 결정해야 합니다.

3) 형식적 연역 논증의 평가

형식적 논증을 통해 제안된 주장이나 결론을 믿을지 말지 결정하기 위해서는 첫째, 전제와 결론을 찾고 숨은 전제나 결론이 있다면 이를 보충해서 논증을 구성해야 합니다. 이를 논증의 재구성이라고 합니다. 논증을 재구성할 때는 쟁점과 맥락을 고려해야 합니다.

'최근 정자와 난자의 수정 없이 실험용 쥐의 배아를 만들었다는 연구 결과가 발표되었기 때문에 우리는 인공 배아 생산에 대비해야 한다'라는 논제를 봅시다. 이 주장은 인공 배아 생산을 연구하는 생명 공학자가 제기했는지, 생명 윤리를 연구하는 사람이 제기했는지에 따라 다른 방식으로 이해할 수 있습니다. 생명 윤리 연구자는 인공 배아 생산이 옳은지에 초점을 두는 반면, 생명 공학자는 인공 배아 생산의 효율성에 초점을 둡니다. 이에 따라 무엇이 중요한 가치인지 결정되며 그 가치를 판단하는 기준 또한 달라집니다.

• 생명 윤리학자

인공 배아 생산은 인간까지 확장될 수 있지만 윤리 문제가 발생할 수 있으므로 인공 배아 생산에 대비해야 한다.

• 생명 공학자

줄기세포를 이용한 인공 배아 생산은 의료, 보건 분야 등에서 많은 이득을 주므로 인공 배아 생산에 대비해야 한다.

전제와 결론을 명확하게 찾을 수 있나요? 전제와 결론을 찾아 정리하면 아래와 같습니다.

• 생명 윤리학자

전제 1 인공 배아 생산은 인간까지 확장될 수 있고 윤리적인 문제도 발생할 수 있다.

전제 2 ?

결론 따라서 인공 배아 생산에 대비해야 한다.

• 생명 공학자

전제 3 줄기세포를 이용한 인공 배아 생산은 의료, 보건 분야 등에서 많은 이득을 준다.

전제 4   ?

결론   따라서 인공 배아 생산에 대비해야 한다.

각 논증에서 전제 2와 전제 4가 생략됐기 때문에 이를 보충해야 합니다. 생략된 전제를 어떻게 찾아야 할까요? 우선 논증을 제시한 사람의 합리성을 극대화하여 최대한 일관되고 정합적인 논증이 되도록 재구성해야 합니다. 위 논증을 제시한 사람은 어떤 식으로든 연관이 있다고 판단해서 선행 전제를 언급했을 겁니다. 그렇다면 생략된 전제 2는 '인공 배아 생산이 윤리적 문제를 발생시킬 수 있다면 인공 배아 생산에 대비해야 한다', 생략된 전제 4는 '의료, 보건 분야 등에서 많은 이득을 주는 것에 대비해야 한다'가 됩니다.

둘째, 전제와 결론을 찾았다면 전제가 결론을 잘 뒷받침하는지 점검합니다. 주어진 논증이 부당한 형식이라고 판단되면 전제가 참이더라도 결론이 거짓일 수 있습니다. 주어진 논증이 타당한 형식을 잘 따르고 있다면 이유가 주장을 잘 뒷받침하는 논증이니 다음 단계로 넘어갑니다.

셋째, 전제와 결론이 타당한 형식을 따르고 있다면 전제가 실제로 참인지 점검합니다. 해당 전제가 실제로 참인지 여부는 우리의 경험으로 확인할 수 있는지, 상식이나 과학 이론에 잘 부합하는지, 신뢰할 만한 증언인지, 해당 분야의 권위자의 이론이나 의견에 부합하는지 등의 기준으로 확인합니다.

넷째, 건전한 논증이라고 해서 무조건 결론을 수용하면 안 됩니다. 전제 사이 또는 전제와 결론 사이에 모순은 없는지 점검해야 하기 때문입니다. 모순이란 동시에 참도 거짓도 될 수 없는, 하나가 참이면 다른 하나는 반드시 거짓이 되는 관계를 일컫습니다. 사형 제도는 강력 범죄의 예방 효과가 있다는 명제와 사형 제도는 강력 범죄의 예방 효과가 없다는 명제는 모순입니다. 만약 제시한 논증에 모순이 있다면 결론을 수용할 수 없습니다.

4) 형식적 연역 논증의 보편성

사람들은 자신의 주장을 내세울 때 대부분 주장이 참이라고 증명하지 않습니다. 그저 상대방이 나의 주장에 귀를 기울이고 받아들이는 자세만 취해도 소기의 목적을 달성했다고 생각하며 만족합니다. 그러나 우리가 의식하지 못할 뿐 형식적 논증은 실생활에서 사용되고 있습니다. 친구에게 유산균을 먹으면 변비에 좋다는 정보를 들은 이후 변비가 심한 내가 유산균을 먹었고 효과를 경험했다면 이는 전건긍정 형식에 따른 의사 결정입니다.

우리는 형식적 논증이 작동하는 세계에서 살고 있다고 해도 과언이 아닙니다. 우리가 매일 사용하는 휴대폰의 코딩 원리는 형식적 논증을 따릅니다. 코딩의 기본 원리는 함수입니다. 휴대폰 앱을 터치하면 여러 메뉴가 뜹니다. 여기서 '만약 A와 B라는 조건이 참이라면 C라는 조건은 반드시 성립한다'는 실행이 반복됩니다. 다시 특정 메뉴를 터치하면 새로운 화면으로 넘어가지요.

코딩이란 형식적 논증의 연쇄와 같습니다. 한 형식적 논증의 결론은 다른 형식적 논증의 전제로 활용됩니다. 애플의 창업자이자 CEO였던 스티브 잡스Steven Paul Jobs가 모든 미국인이 코딩을 배워야 한다고 주장한 이유가 여기에 있습니다.

5) 형식적 연역 논증의 한계

형식적 논증이 좋은 논증의 전부라고 생각해서는 안 됩니다. 좋은 논증이지만 형식적 논증이 아니거나 형식적 논증으로 재구성할 수 없는 논증도 있습니다.

전제 1 연수의 집에서 전기 합선이 일어났기 때문에 화재가 발생했다.

결론 따라서 우리 모두 전기 합선에 유의해야 한다.

위 논증은 좋은 논증이지만 '때문에'를 형식적 기호로 옮길 방법은 없습니다. 또 다른 예를 들어 봅시다.

전제 1 연수는 매일 출근 버스를 타고 출근하는데 출근 버스가 늦게 오면 연수는 지각한다.

전제 2 연수는 오늘 지각했다.

결론 따라서 연수가 타려고 했던 출근 버스가 늦게 왔다.

우리는 이러한 일상의 추론에 따라 출근 버스가 오는 시간에 맞춰 버스 정류장에 몇 시까지 도착해야 할지 생각한 후 행동합니다. 하지만 위 추론은 형식적으로 나쁜 논증, 즉 오류에 해당합니다. 논증을 형식적 논증으로만 제한하면 유용한 논증을 놓친다는 한계가 있습니다. 다음 수업에서 살펴보겠지만 프랜시스 베이컨Francis Bacon이 형식적 논증을 통해서 철학적 주장을 정당화하고자 했던 아리스토텔레스의 논리학을 넘어 새로운 지식의 정립 방법을 제안했던 것도 그 때문입니다.

1. 다음 논증이 타당한 논증이 되도록 전제나 결론을 보충하세요.

① 준수는 영희의 아들이다. 따라서 _____

② _____ 따라서 준수는 영희의 왼쪽에 있다.

③ 화요일은 월요일 다음날이다. 따라서 _____

2. 다음 논증이 연역적으로 타당한지 여부를 구별하고 이유를 설명해 보세요.

① 누구나 여권이 있는 경우에만 출국한다. 준수에게는 여권이 있다. 따라서 준수는 출국한다.

② 지구 온난화가 실제로 진행되고 있다면 해수면이 높아질 것이다. 그런데 해수면이 높아지고 있다는 증거가 있다. 따라서 지구 온난화는 실제로 진행되고 있다.

③ 칸트가 교도소 옆으로 이사를 갔다면 교도소의 소음 때문에 스트레스를 받았을 것이다. 칸트는 새벽마다 옆집의 닭이 울어대는 바람에 교도소 옆으로 이사했다. 칸트는 교도소로 이사를 갔기 때문에 소음 스트레스에 시달린 것이다.

④ 페놀프탈레인 용액은 산성을 만나면 색깔이 변하지 않고 염기성 용액을 만나면 붉은 색으로 반응한다. 어떤 용액을 페놀프탈레인 용액에 넣었는데 색 변화가 없었다. 그러므로 페놀프탈레인 용액에 넣은 용액은 산성이다.

3. 다음 논증이 연역적으로 타당한 형식인지 아닌지 구별하세요.

① 이번 월드컵의 우승팀은 유럽팀이거나 남미팀이다. 이번 월드컵 우승팀은 남미팀이 아니다. 따라서 월드컵 우승팀은 유럽팀이다.

② 이산화탄소와 메탄가스 등 온실가스 배출량이 많아진다면 지구 온난화가 가속화된다. 지구 온난화가 가속화되면 가뭄, 홍수, 산불 등 자연 재해로 자연 생태계는 파괴될 것이다. 이산화탄소와 메탄가스 등 온실가스 배출량이 실제로 증가하고 있다. 따라서 가뭄, 홍수, 산불 등 자연 재해로 자연 생태계는 파괴될 것이다.

③ 예술품에 대한 미적 평가가 합리적이려면 이론적 근거로 평가해야 한다. 그러나 철학자들이 예술품에 대한 어떤 평가도 이론적 근거는 없다고 밝혔다. 따라서 예술품에 대한 미적 평가는 합리적이지 않다.

④ 사후 세계는 인간이 죽은 후에도 그의 영혼이 어떤 형태로든 존속할 때만 존재할 수 있다. 죽은 사람의 영혼이 존속한다는 것은 사실이다. 따라서 사후 세계는 존재할 수 있다.

⑤ 전철 운행 중 열차에 기계적 결함이 발생한다면 가장 가까운 역에 반드시 정차할 것이다. 운행 중인 이 열차에는 어떠한 기계적 결함도 발생하지 않았다. 따라서 이 열차는 가장 가까운 역에 정차하지 않는다.

4. 다음 논증에서 생략된 전제를 보충하고 좋은 논증인지 평가하세요.

유튜브 채널을 운영하면 돈을 많이 번다.
따라서 나는 돈을 많이 번다.

▶▶

5. 다음 논증을 논박·비판하세요.

① **전제 1** 만일 연수가 공적연금제도에 가입한다면 노후에 생활고에 시달릴
　　　　　 것이다. 또한 연수가 기업연금제도에 가입한다면 연수가 받게 될
　　　　　 연금은 노후에 필요한 생활비를 충당할 정도의 액수가 아니기 때문
　　　　　 에 노후에 생활고에 시달릴 것이다.

　　전제 2 누구나 연금제도에 가입한다. 연금제도에는 공적연금제도와 기업
　　　　　 연금제도만 있다.

　　결론　 따라서 연수는 노후에 생활고를 겪을 것이다.

② 극심한 고통을 겪으며 연명 치료를 받고 있는 환자에게 적극적 안락사를 시
　행하거나 소극적 안락사를 시행해야 합니다. 적극적 안락사를 도운 의사에
　게는 법적인 처벌이 가해질 수 있기 때문에 시행하면 안 됩니다. 따라서 극
　심한 고통을 겪으며 연명 치료를 받고 있는 환자에게 소극적 안락사를 시행
　해야 합니다.

더 깊은 토론을 위한 참고 자료

★ 유클리드 지음, 이무현 옮김, 《기하학 원론》, 교우사, 2018

원래 《기하학 원론》은 기원전 3세기에 집필됐으며 총 13권으로 구성됩니다. 1~4권은 평면 기하학을 다루고, 5권은 비율과 비례를, 6권은 비율과 비례를 도형에 적용하고, 7~10권은 수열, 소수, 무리수 등 수론을 다루고, 11~13권은 3차원 기하학을 다룹니다. 이 번역본은 친절한 해제가 있어 유클리드의 고전에 좀 더 쉽게 다가갈 수 있게 도와줍니다.

★ 아리스토텔레스 지음, 《오르가논》

《범주론》, 《명제론》, 《분석론 전서》, 《분석론 후서》, 《변증론》, 《소피스트적 논박》을 아리스토텔레스의 제자인 소요학파 철학자들이 한데 묶어 이름 붙인 아리스토텔레스의 논리학 관련 저작 모음입니다. 이 책은 서양 논리학의 틀을 세우고 이후 명실상부한 고전 논리학의 대표 작품으로 오랜 지위를 누렸습니다. 논리학을 공부할 때 기본적으로 다루는 삼단논법도 《분석론 전서》에 등장합니다. 아직 신뢰할 만한 우리말 번역이 많지 않지만 《범주론》과 《명제론》은 김진성의 번역을, 《변증론》과 《소피스트적 논박》은 김재홍의 번역을 참고할 만합니다.

내일도 해가 뜬다는 걸 어떻게 알까?
: NOVUM ORGANUM

프랜시스 베이컨과 함께 살펴보는
귀납 논증

수업을 시작하며

앞선 수업에서 살펴보았듯이 비판적 사고의 핵심 기술은 논증 구성과 분석, 평가에 있습니다. 논증은 전제가 결론의 참을 보장하는 연역 논증과 전제가 결론의 참을 보장하지 않는 귀납 논증으로 나뉩니다. 연역 논증은 전제를 모두 참이라고 했을 때 그러한 전제에서 결론이 반드시 따라 나올 수밖에 없습니다. 전제가 결론을 포함하기 때문입니다.

하지만 연역 논증은 전제를 넘어선 내용을 결론으로 추론할 수 없다는 한계가 있습니다.

전제 1   모든 토끼는 당근을 좋아한다.

전제 2   무지는 토끼이다.

결론   따라서 무지는 당근을 좋아한다.

위 논증은 연역 논증인 동시에 두 전제와 하나의 결론으로 이루어진

삼단 논증입니다. 삼단 논증은 두 전제가 참이라면 결론도 반드시 참이 되는 타당한 논증입니다. '모든 토끼는 당근을 좋아한다'는 전제는 모든 토끼에 성립하는 일반적·보편적 명제입니다. '무지는 토끼이다'라는 전제에서 무지는 앞선 보편적 명제가 성립하는 집단의 일원입니다. 따라서 '무지는 당근을 좋아한다'는 결론을 내립니다. 삼단논법은 전제가 결론의 참을 보장하는 타당한 논증이지만 결론이 우리에게 새로운 지식이나 정보를 제공해 주지 않습니다.

반면 귀납 논증은 전제가 참이더라도 결론의 참을 보장할 수 없습니다. 결론에서 전제보다 더 많은 내용을 주장하기 때문입니다. 아리스토텔레스는 귀납 논증을 개별적인 전제에서 일반적인 결론에 이르는 논증이라고 정의합니다. 귀납 논증도 연역 논증과 마찬가지로 오래 전부터 사용되었습니다.

하지만 근대에 이르기까지 진리를 탐구하기 위해 주로 사용된 방식은 아리스토텔레스의 철학과 연역법이었습니다. 영국의 근대 철학자 프랜시스 베이컨은 연역법에 기반한 진리 탐구 방식에 한계를 느끼고 학문에 근본적인 혁신이 필요하다고 생각했습니다. 학문의 방법으로 연역법만 사용한다면 우리가 가진 선입견이나 편견과 같은 우상에서 벗어나기 어렵기 때문입니다. 그래서 베이컨은 진리에 보다 가깝게 도달하기 위한 방법론으로 귀납법을 강조합니다.

귀납법은 자연 과학에서 관찰과 경험 그리고 실험을 통해서 어떤 가설을 입증하는 과정에서 매우 유용하게 사용되는 탐구 방법입니다. 베이컨은 일찍이 귀납법이 학문의 진보를 가능하게 한다는 점에 주목하고 그 중요성과 유용성을 강조했습니다. 예를 들어 아마존에 서식하는 멸종 위기 개구리 A종 20마리를 채취해서 검사해 보았더니 모두 바이러스 X에 감염됐습니다. 생물학자는 아마존에 서식하는 개구리 A종 전체가 바이러스 X에 감염됐으리라 판단합니다.

사회과학에서도 귀납법이 유용하게 사용됩니다. 우리나라 공과대학의 여학생 비율이 15% 정도라는 현상을 관찰한 후 그러한 현상이 왜 발생했는지 검증할 때 귀납법을 사용할 수 있습니다. 해당 현상의 이유가 가부장적인 사회 제도나 인식 때문이라는 가설을 세우고 그것이 참인지 입증할 만한 자료를 수집하면 가설을 확증할 수 있습니다.

토론 수업을 위한
오늘의 고전

프랜시스 베이컨의 《신기관》

[가]

I. 자연의 집행자이자 해석자로서 인간은 자연의 질서에 대해 사물 측면이든 정신 측면이든 자신이 관찰한 만큼만 이해하고 행위할 수 있다. 그 이상에 대해서는 알 수도 없고 할 수도 없다.

II. 손에 쥐어진 것이 없고 오로지 이성만 남겨졌을 때에는 할 수 있는 일이 거의 없다. 결과물은 도구를 사용하거나 도움을 받아서 만들어진다. 손에 도구가 필요하듯이 이성도 도움이 필요하다. 도구가 손의 움직임을 증진시키거나 조정하듯이 정신에 적용되는 도구는 이성을 자극하거나 보호한다.

XVIII. 현재까지 학문이 밝혀낸 것은 공통 통념에 직접적으로 놓여 있는 것과 같다. 그러나 보다 확실하고 엄밀한 방법으로 사물로부터 개념과 공리를 이끌어내기 위해서는 자연의 비밀스럽고도 낯선 부분까지 꿰뚫어 볼 필요가 있다.

XIX. 진리를 탐구하고 발견하는 방식은 두 가지다. 두 가지 방식 외에 다른 방식은 있을 수 없다. 한 가지 방식은 감각적이고 개별적인 것부터 가장 일반적인 공리까지 곧장 나아간다. 그리고 가장 일반적인 공리를 부인할 수 없는 진리이자 원칙으로 삼아 중간 수준의 공리를 도출하거나 발견해낸다. 이것이 지금까지 사용되어 온 방식이다. 다른 한 가지 방식은 감각적이고 개별적인 것에서 공리를 구성한다. 가장 일반적인 공리에 마침내 도달할 때까지 꾸준히 점진적으로 상승한다. 이것은 참되지만 시도되지 않았던 방식이다.

[다]

XI. 형상에 대한 탐구는 이렇게 진행된다. 자연 현상이 주어졌을 때 우리는 우선 동일한 현상이라고 볼 수 있는 모든 사례를 이성 앞에 놓아야 한다. 비록 구성 요소가 상당히 다양하게 나타날 지라도 모든 사례를 검토해 보아야 한다. (중략) 예를 들어 열이라고 부를 수 있는 것을 탐구하는 경우를 생각해보자.

열이라고 부를 수 있는 것의 예시: 1. 태양 빛, 특히 여름철과 한낮의 태양 2. 반사되어 농축된 햇빛. (중략) 특히 거울에 반사된 빛이 닿아 뜨거워진 부분 3. 불이 붙은 유성 4. 번쩍이는 번갯불 (중략) 11. 습하고 무더운 날씨 (중략) 15. 부싯돌로 강철을 강하게 내리칠 때 생기는 불꽃 (중략) 20. 동물, 특히 내부 (중략) 22. 강한 유황 오일과 황산 오일은 아마포를 태울 때 열이 발생한다는 증거이다. (중략) 28. 다른 사례.

우리는 이것을 통상 존재와 현존의 표라고 부른다.

XII. 다음으로 우리는 주어진 자연 현상에 부합하지 않는 사례를 이성 앞에 놓아야 한다. (중략) 부정적 사례는 확증 사례에 따라 분류되어야 한다. 주어진 자연 현상에 미치지 못하는 사례는 탐구 대상이 주어진 현상에 부합하는 다른 사례와 밀접한 연관이 있을 때 보다 세심하게 탐구되어야 한다. 우리는 이것을 통상 근접성에 있어서 일탈 또는 부재의 표라고 칭한다.

열 현상에 부합하지 않는 근접 사례: 달과 별 그리고 혜성의 빛에서는 온기랄 것이 발견되지 않는다. (중략) 태양 빛은 중간권이라고 알려진 대기권에서는 열을 발생시키지 않는다. (중략) 동물의 열과 관련해서는 (관찰된 바와 같이) 작은 크기의 곤충을 제외하면 부정적 사례가 없다. (중략)

XIII. 세 번째로 우리는 탐구 대상인 현상이 보다 많이 또는 보다 적게 나타나는 사례를 우리의 이성 앞에 놓아야 한다. 동일한 대상에서 그러한 현상이 증가하는지 감소하는지 또는 서로 다른 대상에서 같은 정도의 현상이 나타나는지 비교하는 것이다. (중략) 우리는 이것을 통상 정도표 또는 비교 사례라고 부른다.

열의 정도표 또는 비교 사례: 우리는 먼저 촉각적으로 어떠한 열도 감지할 수 없지만 잠재적으로 열을 지닌 것처럼 보이는 물체 또는 열을 처리하거나 열에 대비하는 물체에 대해 이야기할 것이다. 그런 다음 우리는 만졌을 때 실제로 온기를 느낄 수 있는 대상으로 이동해서 그 열의 강도와 정도를 관찰할 것이다. (중략) 9. 동물은 움직일 때 더 따뜻하다. (중략) 17. 태양과 다른 행성은 인접한 다른 행성부터 지구에 이르기까지, 정점일 때보다 근지점일 때 더 많은 열을 준다고 가정해야 한다. (중략)

XV. 우리는 표 세 개를 사용해서 이성이 사례를 검토하게 해야 한다. 검토가 이루어졌다면 귀납법이 시작될 차례다. (중략)

XVI. 그러므로 우리는 자연을 완전히 분해하고 해체해야 한다. (중략) 그러므로 형상을 발견하는 데 있어 적법한 귀납법은 가장 먼저 다음과 같은 개별적 자연 사례를 제거하거나 배제해야 한다. 관찰하고자 하는 자연 현상이 있을 때 그러한 현상을 발견할 수 없는 경우를 배제해야 하고, 현상에 부합하지 않는 것만 나타나는 경우도 배제해야 하며, 현상이 증가하거나 반대로 감소하는 경우도 배제해야 한다. 배제가 올바르게 이루어졌다면 그 후에는 확증 가능한 형상만 잔여물로 남아 견고하고 참되며 잘 정의되어 유지될 것이다. 반면 모든 변덕스러운 견해는 안개 속으로 사라질 것이다. (중략)

XX. 그러나 진리는 혼란보다는 오류에서 더 쉽게 나타나기 때문에 오류를 잘 이용하면 이성이 더 자유로워질 수 있다. (중략) 우리는 이러한 시도를 통상 이성의 자유, 해석의 시작, 또는 최초의 수확이라고 부른다. (중략) 최초의 수확에서 도출한 열의 형상 또는 참된 정의는 대략 이렇다. 열은 미립자 상태에서 힘을 표출하려는 억제된 팽창 운동이다. 팽창은 바깥으로 확장되어도 상승하려는 경향으로 한정된다. 그 운동은 느릿하게 일어나지 않으며 오히려 활동적이고 다소 폭발적이기까지 하다.

Francis Bacon, 《Novum Organum》, 1620,

pp. 11~15 [가], [나], pp. 121~158 [다].

베이컨은 1620년 저작인 《신기관》에서 자연에 대한 진리를 얻는 혁신적인 방법으로 귀납법을 강조했습니다. 그는 특히 자연 과학적 지식의 실질적인 이익에 주목합니다. 그는 인간이 자연에 대해서 알아낸 지식을 통해 자연을 지배하고 생활 방식도 개선할 수 있다고 믿었습니다. 그래서 《신기관》의 부제가 '자연의 해석과 인간의 자연 지배에 관한 잠언'입니다.

그렇다면 우리는 자연에 대한 지식을 어떻게 얻을 수 있을까요? 예를 들어 '금속이 열을 받으면 늘어날지' 궁금할 때 우리는 어떤 방식으로 금속에 대한 지식을 얻을 수 있을까요? [가]에 제시되어 있듯이, 베이컨은 자연에 대한 지식은 관찰을 통해서만 알 수 있다고 주장합니다. 만약에 금속이 열을 받으면 정말로 늘어나는지 알고 싶다면 우리는 자명한 제1원리_{공리}에서 결론을 연역하려고 애쓰기보다는 차라리 밖으로 나가서 다양한 조건 아래서 금속이 실제로 어떻게 작용하는가를 관찰해야 한다는 뜻입니다.

'신기관'은 라틴어로 '노붐 오르가눔'Novum Organum, '새로운 기관'을 뜻합니다. '기관'은 아리스토텔레스의 논리학 관련 저작 모음인 《오르가논》을 말합니다. 그리스어에서 '오르가논'Organon은 '기관'뿐 아니라 '도구'라는 뜻도 있습니다. 베이컨은 낡은 도구인 아리스토텔레스의 《오르가논 기관》, 즉 《논리학》을 비판하면서 새로운 도구인 귀납법을 제안했습니다.

아리스토텔레스는 연역 논증을 통한 지식 얻기를 중요하게 생각하는 학자이며 《오르가논》에서 타당한 연역 논증의 형식을 탐구합니다. 그에게 연역 논증은 전제에 비추어볼 때 그럴 수밖에 없는 결론을 추론하는 논증이었습니다. 하지만 베이컨은 유클리드 기하학에 대해 비판하면서 《오르가논》을 포함한 연역 논증 전반이 지닌 한계를 과감하게 지적합니다. 그는 자연 세계에 대한 경험과 관찰 없이 상상이나 공상만으로 도달한 공리를 전제로 자연 세계에 대한 지식을 도출하려는 논증

형식을 비판했습니다.

베이컨에 따르면 새로운 탐구 방법인 귀납법을 사용하여 자연 원리나 법칙을 발견하기 위해서는 실험과 관찰을 통해 객관적 자료나 사례를 다양하게 모아야 합니다. [나]에 제시됐듯이 베이컨은 손쉽게 얻을 수 있는 몇몇 사례만 가지고 일반화된 주장, 즉 일반적인 공리로 단숨에 비약하는 것은 진정한 귀납법이 아니라고 합니다. 그는 귀납 추론을 할 때 개별적인 사례에서 성급하게 일반화하지 말고 단계를 밟아 점진적으로 추론해야 한다고 강조합니다.

《신기관》2권에서 베이컨은 자연에 대한 지식의 발견과 증명에 유용한 참된 귀납법을 구체적인 사례 수집 방법을 통해 알려줍니다. [다]에서는 '열'의 본성이나 성질에 관해 탐구하는 과정을 보여줍니다. 베이컨은 단지 '열'을 가지고 있는 긍정적인 사례만 찾는 것이 아니라 '열'이 없는 부정적인 사례까지 찾음으로써 귀납적 비약으로 생기는 논리적인 문제를 피합니다. 이는 귀납법의 장점이기도 합니다.

조야하고 거짓된 귀납법과 달리 참된 귀납법은 긍정적 사례와 부정적 사례를 수집하고 비교 관찰하여 부적합한 것을 제외시킵니다. 그리고 남아있는 참된 긍정적 사례의 근본적인 성질에 대해 결론을 내립니다. 베이컨은 관찰에 관한 존재표, 부재표, 정도표를 과학 법칙이나 이론의 기초로 사용하고 이를 통해 자연 사물의 본성을 귀납적으로 추론했습니다. 베이컨은 귀납 논증의 중요성을 강조하며 과학 탐구의 절차를 논리적으로 체계화하기 위해 노력한 선구자입니다.

1) (과학적 지식의 추론 형식으로서) **귀납 논증의 특징**

베이컨이 사용하는 귀납은 개별적으로 수집한 표본에서 공통점을 추출해 전체 모집단에 대한 일반적 원리를 발견합니다.

> **전제**　N개의 리튬 시료는 뷰테인 토치로 가열하면 빨강 불꽃을 내면서 연소한다.
>
> **결론**　리튬의 모든 시료는 뷰테인 토치로 가열하면 빨강 불꽃을 내면서 연소할 것이다.

위 논증은 첫 번째 리튬 시료의 가열부터 N번째 리튬 시료의 가열을 관찰하여 모든 리튬 시료에 대한 일반화된 결론을 추론하는 귀납 논증입니다. 일반화를 이끌어 내기 위해서는 리튬 시료 가열을 많이 관찰하고 이를 통해 도출한 일반화와 상충하는 사례가 있는지 샅샅이 조사해야 합니다. 만약 충분히 관찰한 결과가 일반화 법칙을 지지하며 어떠한 사례도 법칙을 논박하지 않는다면 일반화를 적법하게 추리할 수 있습니다.

귀납 논증은 흔히 개별 사례에서 일반화로 나아가는 논증으로 알려져 있습니다. 하지만 일반적인 전제에서 개별 사례에 대한 주장으로 나아가는 귀납 논증도 있습니다. 모든 귀납 논증 유형이 공통적으로 갖는 성질인 전제와 결론 사이의 개연적인 지지 관계에 따라 정의하면 다음과 같습니다.

> ★ **귀납 논증**　전제가 모두 참이라면 결론이 참에 가깝다는 것을 보이고자 하는 논증

전제가 결론을 개연적으로 지지한다는 것은 귀납 논증의 결론이 언제든 거짓이 될 수 있음을 의미합니다. 추가되는 정보에 따라 결론이 참에 가까워지기도 하고 참에서 멀어지기도 합니다.

토론을 위해 알아두면 유용한 귀납 논증의 특징 몇 가지를 살펴봅시다. 첫째, 귀납 논증은 전제가 결론을 일부만 포함합니다. 주어진 전제를 넘어선 내용을 결론으로 끌어내는 형태의 논증입니다. 예를 들어 지금까지 발견된 사실을 근거로 '모든 까마귀는 검다'고 결론 내렸더라도 당장 내일 검지 않은 까마귀를 발견할 수 있습니다. 이처럼 귀납 논증은 전제의 내용보다 더 많은 내용이 담긴 결론으로 확장될 수 있지만 그 때문에 결론은 거짓이 될 위험에 항상 노출된다는 단점이 있습니다.

둘째, 귀납 논증은 연역 논증과 달리 전제가 결론을 잘 뒷받침하는지에 대한 정도의 문제입니다. 정도의 문제란 타당함과 부당함이 아니라 논증의 강함과 약함을 구분한다는 뜻입니다. 전제가 결론을 얼마나 강하게 뒷받침하는가에 따라 좋은 논증과 나쁜 논증으로 구분합니다. 좋은 논증은 전제가 결론을 강하게 지지하는 논증이며, 나쁜 논증은 전제가 결론을 약하게 지지하는 논증입니다.

(1) **전제 1**　대왕고래는 새끼를 낳는다.
　　전제 2　혹등고래는 새끼를 낳는다.
　　결론　　따라서 모든 고래는 새끼를 낳는다.

(2) **전제 1**　대왕고래는 새끼를 낳는다.
　　전제 2　혹등고래는 새끼를 낳는다.
　　전제 3　향유고래는 새끼를 낳는다.

결론   따라서 모든 고래는 새끼를 낳는다.

 두 논증은 결론이 거짓일 수 있는 귀납 논증입니다. 전제의 참이 결론의 참을 반드시 보증하지 않기 때문입니다. 그렇다면 어떤 논증이 더 좋은 귀납 논증일까요? 두 논증에서 (1)보다 (2)가 결론을 지지하는 근거 사례가 많기 때문에 (2)는 (1)보다 더 강한 논증입니다. 반대로 (1)은 (2)보다 더 약한 논증입니다.

 셋째, 귀납 논증은 어떠한 전제가 추가되느냐에 따라 강한 논증이 되기도 하고 약한 논증이 되기도 합니다. 방사능 오염이 심한 해역에서 돌고래가 많이 서식하는 지역에 지금껏 알려지지 않은 종류의 알 껍질이 발견되었다는 전제가 추가되면 논증 (2)는 약해집니다. 반면 남방큰돌고래도 새끼를 낳는다는 전제가 추가되면 논증 (2)는 강해집니다.

 연역 논증과 귀납 논증의 장단점을 알고 있다면 자신의 주장을 정당화하거나 상대방을 설득할 때 어떤 논증을 구성하는 것이 좋을지 전략을 세울 수 있습니다. 연역 논증은 전제의 참이 결론의 참을 반드시 보장하는 반면, 결론이 전제에 이미 포함되어 있기 때문에 결론에서 새로운 정보를 얻을 수 없다는 한계가 있습니다.

 귀납 논증은 전제의 참이 결론의 참을 개연적으로 보장하기 때문에 연역 논증처럼 결론의 확실성을 보장할 수 없지만 전제에 포함된 내용을 넘어선 내용을 결론으로 추론할 수 있습니다. 따라서 결론을 추론하는 과정에서 지식을 확장할 수 있습니다.

2) 귀납 논증의 유형

가) 귀납적 일반화

귀납적 일반화는 귀납 논증의 여러 유형 가운데 가장 잘 알려져 있습니다. 이 논증은 어떤 집단의 일부가 가진 성질을 이용해서 집단 전체의 성질을 추론합니다. '지금까지 관찰된 백조는 모두 흰색이었다. 따라서 모든 백조는 흰색이다', '지금까지 관찰한 세라믹은 내열성이 뛰어나다. 따라서 모든 세라믹은 내열성이 뛰어나다' 등이 귀납적 일반화입니다.

귀납적 일반화는 어떤 집단에 속하는 몇몇 구성원을 관찰한 근거를 토대로 그 집단에 대한 주장으로 나아갑니다. 예를 들어 일부 세라믹의 성질을 이용해서 세라믹 전체에 대한 성질을 추론해 그 집단에 대한 주장을 결론으로 제시하는 논증입니다. 여기서 집단 전체를 '모집단'이라고 하며 전체 성질을 추론하기 위하여 추출해 조사한 일부는 '표본'이라 부릅니다. 따라서 귀납적 일반화는 개별 표본의 성질에서 모집단의 성질을 추론합니다.

귀납적 일반화는 결론의 일반화 정도에 따라 보편적 일반화와 통계적 일반화로 나눌 수 있습니다. 보편적 일반화는 모집단에 속하는 모든 것이 어떤 속성을 가지고 있다고 추론합니다.

전제 1 첫 번째 세라믹은 내열성이 뛰어나다.

전제 2 두 번째 세라믹은 내열성이 뛰어나다.

전제 3 세 번째 세라믹부터 500번째 세라믹까지 내열성이 뛰어나다.

결론   그러므로 모든 세라믹은 내열성이 뛰어나다.

이 논증의 결론은 '모집단에 속한 모든 세라믹이 내열성이 뛰어나다'입니다. 귀납 논증의 결론은 '모든 S는 P이다'와 같은 보편 진술로 제시되기 때문에 보편적 일반화라 부릅니다. 보편적 일반화의 유형은 다음과 같습니다.

전제 1 관찰된 S1은 P다.

전제 2 관찰된 S2는 P다.

  ⠇

전제 n 관찰된 Sn은 P다.

결론 따라서 (관찰된 것뿐만 아니라 관찰되지 않은) 모든 S는 P다.

통계적 일반화는 한정된 개별 사례에서 그 사례 전체에 대한 주장을 한다는 점에서 보편적 일반화와 유사합니다. 통계적 일반화는 통계 지표를 통해 어떤 판단이나 생각을 이끌어 낼 때 사용되는 대표적인 추론 방식입니다.

2022년도에 미혼 남녀 성인 100명 중 약 65명이 동거에 찬성한다는 통계청의 사회 조사 결과 발표가 있었습니다. 이러한 정보에 근거해 우리는 "미혼인 사람들 중 65%가 동거를 찬성하는구나"라고 추론합니다. 이러한 추론을 논증으로 재구성하면 다음과 같습니다.

전제 1 미혼 남녀 성인 100명 중 65명이 동거에 찬성한다.

전제 2 미혼 남녀 성인 100명의 65%가 동거에 찬성한다.

결론 따라서 미혼 남녀 성인 전체의 65%가 동거에 찬성한다.

위 논증에서 조사를 위해 추출된 표본의 통계적 성질, 표본에 해당하는 미혼 남녀 65%가 동거에 찬성한다는 사실에서 모집단의 통계적 성질, 전체 미혼 남녀의 65%가 동거에 찬성한다고 추론합니다. 결론은 '전체 S인 것 중 X%가 P이다' 같은 형태로 표현됩니다. 표본이 속하는 전체 집단 S에 대한 주장이기 때문에 '일반화'라고 하고, 'X%'라는 통계 수치를 포함하기 때문에 '통계적'이라는 수식어가 사용되었습니다. 결론에서 X% 대신에 '대부분', '자주', '상당수' 같은 표현을 사용하기도 합니다. 통계적 일반화의 유형은 다음과 같습니다.

전제 1 S에서 추출한 표본의 X%가 P이다.
결론   따라서 표본이 속한 전체 집단 S의 X%가 P이다.

우리가 실생활을 비롯해 자연과학과 사회과학에서 사용하는 귀납적 일반화는 대체로 통계적 일반화입니다. 통계적 일반화의 추론은 유권자의 지지율, TV 시청률 등 각종 여론 조사가 대표적입니다. 아울러 통계적 일반화는 과학 분야에서도 매우 유용한 추론입니다. 예를 들어 달 탐사를 통해 달 표토 1kg중 20%에 헬륨-3가 묻혀 있었다는 사실을 알아냈습니다. 이로부터 달 전체 표토의 20%에 헬륨-3가 묻혀 있을 거라고 추론해 낸 과학자들은 달 탐사와 개발의 중요성을 알렸습니다.

보편적 일반화와 통계적 일반화를 평가할 때의 고려 사항은 조사를 위해 사용된 표본의 수또는 크기와 다양성입니다. 우선 귀납적 일반화의 결론이나 주장을 신뢰할지 판단하기 위해서는 조사된 표본 수가 전체 집단의 성질을 말해줄 수 있을 정도로 충분한지 살펴봐야 합니다. 위 논증에서 조사한 미혼 남녀 성인의 수가 100명보다 더 많은 1만 명이었다면 미혼 남녀 성인 전체의 65%가 동거에 찬성한다는 결론은 더 참에 가까워져 신뢰할 만합니다.

또 다른 요소는 표본의 다양성입니다. 미혼 남녀의 동거에 관한 생각을 조사하기 위해 추출된 표본이 자유분방한 결혼관을 가진 사람이었다면 결론을 신뢰하기 어려워 보입니다. 자유분방한 결혼관을 가진 사람들은 혼전 동거에 대한 긍정적인 생각을 가졌다고 보기 때문입니다. 만약 보수적인 결혼관을 가진 사람들까지 골고루 포함한 사회 조사였다면 미혼 남녀 65%가 혼전 동거에 찬성한다는 주장은 참에 더 가까워집니다.

표본 수보다 편향되지 않은 표본이 더 중요합니다. 인공지능은 방대한 자료 중에서 패턴을 찾아 유형화하여 학습합니다. 그런데 인간이 주입한 자료에 인종차별이나 성차별이 포함된 자료가 많다면 어떻게 될까요? 2016년의 챗봇 테이처럼 '여성은 사치스럽다'거나 2015년의 인공지능 앱 구글 포토처럼 흑인을 고릴라로 태그하는 일이 벌어집니다. 이러한 잘못된 판단을 하지 않기 위해서 다양한 자료를 표본으로 해야 합니다. 편향된 표본은 표본이 속한 전체 집단의 성질을 말해주기 어렵기 때문입니다. 결국 귀납적 일반화는 표본이 다양할수록 추론의 설득력이 커집니다.

나) 통계적 삼단 논증

통계적 삼단 논증은 어떤 집단의 대부분이 지닌 성질에서 그 집단에 속한 대상의 성질을 결론으로 추론합니다. 귀납적 일반화와 달리 추론 방향이 거꾸로 일어납니다. 귀납적 일반화는 개체에 대한 구체적 사실에서 그 개체가 속하는 집단에 대한 일반화된 사실을 추론합니다.

반면 통계적 삼단 논증은 집단의 대부분이 지닌 성질에서 개별 사례에 대한 정보를 추론합니다. 추론 방향을 보면 알 수 있듯이 개별적인 전제에서 일반적인 결론에 이르는 논증이 귀납 논증의 전부라고 이해하면 곤란합니다.

전제 1 코로나19에 걸린 환자 대부분은 집중력 저하와 사고 장애를 겪는다.

전제 2 준호는 최근 코로나19에 걸렸다.

결론 따라서 준호는 집중력 저하와 사고 장애를 겪을 것이다.

이 논증은 코로나19 환자 집단이 집중력 저하와 사고 장애를 겪는다는 전제에서 집단에 속하는 준호가 집중력 저하와 사고 장애를 겪으리라는 결론을 도출했습니다.

통계적 삼단 논증을 이해하기 위해서는 연역 논증의 '삼단 논증'과 어떻게 다른지, 그것을 왜 '통계적'이라고 수식하는지 의미를 살펴봐야 합니다. 우선 통계적 삼단 논증은 '모든 토끼는 당근을 좋아한다', '무지는 토끼이다'라는 두 전제에서 '무지는 당근을 좋아한다'는 결론을 추론하는 연역적 삼단 논증처럼 전제 둘과 결론 하나로 이루어집니다.

하지만 연역적 삼단 논증의 첫 번째 전제는 모든 토끼 집단이 당근을 좋아하는 집단에 속하는 보편적 진술입니다. 반면 통계적 삼단 논증의 첫 번째 전제에서는 코로나19 환자 집단이 집중력 저하와 사고 장애를 겪는 집단에 속하진 않지만 두 집단이 '대부분' 겹칩니다. 이는 코로나19 환자 집단 중 집중력 저하와 사고 장애를 겪는 사람의 비율에 대해 말하는 통계적 진술입니다. 이러한 통계에 의존하여 결론이 아마도 참일 것이라고 추론하기 때문에 전제가 결론의 참을 개연적으로 지지하는 귀납 논증입니다.

코로나19 환자 대부분이 집중력 저하와 사고 장애를 경험한다고 해도 코로나19에 걸린 준호가 반드시 그렇게 되리란 법은 없습니다. 대부분의 코로나19 환자가 집중력 저하와 사고 장애를 겪으며, 준호가 코로나19 환자라는 전제는 준호가 집중력 저하와 사고 장애를 경험할 것이라는 결론을 개연적으로 지지할 뿐입니다.

통계적 삼단 논증의 핵심 특징은 첫 번째 전제에서 찾을 수 있습니다. 첫 번째 전제는 '대부분', '자주', '집단의 X%', '상당수' 등으로 서술합니다. 이를 토대로 통계적 삼단 논증의 유형을 정식화하면 다음과 같습니다.

전제 1 S의 대부분이(또는 X%가) P이다.

전제 2 a는 S이다.

결론 따라서 a는 P이다.

여기서 S는 기준 집단입니다. P는 결론에서 아마도 특정 개체 a가 속할 것이라고 주장하는 집단입니다.

이제 통계적 삼단 논증을 통해 주장을 정당화할 때 어떻게 해야 강한 논증이 될지를 살펴봅시다. 우선 첫 번째 전제에서 집단 S와 집단 P가 서로 많이 겹치는 경우라면 a가 집단 P의 한 원소일 가능성이 높아집니다. 달리 말해 첫 번째 전제의 X% 비율이 클수록 전제가 결론을 강하게 지지합니다. 어떻게 하면 집단 S와 집단 P가 겹치는 비율이 커질까요? 먼저 집단 S와 집단 P가 관련이 있어야 합니다.

(a) 전제 1   코로나19에 걸린 환자들 X%는 집중력 저하와 사고 장애를 겪는다.

전제 2   준호는 최근 코로나19에 걸렸다.

결론   따라서 준호는 집중력 저하와 사고 장애를 겪을 것이다.

이 논증에서 '코로나 19에 걸린 사람들'이 기준 집단 S입니다. 만약 이 집단을 '스트레스를 많이 받는 코로나19에 걸린 환자들'로 바꾸면 집중력 저하와 사고 장애를 겪는 사람 집단과 많이 겹치게 됩니다. 스트레스를 많이 받는 것은 집중력 저하 및 사고 장애와 관련이 있기 때문입니다. 그렇다면 위 논증의 결론에 비해 아래 논증의 결론이 참일 개연성은 더 커집니다.

(b) 전제 1   스트레스를 많이 받는 코로나19에 걸린 환자들 X%는 집중력 저하와 사고 장애를 겪는다.

전제 2   준호는 최근 코로나19에 걸려서 재택 근무를 하며 스트레스를 많이 받았다.

결론   따라서 준호는 집중력 저하와 사고 장애를 겪을 것이다.

준호가 코로나19에 걸린 이후 집중력 저하와 사고 장애를 겪을 것인지 판단하려면 준호가 단순히 (a) 논증의 기준 집단에 속하는 대상인지 아니면 (b) 논증의 기준 집단에 속하는 대상인지 살펴봐야 합니다.

(a)의 기준 집단: 코로나19에 걸린 사람들

(b)의 기준 집단: 코로나19에 걸렸고 스트레스를 많이 받는 사람들

(b)의 기준 집단이 (a)의 기준 집단보다 훨씬 구체적이며 더 많은 정보를 포함합니다. 스트레스를 많이 받는다는 내용은 집중력 저하와 사고 장애를 유발한다는 점에서 결론인 P 집단과 관련도가 높습니다.

통계적 삼단 논증은 개체가 어떤 성질을 가지는지 여부를 특정 준거 집단을 기준으로 판단하므로 해당 준거 집단이 더 많은 내용을 포함할수록 결론에서 목표와 더 긴밀해집니다. 따라서 준거 집단이 구체적일수록 통계적 삼단 논증에서 전제가 결론을 더욱 강하게 지지하며, 반대로 준거 집단이 구체적이지 않다면 해당 통계적 삼단 논증은 전제가 결론을 약하게 지지합니다. 또한 기준이 되는 준거 집단의 구체성은 당연히 결론에서 주장되는 집단과 관련이 있어야 합니다.

생각해 봅시다! 다음의 두 논증 중 어떤 결론을 신뢰해야 할까요?

(a) 한국 축구 대표팀 선수 대부분은 문신이 없다.

손흥민은 한국 축구 대표팀 선수이다.

따라서 손흥민은 문신이 없다.

(b) 축구 선수 대부분은 문신이 있다.

손흥민은 축구 선수이다.

따라서 손흥민은 문신이 있다.

다) 유비 논증

유비 논증은 둘 또는 그 이상의 대상 간의 유사성을 도출하여 이를 비교하는 논증입니다. 대상의 유사한 성질을 근거로 나머지 성질도 유사하리라 결론을 이끌어내는 논증입니다. 유비 논증은 일상적으로 다양한 분야에서 사용됩니다. 동물 실험을 통해 알아낸 사실을 인간에게 적용하는 것도 유비 추론에 근거합니다. 동물 실험을 하는 이유는 동물과 인간이 중요한 측면에서 서로 유사하다는 근거로 신약이나 새로운 치료법이 동물에게 효과적이라면 인간에게도 효과적일 것이라고 믿기 때문입니다. 따라서 특정 동물에게 어떤 약을 주사했을 때 부작용이 발생하지 않는다면 인간에게 그 약을 주사해도 된다는 결론으로 나아갈 수 있습니다. 결론으로 나아가기 위한 결정적 근거는 동물과 인간의 유사성입니다.

> 영장류에 속하는 원숭이와 인간의 뇌는 진화적인 면에서 뿐만 아니라 신경생리학적으로 유사하다.
> 원숭이의 측두엽 부근에서 친숙한 원숭이에게만 반응하는 할머니 뉴런이라는 뇌세포가 발견되었다.
> 인간에게도 할머니 뉴런이라는 뇌신경 세포가 있을 것이다.

이 논증은 원숭이와 인간의 여러 측면에서의 유사성에 근거하여 인간의 뇌신경 구조에 대한 결론을 추론합니다. 이는 귀납 논증입니다. 두 대상이 몇몇 성질에 대해서 유사하더라도 한 대상이 갖고 있는 새로운 성질이 그와 유사한 다른 대상에겐 없을 수 있습니다. 따라서 전제의 참이 결론의 참을 반드시 보장하지는 못합니다. 유비 논증을 유형화하면 다음과 같습니다.

전제 1 몇몇 공통 속성을 가진다는 점에서 A와 B는 유사하다.
전제 2 A는 새로운 어떤 속성 p를 가진다.

결론 따라서 B도 새로운 속성 p를 가진다.

위 논증은 확장적 추론으로 전제가 결론을 개연적으로 지지합니다. 여기서 전제 1의 '몇몇 공통 속성을 가진다는 점에서 A와 B는 유사하다'는 'A와 B는 a, b, c 같은 속성을 공유한다' 또는 'A와 B는 a, b, c 등의 속성을 가진다는 점에서 유사하다'로 표현해도 됩니다. 여기서 A와 B는 비교 대상이며 a, b, c 등은 두 비교 대상의 공통 속성이자 기준이 되는 속성입니다. p는 B에 대한 결론으로 주장하려는 속성입니다. p를 '추론의 목표가 되는 속성'이라고 부르며 비교 대상은 둘 이상일 수도 있습니다. 비교 대상이 셋일 때 유비 논증은 다음과 같은 형태를 갖습니다.

전제 1 몇몇 공통 속성을 가진다는 점에서 A, B, C는 유사하다.
전제 2 A와 B는 새로운 어떤 속성 p를 가진다.
결론 따라서 C도 그 새로운 속성 p를 가진다.

유비 논증의 강약을 평가하는 기준을 검토해 봅시다. 우선 유비 논증의 설득력은 비교하는 두 대상이 얼마나 유사한가로 판단할 수 있습니다.

인간과 흰 쥐는 유전자의 99%가 유사하다.
바이옥스(vioxx)는 흰 쥐의 관절염 통증에 억제 효능이 있었으며 어떠한 부작용도 없었다.
따라서 바이옥스는 인간의 관절염 통증에 억제 효능이 있고 어떠한 부작용도 없을 것이다.

위 논증은 인간과 동물의 유사성에 근거한 유비 추론인데 실제로 결론은 거짓으로 판정되었습니다. 관절염 진통제로 개발된 바이옥스는 흰 쥐에게는 효능도 있고 부작용도 없었지만 인간에게 시판된 이후 심장마비와 뇌졸중 같은 부작용을 일으켰습니다.

아무리 유사성이 있을지라도 두 대상은 동일하지 않기 때문에 좋은 유비 논증을 만들기 위해서는 주의해야 합니다. 유비되는 두 대상은 어떤 점에서는 유사하지만 차이점이 훨씬 더 많을 수 있습니다. 논증을 구성할 때는 차이점보다 일부 유사점에만 주목할 수 있습니다. 두 대상의 유사성이 결론에서 주장하는 속성과 얼마나 관련 있는가에 따라 논증의 설득력이 결정됩니다. 유비 논증의 결론을 강화시킬 수 있는 방법은 무엇일까요.

첫째, 비교 영역에 속하는 두 대상 A와 B의 공통된 성질a, b, c 등, 즉 유사한 속성의 수가 증가할수록 전제와 결론 사이의 개연성은 강화됩니다.

둘째, 이 경우 비교하는 두 대상의 공통 속성은 추론의 목표가 되는 속성과 관련이 있어야 합니다. 만일 추가된 공통된 성질이 목표 성질과 관련 없다면 논증의 강도에 영향을 주지 못합니다. 위의 논증에서 인간과 흰 쥐가 콩을 먹는다는 유사한 속성을 추가한다고 해도 결론이 강해지지 않습니다. 대신 인간과 흰 쥐의 연골 조직이 유사하다거나 통증을 억제하는 신경 구조가 유사하다는 속성을 추가하면 결론은 참에 가까워집니다.

셋째, 유사성을 공유하는 비교 대상의 수가 증가할수록 논증은 강화됩니다. C와 비교하는 대상이 A만이 아니라 B, D 등 여러 대상으로 증가하면 논증은 강화됩니다. 위 논증에 적용해 보면 흰 쥐뿐만 아니라 원숭이나 돼지 등에게도 부작용 없이 바이옥스가 관절염 진통에 효과가 있다면 결론은 더욱 참에 가까워집니다.

라) 인과 논증

어떤 일이 생기면 우리는 일의 원인과 결과를 따져보게 됩니다. 의사는 질병의 원인을 알아야 환자를 치료할 수 있습니다. 코로나19도 발생 원인을 알아야 치료법을 마련할 수 있습니다. 살인 사건을 조사하는 수사관은 피살자의 사망 원인이 무엇인지를 알고자 합니다. 타살이라면 범인을 찾아 책임도 물을 수 있습니다. 이처럼 일상생활이나 과학에서 어떤 사건의 인과 관계를 밝히는 논증 형식을 인과 논증이라고 합니다.

인과 관계는 다양한 방식으로 표현됩니다. 예를 들어 '흡연은 폐암의 원인이다'와 '바다의 해수면의 상승은 지구온난화의 결과이다'처럼 원인과 결과라는 어휘로 직접 표현되기도 하고, '해커 때문에 대규모 디도스가 발생했다'와 '명상은 스트레스를 줄이는 효과가 있다'처럼 인과의 의미를 갖는 '발생했다'나 '효과가 있다' 등으로 표현하기도 합니다.

다양한 방식으로 표현되는 인과 진술은 모두 'C는 E의 원인이다'라는 주장으로 인과 추론을 통해 얻는 결론입니다. C는 영어로 원인cause의 첫 글자에서 가져왔고, E는 영어로 결과effect의 첫 글자에서 가져왔습니다. 이러한 인과 논증도 일종의 귀납 논증입니다.

우리는 인과 관계를 직접 확인할 수 없습니다. 단지 원인과 결과에 해당하는 사건만 관찰하고 두 사건 사이에 인과 관계가 있다고 개연적으로 추론할 뿐입니다. 인과 논증은 매우 복잡하지만 기본적으로 다음과 같은 형태입니다.

전제	증거 1이 주어졌다.
전제	증거 2가 주어졌다.
결론	따라서 C는 E의 원인이다.

여기서 증거는 인과 논증의 전제를 구성합니다. 어떤 증거가 주어지고 추가되는가에 따라 'C는 E의 원인이다'의 참일 확률이 달라집니다. '흡연은 폐암의 원인이다'라는 결론을 내린 인과 논증을 생각해 봅시다. 폐암을 유발하는 다른 중요한 변인이 있다는 점, 이를테면 니코틴과 폐의 상피 세포 손상 사이에 통계적 상관관계가 없다는 것이 밝혀져 증거로 제시되면 '흡연이 폐암의 원인이다'라는 인과 진술이 참일 확률은 낮아집니다. 반면 비흡연자에 비해 흡연자의 폐암 발병 확률이 높다는 증거가 제시되면 '흡연이 폐암의 원인이다'라는 인과 진술이 참일 확률은 높아집니다.

흡연이 폐암의 원인인지 밝혀내려면 어떻게 해야 할까요? 폐암을 유발할 만한 다른 변인은 고정해 두고 흡연한 경우와 흡연하지 않은 경우의 폐암 발병률을 비교하면 됩니다. 어떤 결과의 원인을 밝혀내기 위해서는 변화 요인을 찾는 것이 핵심입니다. 변화 요인은 실험군과 대조군으로 나누어 생각해 볼 수 있습니다. 다음 사례를 통해 어떠한 전제에서 'C는 E의 원인이다'라는 결론을 추론할 때 실험군과 대조군이 어떤 역할을 하는지 살펴보겠습니다.

지속된 흡연이 폐암을 일으키는 원인이라는 한 연구 결과가 보고되었다. A 암 연구소 연구팀에서는 '단일 세포 다중 이동 증폭'(SCMDA, Single-Cell Multiple Displacement Amplification) 기법을 활용해 50대 성인

흡연자 90명과 50대 성인 비흡연자 90명의 폐 상피 세포 변이의 여부를 추적 관찰했다. 폐 상피 세포의 변이는 폐암을 유발하는 역할을 한다. 비흡연자도 노화에 따라 폐 상피 세포의 변이가 발생하지만 흡연자 폐의 상피 세포가 변이에 훨씬 취약하다. 또한 흡연을 지속해온 성인은 폐암에 걸릴 확률이 30%인 반면, 담배를 피우지 않은 성인이 폐암에 걸릴 확률은 5%였다. 이를 통해 흡연이 폐의 상피 세포를 변이시켜 폐암 발병 횟수를 늘린다는 것을 확인했다.

위 사례의 암 연구소 연구팀은 다음과 같이 두 집단으로 나누고 연구를 진행했습니다.

집단 a 흡연을 지속한 50대 성인 집단
집단 b 흡연을 전혀 하지 않은 50대 성인 집단

인과 논증의 결론으로 추론되는 진술 'C는 E의 원인이다'에서 C는 '지속된 흡연'이라는 성질을 나타내며 E는 '폐암 진단'이라는 성질을 나타냅니다. 암 연구소 연구팀의 조사 내용을 토대로 인과 논증을 구성해 보면 다음과 같습니다.

전제 1 A 암 연구소 연구팀에서는 폐암을 유발하는 폐 상피 세포의 변이를 관찰한 결과 비흡연자에 비해 흡연자의 폐 상피 세포 변이가 더 많이 발생한다는 것을 밝혀냈다.

전제 2 연구팀의 연구 결과에 따르면 흡연을 지속해온 50대 성인은 폐암에 걸릴 확률이 30%였던 반면, 담배를 피우지 않은 50대 성인이 폐암에 걸릴 확률은 5%였다.

결론　　따라서 흡연은 폐암의 원인이다.

　인과 논증의 원인에 해당하는 성질을 가진 집단을 '실험군'이라고 합니다. 위의 집단 a는 실험군입니다. 원인의 성질을 갖지 않는 집단을 '대조군'이라고 합니다. 위의 집단 b가 대조군입니다. 인과 관계를 규명하려면 모집단에서 표본을 추출하여 실험군과 대조군으로 나누는 일이 우선되어야 합니다.

　인과 논증을 평가할 때 사용되는 기준, 좋은 인과 논증이 되는 조건은 무엇일까요? 실험군에서 결과가 나타난 비율과 대조군에서 결과가 나타난 비율의 차이가 유의미하고, 전자의 수치가 후자의 수치보다 클수록 인과 논증의 지지 관계는 강화됩니다. 원인과 결과 사이의 상관관계를 주장할 수 있을 정도로 차이가 커야 합니다.

　인과 논증은 표본으로부터 모집단의 특징을 추론한 것입니다. 이런 점에서 인과 논증을 평가하면 귀납적 일반화 논증에 대한 평가와 유사합니다. 표본 크기와 편향성에 대한 고려도 있어야 합니다. 표본 크기가 클수록 논증의 강도는 커지며 표본이 적절한 방식으로 무작위로 추출되었다면 논증의 지지 관계는 강화됩니다.

　앞에 제시된 사례를 보면 인과 논증에서 실험군과 대조군은 중요한 역할을 합니다. 연구 과정에서 실험군과 대조군이 갖춘 성질에 따라 인과 논증의 개연성이 달라질 수 있습니다. 흡연자 중 운동을 열심히 하는 사람으로 구성된 실험군과 비흡연자 중 간접 흡연에 노출된 사람으로 구성된 대조군이 제시됐다면 실험군과 대조군 사이에서 나타나는 폐암 발생 비율의 차이는 흡연과 폐암 사이의 인과 관계에 대한 결론을 지지하는 자료로 사용되기 어렵습니다. 또한 실험군과 대조군의 원인으로 추정되는 성질을 제외한 나머지가 비슷해야 강한 논증이 될 수 있습니다. 실험군과 대조군의 원인에 해당하는 성질 외에 다른 성질의 차이가 클 경우 해당 논증은 약한 논증이 됩니다.

■ **다음 논증이 어떤 유형의 귀납 논증에 해당하는지 제시하고 각 논증이 좋은 논증인지 평가해 보세요.**

① 리빙스턴은 새끼 원숭이가 태어나자마자 두 눈을 꿰매서 거의 실명 상태로 우리에 가둔 다음, 1년이 지난 후 새끼 원숭이의 시신경에 어떤 변화가 발생했는지 추적 관찰했어. 너무 끔찍하지만 이 실험을 통해 시각 장애를 유발하는 시신경의 변화 매커니즘을 발견했고, 결국 인간의 뇌 발달과 뇌암 치료제 개발의 길을 열어주었어. 따라서 살아 있는 동물을 대상으로 하는 실험은 우리에게 도움이 되지.

② 너와 친형은 같은 엄마, 아빠의 자식이야. 그런데 너의 친형은 4학년 때부터 자기주도 학습을 잘 하기 시작했어. 그러니까 너도 4학년이 되면 그렇게 하게 될 거야.

③ **A:** K구청의 치수과 담당자가 민원 처리 과정에서 민원인에게 잘못된 정보를 알려주는 바람에 민원 해결에 어려움을 겪었대.
B: 그래? K구청의 청소행정과 담당자도 민원인에게 잘못된 정보를 알려준 적이 있어. K구청의 민원 담당자는 잘못된 정보를 알려주네. 조심해야겠어.

④ 이번 총장 선거에서 누구를 뽑을지 학생과 직원 20명에게 물었는데 A후보자를 뽑겠다고 답한 비율이 70%야. 그러면 우리 대학에서 A후보자를 지지하는 사람들은 70%정도 되겠다. 그치?

⑤ 난 고혈압 2기라는 진단을 받았어. 의사가 걷기 운동도 하고 식이조절도 하라고 했는데 일이 바빠서 다른 것은 신경 쓰지 못하고 모든 것을 그대로 했어. 다만 주변에서 양파즙이 좋다고 하기에 매일 한 포씩 먹었거든. 그랬더

▶▶

▶▶

　　니 혈압이 징상으로 돌아왔어.

⑥ 우울증 약을 복용하는 사람의 상당수는 우울증이 발병하기 전에 오메가3가 풍부한 생선을 잘 먹지 않았어. 지수가 최근에 우울증 약을 복용하기 시작했던데. 지수도 지금껏 오메가3가 풍부한 생선을 잘 먹지 않았을 거야.

더 깊은 토론을 위한 참고 자료

★ **프랜시스 베이컨 지음, 진석용 옮김, 《신기관》, 한길그레이트북스, 2001**
근대 정신의 특징을 과학적 방법이라고 한다면 귀납법을 주창한 이 책은 근대 과학 정신의 초석을 닦았다고 해도 무방합니다. 저자는 우상의 파괴를 통해 자신이 제창한 귀납법의 개요와 우상에서 해방된 인간 지성의 과학적 발견을 위해 우리가 걸어가야 할 길인 참된 귀납법의 구체적인 예를 보여줍니다.

★ **제임스 래디먼 지음, 박영태 옮김, 《과학철학의 이해》, 이학사, 2007**
과학적 탐구를 위한 과학적 방법과 그것이 만들어낸 지식의 본성에 대해 철학적으로 탐구하는 책입니다. 과학적 방법의 새로운 도구로서 귀납법의 특징과 문제점을 잘 정리했습니다.

DISCUSSION CLASS

러셀의 닭은 왜 배신당했는가?
: THE PROBLEMS OF PHILOSOPHY

버트런드 러셀과 함께 살펴보는
귀납의 한계와 오류

수업을 시작하며

세 번째 수업에서 살펴보았던 귀납 논증은 일상생활뿐만 아니라 학문 연구 분야에서도 유용하게 사용됩니다. 우리는 오늘 아침까지 태양이 떴다는 반복된 경험에 근거해 내일 아침에도, 그 다음 날에도 태양이 뜨리라 기대하고 예측하면서 일상을 계획하고 살아갑니다.

자연과학 분야의 예를 들어봅시다. 빠른 속도로 달리던 버스에 타고 있던 사람들이 버스가 급정거하면 앞으로 넘어지는 현상을 통해 자연에 관성의 법칙이 존재한다는 지식을 얻습니다. 버스에서 손잡이를 잡지 않으면 관성의 법칙이 작용하여 급정거 시 넘어진다는 사실을 알게 됐다면 버스에 탔을 때 손잡이를 잘 잡을 겁니다.

사회 현상을 이해하거나 예측할 때에도 귀납 논증이 사용됩니다. 예를 들어 노인에게 돌봄 AI 서비스를 제공한다면 그들의 신체와 정신 건강이 개선될 거라는 추론을 토대로 지자체에서는 노인 돌봄 AI 서비스에 예산을 편성하기도 합니다.

이처럼 귀납 논증은 우리의 일상생활이나 자연과학적·사회과학적 탐구에서 아주 유용하게 사용되지만 귀납적 추론의 한계를 기억할 필요가 있습니다. 귀납 논증은 전제가 참일 경우 그로부터 추론된 결론은 참일 개연성만 있습니다. 참인 전제가 아무리 많이 제시된다고 해도 결론이 반드시 참이 되진 않습니다. 달리 말하면 전제와 결론 사이에는 언제나 논리적 간극 혹은 비약이 있다는 뜻입니다. 그래서 귀납 논증으로 얻는 지식은 연역 논증의 결론처럼 확실한 진리가 될 수는 없습니다. 이를 흥미롭게 지적한 철학자 버트런드 러셀Bertrand Arthur William Russell의 이야기를 들어봅시다.

버트런드 러셀의 《철학이란 무엇인가》

[가]

한 예로써 실제로 아무도 전혀 의심하지 않는 일을 들여다보기로 하자. 우리들은 모두 내일도 태양이 떠오른다고 확신하고 있다. 왜일까? 이 신념은 과거의 경험에서 얻은 맹목적인 소산에 불과한가 아니면 합리적인 신념으로서 정당화될 수 있는가? (중략)

태양이 왜 내일도 떠오르리라고 믿느냐는 질문을 받으면 물론 우리는 '이제까지 매일 변함없이 떠올랐으니까'라고 대답할 것이 분명하다. 태양은 과거에도 떠올랐기 때문에 미래에도 떠오를 것이라는 굳은 신념을 우리는 가지고 있다. 태양이 앞으로도 계속해서 떠오르리라고 믿는 까닭이 무어냐는 도전을 받는다면 우리들은 운동 법칙을 내세울 것이다. 지구는 자유로이 회전을 계속하는 물체이고 이러한 물체는 무엇인가가 외부에서 간섭하지 않는 한 그 회전을 멈추지 않으며 지금부터 내일 사이에는 외부에서 지구를 간섭할 만한 것은 하나도 없기 때문이라고 말할 것이다.

물론 외부에서 간섭할 것이 전혀 없다는 것이 확실한가를 의심할 수는 있지만 이것은 당장 우리들의 흥미를 끄는 의문은 아니다. 흥미 있는 의심은 이 운동 법칙이 내일까지 계속 작용할 것인가에 관한 것이다. 이 의문이 제기되면 우리들은 해돋이에 대해 처음으로 의문이 제기되었을 때와 같은 입장에 놓여 있음을 알게 된다. (중략)

하지만 중요한 문제는 과거에 있어서 어떤 법칙이 실현된 몇몇 사례가 어느 정도의 수에 이르면 그것이 미래에 있어서도 실현되리라는 증거가 될 수 있는가 하는 점이다. 만약 증거가 되지 않는다고 하면 태양이 내일 떠오를 것을 기대하거나, 다음 식사 때 먹을 빵이 우리를 중독시키지 않을 것이라고 기대하거나, 또는 우리들의 일상생활이 무의식적으로 규제할만한 일들을 기대할 어떠한 근거도 없다는 것이 명백해진다. 이러한 모든 기대가 단지 개연적인 일에 불과하다는 사실은 쉽게 알 수 있다. 그러므로 우리는 그 기대들이 반드시 실현되지 않으면 안 될 증명을 구할 것이 아니라 그것들이 실현될 것 같다는 견해에 유리한 이유들을 추구해야 한다.

[나]

어떤 외관을 가지고 있는 음식은 일반적으로 일정한 맛을 가지므로 익히 눈에 익은 외관의 것이 평소와 다른 맛을 갖고있다는 것을 알

게 될 때 그것은 우리들의 기대에 큰 충격이 된다. (중략)

이러한 연상은 인간에게만 국한된 것이 아니다. 동물에게도 연상은 매우 강하다. 일정한 길로만 달리던 말은 다른 방향으로 고삐를 돌리면 저항한다. 가축은 늘 먹이를 주던 사람을 보면 먹이를 주는 줄 알고 기대한다. 이런 제일성齊一性에 대한 미숙한 기대는 모두 오해를 일으키기 쉬운 것임을 우리는 알고 있다. 병아리*에게 매일같이 모이를 주던 사람도 마지막에는 모이를 주는 대신 그 병아리의 목을 비튼다. 병아리로서는 자연의 제일성the uniformity of nature에 관해 좀 더 정확한 견해를 가졌더라면 이로웠을 것이다.

이렇게 틀리기 쉬움에도 불구하고 역시 이러한 기대는 있다. 어떤 일이 여러 번 되풀이해서 일어났다는 사실만으로 사람이나 동물은 그것이 다시 일어나리라는 기대를 갖게 된다. 이와 같이 우리들의 본능은 내일 태양이 떠오르리라고 믿게 되지만, 우리의 입장은 뜻밖에도 목이 비틀린 병아리의 입장보다 낮지가 않다. 그러므로 우리는 과거의 제일성이 미래에 대한 기대를 일으킨다는 현실과 이러한 기대의 타당성에 대한 질문이 제기되었을 때 이 기대를 중시할 만한 합리적인 근거가 있는가 하는 문제를 구별해야 한다.

버트런드 러셀 지음, 서상원 옮김, 《철학이란 무엇인가》, 스마트북, 2013, pp. 99~103. [가] [나].

---

* 원문은 the chicken.

러셀은 《철학이란 무엇인가》에서 여러 철학적 질문을 던집니다. 귀납에 대한 질문도 그중 하나입니다. 지문 [가]에서 러셀은 '내일 태양이 뜰까?'라고 질문합니다. 여러분은 내일 태양이 뜰지 안 뜰지 의심하면서 살아가고 있나요? 우리는 내일도 오늘처럼 태양이 뜨리라 믿고 별다른 의심 없이 살아갑니다. 지금까지의 경험을 근거로 미래에 대한 어떤 기대를 결론으로 도출하는 것도 일종의 귀납 추론입니다.

그런데 러셀은 귀납 추론에 따라 갖게 된 믿음에 대해 의문을 제기합니다. 그는 태양이 과거에도 떴으므로 미래에도 뜨리라고 기대하거나, 우리의 일상생활을 지배하고 있는 일이 늘 같은 방식으로 일어나리라고 기대할 만한 어떠한 근거도 없으며, 단지 그러한 일이 일어날 개연성이 높을 뿐이라고 강조합니다. 지문 [가]의 내용을 정리하면 러셀은 해돋이에 대한 일반적인 생각에 의문을 제기하며 지금까지 관찰된 규칙성이 언젠가는 깨질 수도 있다는 가능성을 완전히 제거할 수 없다고 강조합니다. 그는 바로 이 점이 귀납 논증의 한계라고 말합니다.

지문 [나]는 러셀의 유명한 닭 이야기입니다. 닭 주인은 아침마다 같은 시간에 닭에게 모이를 주고 갑니다. 다음날 아침에도 같은 시간에 들어와 모이를 줬습니다. 매일 아침과 모이 사이에 규칙성이 있다고 생각한 닭은 '오늘 아침에 주인이 들어오면 모이를 줄 것'이라는 귀납적 추론을 합니다.

전제 나의 주인은 내가 태어난 이후 지금까지 매일 아침 나에게 모이를 가져다주었다.

결론 그러므로 그는 오늘 아침도 내게 모이를 줄 것이다.

이 귀납 논증은 개연성이 상당히 높아 보입니다. 규칙성이 1년 내내 혹은 평생 발견되었기 때문입니다. 닭은 오늘 아침에도 규칙성이 성립하리라 생각합니다. 그러나 주인은 그날 닭에게 모이를 주는 대신 닭의 목을 비틀어 요리를 합니다. 닭은 자신의 확고한 믿음을 수정할 겨를도 없이 목이 비틀리고 맙니다. 러셀은 이 사례를 통해 경험을 축적하여 얻은 결론이 반드시 참일 수 없다는 점이 귀납 논증이 갖는 한계이자 약점이라고 명확하게 보여줍니다.

칸트도 피해갈 수 없던 논증 오류

오류란 좋은 논증이 아닌 나쁜 논증 또는 나쁜 논증을 일으키는 원인을 말합니다. 나쁜 논증이란 기본적으로 거짓인 이유에 근거해서 주장이 옳다고 하거나, 제시된 이유나 증거가 참일지라도 결론을 도출하기에 충분하지 않거나, 주장과 무관한 이유를 제시하는 경우에 주로 발생합니다. 시중에 나와 있는 비판적 사고 및 논리적 사고 관련 책에는 이런 오류가 자주 등장합니다. 종류와 명칭이 유사하지만 제각각인 경우가 많습니다. 명칭이 통일되지 않았기 때문에 오류의 이름을 굳이 외울 필요는 없습니다. 대신 주어진 논증이 나쁜 논증인지 확실히 구분하고 그 이유를 설명하는 것이 중요합니다.

앞선 수업에서 우리는 이미 나쁜 논증이 되는 몇 가지 부당한 연역 논증을 배웠습니다. 전건부정의 오류, 후건긍정의 오류, 선언지 긍정의 오류 등은 연역 논증을 제시하려 할 때 발생하는 오류입니다. 이런 오류는 어떤 형식을 갖추고 있으며 내용과 상관없이 형식에 따라 오류가 발생한다는 의미에서 형식적 오류로 분류됩니다.

여기서는 형식 이외의 요소 때문에 나쁜 논증이 되는 좀 더 다양한 유형의 논리적 오류를 살펴보고자 합니다. 다양한 오류를 잘 알아둔다면 토론할 때 나의 논증이나 상대방의 논증을 평가하는 데 좋은 기준이 됩니다. 하지만 막상 토론을 진행하다 보면 자신이 제시한 논증에 오류가 있어도 이를 인지하지 못하거나 나쁜 논증을 제시하는 바람에 상대방을 제대로 설득하지 못할 때가 있습니다. 논리적 오류가 실제 토론에서 어떤 식으로 나타나는지 모르기 때문입니다.

실전 토론에서 논리적 오류가 어떤 양상으로 나타나는지, 즉 토론에 참여하는 학생이 주로 어떤 오류를 범하는지 알 수 있다면 자신의 주장을 정당화할 때 많은 도움이 됩니다. 아래 인용문은 칸트의《도덕형이상학 정초》의 한 부분입니다. 여기에서 칸트도 흔히 범하기 쉬운 오류에 빠졌습니다.

> 그러므로 정언명령이 어떻게 가능한가 하는 물음은 이 명령을 오로지 가능하게 만드는 유일한 전제, 즉 자유라는 이념을 우리가 제시할 수 있는 만큼만, 또 우리가 이 전제의 필연성을 통찰할 수 있는 만큼만 대답할 수 있다. 이성을 실천적으로 사용하려면, 즉 이 명령의 타당성과 도덕법칙의 타당성도 확신하려면 전제의 필연성을 통찰하는 것만으로도 충분하다. 그렇지만 이 전제가 어떻게 가능한지는 인간의 어떤 이성으로도 통찰할 수 없다. 그러나 예지적 존재가 지닌 자유를 전제하는 것 아래서는 의지를 유일하게 규정할 수 있는 형식적 조건인 의지의 자율이 필연적으로 뒤따라 나오게 된다. 의지의 이런 자유를 전제하는 것은 또한 (중략) 아주 충분히 가능할 뿐만 아니

라 (중략) 이 자유를 실천적으로, 즉 이념 가운데 모든 자의적 행위의 조건으로 삼는 것 역시 더는 조건 없이 필연적이다. 이성에 의한 자신의 원인성, 따라서 (중략) 의지의 원인성을 의식하는 이성적 존재자에게는 그러하다. (중략) 순수이성이 어떻게 실천적일 수 있는지 (중략) 이에 관해서 설명해보려는 모든 애씀과 노력은 헛수고가 될 뿐이다. 이것은 마치 내가 의지의 원인성으로서 자유 자체가 어떻게 가능한지 근거를 밝히려고 시도하는 것과도 같은 경우다. 나는 거기에서는 철학적 설명 근거를 포기하게 되며 달리 어떤 근거도 가지고 있지 않기 때문이다.

임마누엘 칸트 지음, 김석수·김종국 옮김,

《칸트전집 6: 도덕형이상학 정초 실천이성비판》, 한길사, 2019, pp. 126~127.

칸트는 자유가 자명하다고 말합니다. 자명하다는 말은 그 자체로 매우 분명하고 확실해서 정당화할 필요가 없다는 뜻입니다. 정언명령이 어떻게 가능한지, 도덕 법칙이 왜 타당한지 해명하려는 칸트의 논의에서 가장 중요한 쟁점이 바로 '우리에게 정말로 자유가 있는가의 여부'입니다. 그런데 칸트는 처음부터 자유의 존재를 정당화할 필요가 없는 자명한 사실로 전제합니다. 정언명령의 가능성에 대한 칸트의 논증은 전제를 근거로 결론을 이끌어내는 것처럼 보이지만 사실은 가장 중요한 쟁점인 전제의 참 혹은 거짓 여부를 따져보지 않고 덮어버린 채 논증을 펼치는 오류에 해당합니다. 이를 선결문제 요구의 오류라고 합니다. 이 밖에 실전 토론에서 범하기 쉬운 몇 가지 오류를 살펴보면 다음과 같습니다.

1) 설문조사 결과에 호소하여 주장을 정당화하는 오류

사형 제도를 폐지해야 합니다. 설문조사 결과에 따르면 대한민국 성인의
70% 이상이 사형 제도 폐지에 찬성하기 때문입니다.

어떤 주장의 참 혹은 거짓 여부는 주장이 참이라고 생각하는 사람의
수와 무관합니다. 많은 사람이 참이라고 생각한다고 해서 그 주장이 실
제로 참은 아닙니다. 규범적 주장~해야 한다은 많은 사람이 공유하는 도
덕 감정에 기초하여 정당화할 수 있지만 사람의 도덕 감정은 논리적으
로 일관적이지 않은 경우가 많기 때문에 논증의 근거로 삼기에 무리가
있습니다.

2) 입증 자료를 잘못 제시하는 오류

중범죄를 범한 소년을 엄격한 법으로 처벌해도 소년 범죄율은 낮아지지
않습니다. 그러니까 소년법을 폐지하면 안 됩니다.

'범죄를 저지른 소년을 엄격한 법으로 처벌해도 소년의 범죄율은 낮
아지지 않는다'는 주장을 입증하기 위해 어떠한 자료를 제시해야 할까
요? 범죄를 저지른 소년을 엄격하게 처벌하는 법을 도입한 이후, 도입
전과 비교해 소년 범죄율이 낮아지지 않았다는 자료를 직접적으로 제
시해야 합니다. 직접 증거 자료를 제시하는 대신 '범죄를 저지른 소년
을 교화하는 교육 제도를 도입하여 약한 처벌을 했더니 소년 범죄율이

낮아졌다'는 자료를 제시하기도 합니다. 하지만 이는 입증 자료를 잘못 제시한 오류입니다.

3) 성급한 일반화의 오류

10대 학생 여럿이 또래 학생을 잔인하게 폭행한 후 가해 학생이 피해 학생의 사진을 SNS에 게시했다는 뉴스를 봤다. 이 사건은 10대가 얼마나 폭력적이고 잔인한가를 보여준다. 이를 통해 우리나라 10대 학생이 대부분 폭력적이고 잔인하다는 것을 쉽게 알 수 있다.

주장을 정당화시키기 위해서는 입증 자료 혹은 증거가 필요합니다. 주장을 입증하기에 근거가 너무 부족한 경우 좋은 논증이 되기 어렵습니다. 성급한 일반화의 오류는 위 사례처럼 폭력적이고 잔인한 행동을 한 10대 몇 명의 행동을 근거 삼아 결론을 이끌어내려 할 때 생깁니다. 좋은 귀납 논증이 되려면 결론을 지지할 만한 충분한 입증 자료나 증거 자료가 제시되어야 합니다.

4) 편향된 자료의 오류

개인 칸막이가 있는 조용한 독서실에 다니는 학생을 대상으로 언제 공부가 잘되는지 전수 조사를 했더니 조사에 응한 학생은 대부분은 아주 조용할 때 공부가 잘된다고 했다. 이번 조사를 통해서 우리나라 학생 대부분은 공부를 위해 조용한 독서실을 선호한다는 것이 분명해졌다.

　독서실에 다니는 많은 학생의 의견을 조사했기 때문에 위 논증은 상당히 많은 입증 자료를 제시했지만 좋은 논증이라고 보기는 어렵습니다. 어떤 학생은 음악이 흐르고 소음이 있는 카페에서 공부가 더 잘 되기도 하고, 어떤 학생은 친구와 토론하면서 학습한 내용이 잘 이해되는 경우도 있습니다. 그런데 위 논증은 이런 학생의 의견은 배제하고 조용한 독서실을 이용하는 학생의 의견만 제시했습니다. 독서실을 이용하는 학생이 우리나라 학생을 모두 대표하지 않기 때문에 조사에 선택된 표본 학생이 전체 학생을 대표한다고 볼 수 없습니다. 이런 방식으로 표본을 선택한다면 편향된 자료의 오류에 빠지게 됩니다.

5) 상대주의에 빠지는 오류

A 사형 제도는 사람의 생명을 해치는 제도이기 때문에 폐지해야 합니다.
B 그건 당신의 생각이고 당신의 관점에서 보면 옳습니다. 하지만 내 관점도 옳다고 생각합니다. 다른 사람의 생명을 해한 사람들의 생명은 소중하지 않기 때문에 사형 제도를 시행해야 합니다.

　토론을 진행하다 보면 자신의 주장을 철회해야 할 때 사람마다 생각이 다르다는 점을 강조하면서 상대방의 주장도 옳지만 자신의 주장도 옳다고 답변하는 경우가 있습니다. 이런 관점은 상대주의적 관점이 참이라고 전제합니다. 하지만 상대주의 관점에 따르면 절대 참은 없습니다. 상대주의 관점 자체를 참이라고 가정하는 순간, 상대주의 관점에 따라 그 가정 자체가 참이 될 수 없기 때문에 이는 모순입니다.

6) 숨은 전제를 누락하는 오류

동물 실험은 동물에게 고통을 주는 행위입니다. 따라서 동물 실험을 허용 하면 안 됩니다.

학생 대부분은 이러한 논증이 '형식적으로' 좋은 논증이라고 오해합 니다. 그런데 형식적으로 좋은 논증이 되기 위해서는 전제가 하나 더 필요합니다. 바로 '고통을 주는 행위는 허용하면 안 된다'는 전제입니 다. 토론할 때 상대방이 논증 구성에서 중요한 전제를 생략했다면 이를 드러내서 평가하는 일은 상당히 중요합니다. 특히 상대방이 반박을 피 하기 위해 의도적으로 전제를 누락시킬 수 있기 때문에 토론에서 상대 방의 논증에 숨은 전제가 있는지 잘 살펴볼 필요가 있습니다.

7) 영화에 호소해 주장을 정당화하는 오류

영화에서 복제 인간은 존엄성을 가지지 못하기 때문에 인간 복제를 허용 해서는 안 된다고 생각합니다.

토론에서 이유나 근거가 참이라고 증명하기 위해 영화의 가상 상황을 인용하는 경우가 있습니다. 하지만 영화에서 그려지는 상황은 현실이 아닌 픽션이기에 유의해야 합니다. 이해를 돕기 위해 영화를 인용할 수 있지만 이는 참이 아닐 가능성도 크다는 점을 고려해야 합니다.

8) 개념을 혼동하는 오류

> 회사의 비리를 고발한 내부인은 도덕적 책임이 없습니다. 왜냐하면 공익을 위한 내부 고발은 법적으로 문제가 없기 때문입니다.

서로 다른 개념이지만 같은 개념이라고 생각하고 논증을 구성하는 경우가 많습니다. 그중에서도 특히 '도덕적 책임'과 '법적 책임'을 혼동하는 경우가 대표적입니다. 도덕적 책임과 법적 책임을 혼용하면 논의 범위가 일치하지 않고 토론에서 서로 다른 얘기를 주고받게 됩니다.

위 논증이 좋은 논증이 되기 위해서는 법적으로 문제가 없는 행동은 도덕적으로 책임이 없는 행동이라는 전제를 추가해야 합니다. 하지만 법적으로 문제가 없는 행동이더라도 도덕적인 책임을 져야 할 때가 있습니다. 대표적인 예가 일제의 침략 행위에 협조했던 일본의 군수 기업입니다. 이들은 당시 직접적인 위법 행위를 하지 않았지만 지금까지 도덕적 비난을 받고 있습니다. 이 점을 고려해서 법적 책임과 도덕적 책임 개념을 서로 구분해야 합니다.

9) 허수아비 공격의 오류

원자력 에너지 사용을 중단하자는 주장은 전기가 없는 석기시대로 돌아가자는 말이다. 전기가 없으면 문명의 혜택이나 편리함을 모두 포기해야 한다. 이것은 명백히 바람직하지 못한 에너지 정책이다. 따라서 원자력 에너지 사용을 중단하려는 정책은 중단해야 한다.

토론은 상대방이 제시한 논증의 결함을 지적하고 반박하는 과정입니다. 그런데 허수아비 공격의 오류는 상대방의 본래 논증을 반박하기 쉽도록 단순화시키거나 왜곡시킨 후 그것을 공격합니다. 마치 상대방의 논증을 반박하기 쉽도록 허수아비처럼 만들어 놓고 그것을 공격하면서도 상대방의 본래 논증이 좋지 않다고 주장하기 때문에 오류가 발생합니다.

어떤 사람은 체르노빌이나 후쿠시마의 대형 원전 사고나 방사성 폐기물 처리의 어려움을 이유로 원자력 에너지 사용을 중단하자고 주장합니다. 이들은 원자력 에너지 사용을 중단하자는 결론을 제시할 뿐인데 반대의 논증자는 문명의 발전이나 혜택을 거부하고 석기시대로 돌아가자는 결론으로 왜곡하고 이를 공격하는 오류를 범하고 있습니다.

10) 잘못된 유비 논증

정욱아, 새로 나온 이족보행 로봇이 인간이랑 얼마나 닮았는지 봤어? 이족보행 로봇은 인간처럼 두 팔과 두 다리가 있고 인간처럼 걸을 수 있고 계단을 오르내릴 수도 있어. 그런데 이족보행 로봇이 계단에서 넘어지더라. 로봇이 무척 아팠을 것 같아.

좋은 유비 논증이 되려면 비교하는 두 대상이나 사건의 유사성을 충분히 파악해야 합니다. 그런데 위 논증은 로봇과 인간의 외형 같은 몇 가지 유사성을 근거로 유비 논증을 제시했습니다. 하지만 이를 토대로 로봇이 인간처럼 고통을 느낄 수 있다고 추론한다면 논리적 비약입니다. 요즘 4차 산업혁명 시대를 맞아 토론에서 인공지능 로봇에 대한 주제를 많이 다룹니다. 로봇이 어떤 존재인지 논의할 때 인간은 생명체이고 로봇은 기계이므로 두 존재의 차이점이 얼마나 많은지 고려할 필요가 있습니다.

11) 거짓 인과의 오류

우리 동네 이장이 새로 부임해 오면서부터 안 좋은 일이 계속 생겨. 비가 많이 와서 홍수가 나고 마을 어르신도 많이 돌아가셨잖아.

위 논증은 거짓 인과의 오류 중에서 선후 인과의 오류에 해당합니다. 다시 말해 두 사건의 단순한 시간적 선후 관계를 원인과 결과로 착각해서 오류가 발생합니다. 우리는 어떤 사건이나 현상이 일어났을 때 원인을 찾고자 합니다. 동네에 갑자기 안 좋은 사건이 일어나면 그런 일의 원인이 무엇인지 궁금해집니다. 이어지는 악재, 즉 홍수가 크게 나고 어르신이 여럿 돌아가신 원인을 찾기 위해 이 사건 전에 무슨 일이 있었는지 생각해 보기도 합니다.

위 사례는 안 좋은 사건(E)이 새 이장이 부임한 사건(C) 후에 일어났다는 이유로 'C가 E를 일으켰다'고 보는 논증에 해당합니다. 그러나 한 사건이 다른 사건 후에 발생했다는 것을 발견했다고 해서 그것으로 인과 관계를 증명할 수는 없습니다. 우리가 잘 알고 있는 '까마귀 날자 배 떨어진다'는 속담처럼 '배를 떨어지게 한' 진정한 원인을 '까마귀가 난 것'이라고 보기는 어렵습니다. 까마귀가 난 사건과 배가 떨어진 사건 사이에 시간적인 선후 관계는 성립하지만 인과 관계가 성립한다고 보기는 힘들기 때문입니다.

마찬가지로 새로운 이장이 동네에 부임해 온 후에 악재가 많이 발생했다고 해서 이를 인과 관계가 성립한다고 보기는 어렵습니다. 시간적인 선후 관계 이외에 훌륭한 증거 혹은 원인이 있는지 생각해 보아야 합니다. 새로운 동네 이장이 부임해 왔을 때 마침 홍수가 많이 나는 계절이었거나 배수 시설이 고장났거나 혹은 어르신들의 건강이 많이 악화된 시기였을 가능성도 고려해 보아야 합니다.

우연이나 상관관계를 인과 관계로 혼동하는 오류도 대표적인 거짓 인과의 오류입니다. 이 오류는 어떤 사건이 다른 사건의 진짜 원인이 아닌데도 불구하고 원인으로 착각합니다. 'ppt 자료에 빨간색과 노란색이 있으면 발표 점수가 더 높게 나온다. 따라서 ppt 자료의 색상이 발표 점수에 영향을 준다'라는 주장을 살펴봅시다. ppt 자료의 색상과 발표 점수의 사이에 연관성이 있을 수 있습니다. 하지만 발표 점수가 높게 나온 진정한 원인이 따로 있진 않은지 의심해 보아야 합니다. 진짜 원인은 색상 때문이 아니라 논리적으로 작성된 내용과 설득력 있는 발표 태도일 가능성도 있기 때문입니다.

12) 잘못된 권위에 호소하는 오류

내가 찾아본 정신 의학 관련 논문에서 한 유명한 정신과 박사는 지나친 SNS 사용은 청소년의 정신 건강에 나쁜 영향을 준다고 했어. 그 외에 여러 관련 자료를 찾아봤는데 유명한 기업의 최고 경영자도 SNS의 잠재적 위험에 대해 경고하면서 사용을 자제하라고 당부하더라고. 청소년은 자신의 정신 건강을 위해 SNS 사용을 확실히 줄일 필요가 있는 것 같아.

SNS의 과도한 사용이 청소년의 정신 건강에 나쁜 영향을 주기 때문에 사용을 줄이자는 논증을 펼치기 위해 정신 건강 분야의 권위자인 정신과 박사의 의견을 근거로 채택한다면 좋은 논증이 될 수 있습니다. 하지만 유명 기업 경영자의 의견은 좋은 논증이 되기 어렵습니다. 기업 경영자가 정신 건강에 대한 전문 지식을 가지고 있을 확률이 적기 때문입니다. 토론에서 오류를 범하지 않으려면 해당 분야의 권위자의 의견을 근거로 제시하는 것이 중요합니다.

13) 감정에 호소하는 오류

저의 사형을 제발 면하게 해주십시오. 저에게는 돌봐야 하는 어린 자식이 셋이나 있습니다. 만일 제가 죽는다면 저의 식솔은 생계를 꾸리기가 어렵습니다. 부디 저의 죄를 감형해 주십시오.

주장과 근거 사이의 논리적 관계는 논증의 평가 기준 중 하나입니다.

그런데 위 논증은 죄를 감형해 달라고 주장하면서 법정에 있는 사람들의 감정 혹은 동정심에 호소합니다. 근거와 주장 사이가 논리적 관계라기보다 심리적으로만 연관이 있지요. 이처럼 상대방의 감정, 연민이나 동정심을 유발하여 설득하고자 할 때 감정_{연민, 동정심}에 호소하는 오류가 발생합니다.

소크라테스는 몇 가지 죄목으로 법정에 섰고 사형을 선고받았습니다. 다른 사람들이 사형 선고를 받는다면 이를 면하고자 배심원의 동정심을 유발하는 말과 행동을 하겠지만 소크라테스는 그렇게 하지 않겠다고 단호히 말했습니다. 논리를 중요시하는 철학자다운 면모를 소크라테스의 법정 변론에서 확인할 수 있습니다.

14) 인신 공격의 오류

이번 토론에서는 그 국회의원의 공약을 검토할 필요도 없습니다. 국회의원 재직 중에 교통 법규를 여러 차례 위반했으니까요.

토론할 때 주제와 관련된 국회의원의 공약과 정당성을 검토할 때가 종종 있습니다. 선거 공약이 좋은지 아닌지 검토할 때, 제시된 공약과 공약의 근거를 검토하고 논리적 연관성을 평가해야 합니다. 그런데 위의 논증에서는 공약은 검토하지 않고 공약을 제시한 사람을 문제 삼아 비판하고 있습니다. 이처럼 상대방 주장의 내용을 비판하지 않고 그의 인품이나 행실 등을 비판한다면 인신 공격의 오류를 범하게 됩니다.

15) 미끄러지는 경사면의 오류

낙태죄 폐지는 잘못되었다고 생각해. 낙태죄를 폐지하면 낙태 수술을 위한 병원 문턱이 낮아질 거야. 그러면 낙태 수술을 받는 사람은 아무런 죄책감도 느끼지 않을 거고, 임신으로 조금이라도 고통스럽다면 쉽게 낙태를 선택할 거야. 이처럼 쉽게 낙태를 선택하게 된다면 합계 출산율은 지금보다 더 바닥으로 곤두박질치겠지.

미끄러지는 경사면의 오류는 전제 하나를 수용하고 그로부터 연쇄 추론을 거치면서 도달한 결론이 엉뚱할 때를 말합니다. 우리의 일상 대화에서도 쉽게 미끄러지는 경사길을 내달릴 경우가 많습니다. 중간고사를 망쳤을 때도 내 인생은 망했다고 말하거나, 조그만 시련에도 나는 죽을지 모른다고 말해 버립니다.

위 사례도 마찬가지입니다. 낙태죄가 폐지되면 낙태 수술을 위한 병원 문턱이 낮아진다는 전제부터 쭉 미끄러져서 사람들이 쉽게 낙태를 선택하고 이에 따라 합계 출산율이 곤두박질칠 것이라고 추론합니다. 이 논증은 낙태가 합법화된 나라에서 낙태율이 증가하지 않았다는 사실로 쉽게 논박할 수 있으므로 논증의 결함을 잘 살펴볼 필요가 있습니다.

16) 잘못된 이분법의 오류

원자력 에너지 사용을 중단한다면 우리는 다시 화석 에너지를 사용할 수

밖에 없다. 결국 지구 온난화 현상을 막을 길이 없을 것이다.

여러 선택지가 있는데도 특정한 두 가지 선택지만 전제로 제시하여 결론을 이끌어내고자 할 때 오류가 발생합니다. 우리는 풍력 에너지, 태양광 에너지 등을 사용할 수 있는 가능성이 있음에도, 전제에서 원자력 에너지와 화석 에너지의 사용만을 제시하고 있습니다. 이처럼 다른 선택지가 배제된 채로 결론을 이끌어낼 경우 잘못된 이분법 혹은 흑백 논리의 오류를 범하게 됩니다.

■ 다음 논증의 문제점을 살펴 보고 좋은 논증으로 수정해 보세요.

① 한 통계자료에 따르면 의사 96%가 수술실의 CCTV 설치에 반대한다. 그러므로 수술실 CCTV 설치 의무화를 중단해야 한다.

② 영화 《그녀(Her)》에서 주인공 테오도르는 인공지능 운영 체계와 사랑에 빠지더라고. 아카데미 상을 받을 정도로 유명한 영화에서 그런 내용을 다루다니, 인간과 인공지능의 사랑은 가능한가 봐.

③ 지구는 평평한 것 같아. 그동안 지구가 둥글다고 생각했는데 잘못된 생각이었나 봐. 내가 가입한 온라인 카페에 게시된 영상을 보면 지구는 둥근게 아니라 평평하다고 믿을 수밖에 없어. 이 영상 한 번 볼래?

④ 벌써 세 번이나 실패했다. 그동안 회사에 취직하려고 이력서를 세 번 제출했는데 모두 불합격했다. 지금 제출한 이력서도 불합격할 거다.

⑤ 연이는 농구를 잘하지 못한다. 농구도 축구도 둘 다 공으로 하는 운동이므로 연이는 축구도 잘하지 못할 것이다. 그렇게 우리는 확신하기 때문에 이번 축구 시합에서 연이를 뺐다.

⑥ 오늘 저녁 동아리 회식은 당장 취소해야겠다. 거기 가면 보나마나 늦은 시간까지 술을 마실 거다. 그러면 늦게 일어나서 내일 아침 토론 수업에 결석하게 될 것이다. 결국 이번 학기 성적도 형편없게 될 것이다.

▶▶

▶▶

⑦ 오늘 밥을 먹다가 물컵을 두 번이나 쏟았어. 물컵을 쏟으면 안 좋은 일이 있던데. 아마도 오늘 축구 경기에서 질 것 같아.

⑧ A시의 올해 지역 사회 건강 통계 조사에 따르면 금연 지원 센터에서 교육을 받은 19세 이상 주민 50명을 대상으로 조사한 결과, A시 시민 흡연율은 최근 3년간 23.5%, 22.2%, 16.9%로 계속 감소하고 있다. 따라서 A시 전체 시민의 흡연율은 줄었다.

⑨ 유전자 조작 식품이 건강에 이롭지 않다는 말은 근거 없는 괴담인 것 같다. 지난번 TV 토론 대담에서 한 정치인이 유전자 조작 식품이 건강에 이롭다는 과학적인 증거를 여러 가지 제시했기 때문이다.

⑩ A: 상대평가 제도는 학생을 서로 경쟁시키고 공부를 열심히 하게 만드는 제도이므로 대학은 상대평가 제도를 유지해야 합니다.
　 B: 저는 이와 다르게 생각합니다. 상대평가 제도는 학생을 쓸데없이 경쟁하게 만들어 진정한 학문 탐구를 위한 공부를 못하게 하기 때문에 이를 절대평가 제도로 바꿔야 합니다.

더 깊은 토론을 위한 참고 자료

★ 버트런드 러셀 지음, 서상원 옮김, 《철학이란 무엇인가》, 스마트북, 2013

이 책의 원전은 출판된 지 100년이 지났지만 여전히 전반적인 철학 주제를 다룬 최고의 입문서로 평가받습니다. 문제를 푸는 과정에서 독자에게 그 문제가 왜 중요한지 생각하게 만들기 때문입니다. 앞서 다룬 귀납 논증에 대한 러셀의 문제 제기 방식, 그에 대한 사유의 과정과 내용을 확인할 수 있습니다.

DISCUSSION CLASS

좋은 사람이
나쁜 행동을 하는 이유는?
: A TREATISE OF
HUMAN NATURE

데이비드 흄과 함께 살펴보는
도덕 논증

수업을 시작하며

비판적 사고는 도덕 논증moral reasoning에도 적용됩니다. 도덕 논증이란 도덕·윤리적 문제와 관련된 논증을 말합니다. 우리의 일상은 도덕·윤리적 문제와 깊이 연관되어 있습니다. 인터넷이나 스마트폰 등을 통해 실시간으로 접하는 뉴스에는 우리와 직·간접적으로 연관된 도덕·윤리적 문제가 등장하며 댓글 등을 통해 이러한 뉴스에 대한 사회 구성원의 다양한 주장을 보게 됩니다. 개 식용 논란도 이런 사례입니다.

1988년 서울올림픽부터 시작된 개 식용 금지 논란은 끊임없이 반복되지만 매번 사회적 합의에 도달하지 못했다. 최근 반려 동물과 함께 사는 국민이 1500만 명을 넘어서면서 동물권에 대한 관심이 높아지고 있다. 어떤 사람은 동물의 권리, 동물 살해의 부도덕함 등 도덕적 근거를 토대로 개 식용을 반대하기도 하고, 어떤 사람은 인간의 자유나 인간과 동물의 도덕적 지위 차이 등 도덕적 근거를 토대로 개 식용을 정당화한다. 이처럼 서로의 주장이 극렬히 대립할 때 이를 어떻게 분석하고 평가해야 할까?

우리는 이러한 다양한 도덕 논증 가운데 무엇을 수용하고, 무엇을 수용하지 않을지 그리고 어떠한 주장을 제시해야 하는지 실천적 판단을 내려야 합니다. 도덕 논증은 연역 논증뿐만 아니라 귀납 논증을 우리의 현실과 관련해 재구성하여 제시합니다. 이러한 도덕 논증 평가에는 전제에서 결론이 논리적으로 도출되는지 검토하는 타당성validity 뿐만 아니라 전제가 수용할 만한지 검토하는 건전성soundness 또한 포함됩니다.

먼저 도덕 논증과 관련된 심각한 오해를 해명할 필요가 있습니다. 도덕 논증은 해결될 수 없기 때문에 불필요하다는 오해 말입니다. 도덕 논증은 각 개인의 신념이나 주관적 입장에 근거할 뿐만 아니라 사회적 맥락에 의존하기 때문에 문제를 해결할 수 없다는 비판입니다. 일상에서 수많은 도덕·윤리적 문제를 만나는 우리는 도덕 논증을 통해 어떤 입장이 수용할 만한지 판단해야 하는데 앞에서 제기한 비판은 이러한 도덕 논증이 불필요하다고 주장합니다. 예를 들어 개 식용 금지에 대한 논란, 2009년 '김 할머니 존엄사'라는 이름으로 제기되었던 안락사 문제, 2010년 '프로라이프 의사회'가 산부인과를 고발해서 논란이 되었던 인공 임신 중절과 같은 문제는 일치된 의견은 없고 다양한 입장만 존재하기 때문입니다.

미국의 생명 윤리학자 맥클린Ruth Macklin의 논문 『Theoretical and Applied Ethics: A Reply to Skeptics』(1988)에 따르면 도덕 논증에서 '해결하다'라는 말은 '이론적·실천적으로 가장 현실성 있는 해답을 제공'arrive at the least inadequate or least implausible answer to the problem 한다는 뜻

입니다. 도덕 문제에 관해서 다른 대안보다 더 강력한 논증을 지닌 해답, 즉 정합적 검토를 통해 합리적 선택을 내릴 수 있다는 의미입니다. 공통점을 찾을 수 없을 것 같은 논증이라도 양쪽이 전제하거나 또는 암묵적으로 가정하는 공통점을 발견할 수 있습니다. 이를 분석하면 그 시대의 사회적 인식과 지식 등과 정합적이며 가장 현실성 있는 해답을 모색할 수 있습니다.

데이비드 흄의 《인간 본성에 관한 논고》

이성의 탐구 대상 가운데 하나는 사실의 문제이다. 그런데 덕과 악덕을 구분하는 도덕의 문제가 이같은 사실의 문제인가? 일반적으로 악덕하다고 인정되는 행동인 고의적인 살인을 생각해보자. 고의적인 살인을 모든 측면에서 검토하고 악덕이라고 부를 수 있는 사실이나 실제 존재를 발견할 수 있는지 살펴보자. 당신은 그 행동을 어떤 방식으로 살펴보든 간에 오직 특정한 정념, 동기, 의욕, 사유만을 발견할 뿐이다. 이 행동에서 그 밖의 어떤 사실도 발견할 수 없다. 대상에서 사실을 찾으려고 하는 한, 당신은 악덕을 전혀 포착하지 못한다. 당신이 마음속으로 이 행동을 성찰하면서 불쾌한 감정을 발견할 때까지 결코 악덕을 발견할 수 없다. 여기에 사실이 있다. 그러나 이는 이성의 대상이 아닌 느낌의 대상이다. 이런 사실은 당신에게 있으며 대상에 있지 않다. 따라서 당신이 어떤 행동이나 성격을 악덕하다고 판단할 때 당신은 그 행동이나 성격을 보면서 자신의 본성에 있는 생리적 구조에 따른 비난의 느낌이나 감정을 갖는다고 의미할 뿐이다. 그러므로 덕과 악덕은 소리, 색깔, 더움, 차가움에 비교될 수 있다. 근대 철학에 따르면 이것은 대상의 성질이 아니라 마음에 있는 지각이다. 도덕에서 이런 발견은 물리학에서 주관적 성질의 발견과 마찬가지로 실생활에 영향을 거의 또는 전혀 미치지 못하지만 이론 학문에서는 상당한 진보에 해당한다. 우리에게 보다 실제적이고 더 많은 관심을 끄는 것은 유쾌함과 불쾌함이라는 우리 자신의 감정이다. 이와 같은 감정이 덕에 맞고 악덕에 어긋난다면 우리의 생활 태도와 행동 지침으로 삼기에 이보다 더 필수적인 것은 없다.

　내가 이와 같은 추론에 꼭 덧붙이고 싶은 관찰이 하나 있다. 우리는 이 관찰이 어느 정도 중요하다는 걸 알 수 있다. 나는 지금까지 접해 온 모든 도덕 체계에서 그 체계의 저자들이 얼마 동안 일상적 추론 방식으로 논의를 전개하다가 어느 순간에 신의 존재를 확정하며 인간사에 대한 자신의 견해를 제시한다는 점에 주목해 왔다. 나는 명제의 일반적 계사繫辭인 '이다'와 '아니다'로 연결되어야 할 부분에서 '해야 한다'나 '해서는 안 된다'로 교체되는 명제를 발견하고는 갑작스러워 놀라곤 했다. 이와 같은 계사의 교체는 감지하기 쉽지 않지만 매우 중요하다. '해야 한다'나 '해서는 안 된다'는 새로운 관계나 확언을 표현하기 때문에 반드시 주목받고 설명되어야 할 필요가 있다. 동시에 이 새로운 관계가 자신과 전적으로 무관한 다른 것에서 연역될 수 있는 방식을 왜 우리가 의식하지 못했는지에 대한 근거도 제시되어야 한다. 그러나 도덕 체계의 저자가 대개 이 점에 주목하지 않았으므로 나는 독자에게 이 점에 주목하라고 권한다. 이 작은 주목이 도덕성에 관한 천박한 체계를 모두 전복시키리라고 확신한다. 그러면 덕과 악덕 등을 구별하는 기초가 단지 대상의 관계에만 있지 않으며 이성으로도 역시 그 구별을 지각하지 못한다는 점을 알게 될 것이다.

이런 논의 과정을 통해 우리는 다음과 같은 결론에 이르게 된다. 덕과 악덕은 이성만으로는 발견될 수 없고 관념의 비교를 통해서도 발견될 수 없기 때문에 우리는 덕과 악덕이 일으키는 인상이나 감정을 통해서만 덕과 악덕의 차이를 구분할 수 있다. 도덕적인 정직과 타락에 관한 우리의 결정은 분명히 지각이다. 모든 지각은 인상이거나 관념이므로 둘 중 하나가 아니라는 것은 다른 하나가 그 결정에 대해 납득할 만한 논변이 된다. 그러므로 도덕성은 판단되기보다는 느껴진다고 봐야 적절하다.

David Hume, 《A Treatise of Human Nature, BOOK 3. OF MORALS》,

1740/1751, Part 1. Sect. 1 ~ Sect. 2.

도덕 논증이란
무엇인가

1) 사실 판단과 가치 판단

흄의 글에서 볼 수 있는 도덕 논증의 특징은 무엇일까요? 실천적 판단의 성격을 지니는 도덕 논증이 다른 논증과 구별되는 특징은 도덕적 가치를 담은 판단, 즉 도덕적 가치 판단moral value judgment 을 포함한다는 점입니다. 흄은 위 글에서 도덕 판단이 논리 분석을 통해 알 수 있는 사실 판단fact judgment 이 아닌, 인간의 감정에서 발견할 수 있는 도덕적 가치 판단이라고 말합니다. 도덕 논증이 도덕적 가치 판단을 포함한다면 먼저 고려해야 할 것은 무엇이 도덕적 가치 판단인지에 대한 논의입니다.

이를 위해서는 먼저 가치 판단value judgment 과 사실 판단의 구분부터 해야합니다. 도덕적 가치 판단은 가치 판단의 한 부분이기 때문입니다. 도덕 논증에 대한 분석을 위해서는 이러한 사실 판단과 가치 판단의 구분을 토대로 살펴보아야 합니다.

사실 판단은 참과 거짓의 진리값으로 명시할 수 있습니다. '실제로 하얀색 컵을 가리키면서'이 컵은 하얀색이다'처럼 경험적으로 참과 거짓을 확인할 수 있는 판단과 '2 더하기 3은 5이다'처럼 수학·논리적으로 확인할 수 있는 판단입니다.

가치 판단은 화자의 기호taste를 표현하거나 미적 가치를 표현하거나 어떤 도덕적 가치를 표현하는 등 참과 거짓의 진리값으로 명시할 수 없습니다. 기호적 가치 판단은 '좋음', '싫음' 같은 표현을 주로 사용하고, 미적 가치 판단은 '아름답다', '추하다' 같은 표현을 주로 사용합니다. 도덕적 가치를 표현할 때는 '선한', '선하지 않은', '옳은', '그른', '해야 한다', '하지 말아야 한다' 같은 당위적 표현을 주로 사용합니다. 다음의 예시를 통해 사실 판단과 가치 판단 그리고 가치 판단의 기호적·미적·도덕적 가치 판단 등을 살펴봅시다.

① 저 소년은 선한 어린이다.
② 나는 펩시콜라보다 코카콜라를 더 좋아한다.
③ 그 사람이 고양이를 학대했다.
④ 그 과학자는 핵무기 제조에 가담했다.
⑤ 저 야생화는 아름답다.
⑥ 삼각형의 내각의 합은 180도이다.

①, ②, ⑤는 가치 판단이고 ③, ④, ⑥은 사실 판단입니다. ③과 ④는 사실 판단 가운데 경험적으로 확인하여 참과 거짓을 판단할 수 있으며, ⑥은 수학적으로 참과 거짓을 판단할 수 있습니다. ①은 '선한'이라는

도덕적 가치를 담은 가치 판단이고 ②는 '좋아한다'는 자신의 기호를 담은 가치 판단이며 ⑤는 '아름답다'는 미적 가치를 담은 가치 판단입니다.

2) 도덕 논증의 특징: 도덕적 가치 판단

도덕 논증은 가치 판단 가운데 도덕적 가치 판단을 결론에 포함한 논증입니다. 어떤 도덕적 주장을 제시하는 논증이기 때문입니다. 도덕 논증은 형식적으로 어떤 특징이 있을까요? 영국의 20세기 철학자인 무어George Edward Moore는 도덕 논증은 결론에 도덕적 가치 판단을 포함하므로 전제 가운데 적어도 하나는 도덕적 가치 판단이어야 한다고 주장합니다. 무어는 사실에서 당위를 도출하려는 시도를 비판하면서 이를 자연주의적 오류naturalistic fallacy라고 부릅니다. 도덕 논증에서 모든 전제가 도덕과 무관한 사실 판단이나 가치 판단이라면 결론으로 도덕적 진술을 도출할 수 없기 때문입니다.

① 세계는 적자생존 원리에 따른다. 그러므로 약자는 도태되고 강자가 살아남는 것이 좋다.

② 인간은 본성상 이기적 존재이다. 그러므로 이기적으로 사는 것이 좋은 것이다.

위 판단은 수용할 만한가요? 각각 도덕적 가치 판단을 담고 있는 논증인데 직관적으로 의심스럽게 느껴집니다. 사실 판단인 전제에서 등장하지 않은 '좋은 것이다'라는 가치 판단이 결론에 등장하기 때문입니다.

연역 논증의 형태를 가진 도덕 논증 ①, ②의 전제인 '세계는 적자생존의 원리에 따른다'와 '인간은 본성상 이기적 존재이다'에는 결론인 도덕적 가치 판단의 '좋은 것이다'라는 도덕적 가치를 찾을 수 없습니다. 연역 논증은 결론의 내용이 전제에 이미 함축되어야 하는데 도덕적 가치 판단이 사실 판단에 함축될 수 없기 때문에 논증의 타당성이 의심됩니다. '세계는 적자생존의 원리에 따른다', '인간은 본성상 이기적 존재이다'라는 사실 판단으로부터 '좋은 것이다'라는 도덕적 가치 판단을 도출하고 있다는 점에서 논증 ①, ②는 무어가 말한 자연주의적 오류를 보여줍니다.

그렇다면 위 도덕 논증에서 숨은 전제는 무엇일까요? 논증 ①, ②에는 각각 '세계가 따르는 원리는 좋은 것이다'와 '본성대로 사는 것이 좋은 것이다'라는 도덕적 가치 판단이 전제로 숨어 있습니다. 이러한 숨은 전제를 찾아냄으로써 논증 ①, ②는 무어의 자연주의적 오류를 피하면서 연역적으로 타당한 논증이 될 수 있습니다. 이러한 분석에 따르면 도덕 논증의 표준 형태는 다음과 같습니다.

전제 1 도덕 원리   (도덕적 가치 판단)

전제 2 사실에 대한 기술   (사실 판단)

결론   특정한 도덕 주장   (도덕적 가치 판단)

이러한 도덕 논증의 표준 형태에도 불구하고 일상에서 우리가 경험하는 많은 도덕 논증은 전제에서 종종 도덕적 가치 판단을 생략하고 사실 판단만으로 도덕적 가치 판단인 결론을 도출하기도 합니다.

① 국회의원 A씨가 성추행 발언을 했다. 따라서 A는 도덕적으로 옳지 않다.
② 한 사람이 쓰러져 호흡 곤란 증세를 보이고 있다. 그러므로 이를 발견한 행인은 그 사람을 도와야 한다.

사실 판단을 전제로 도덕적 가치 판단을 결론으로 도출하는 위 논증은 별 문제가 없어 보입니다. 그러나 각각은 숨은 전제로 도덕적 가치 판단을 포함하고 있습니다. 논증 ①은 '성추행 발언은 도덕적으로 옳지 않다'라는 전제가 있으며 논증 ② 또한 '어려움에 처한 사람을 도와야 한다'는 전제가 있습니다.

이러한 도덕적 가치 판단인 전제는 너무도 당연하게 수용되어 종종 생략되고 그게 이상하게 여겨지지 않는 경우도 많습니다. 그러나 도덕 논증을 진지하게 검토하기 위해서는 연역 논증의 타당성 검토가 필요하며 이를 위해서는 숨은 전제를 찾아서 논증을 타당하게 만들어야 합니다. 일상에서 경험하는 도덕 논증은 자연주의적 오류를 벗어나는 연역 논증으로 재구성해야 합니다.

3) 도덕 논증의 평가

도덕 논증이 자연주의적 오류를 벗어나기 위해서는 형식적으로 전제 가운데 적어도 하나는 도덕적 가치 판단을 담고 있어야 합니다. 우리가 배운 다른 논증과 도덕 논증이 차별화되는 지점입니다. 도덕 논증에서 명제는 일반적인 연역 논증이나 귀납 논증에서 다루는 사실 판단이 아니라 도덕적 가치 판단입니다. 때문에 도덕 논증은 전제로부터 논리적으로 결론이 도출되는지 검토하는 타당성validity뿐만 아니라, 도덕적 가치 판단을 담고 있는 전제를 수용할 만한지 검토하는 건전성soundness 또한 평가되어야 합니다.

자연주의적 오류를 벗어난 도덕 논증이 '이론적·실천적으로 가장 현실성 있는 해답을 제공'하는지 평가하기 위해서는 전제인 사실 판단과 도덕적 가치 판단이 수용할 만한지 검토해야 합니다. 도덕 논증의 전제를 구성하는 도덕적 가치 판단이 참과 거짓의 진리값을 갖지 않는다는 점에서 도덕 논증의 타당성 및 건전성을 평가하려면 논증을 구성하는 전제들 사이가 정합적인지, 전제가 일반 이론과 사회적 인식에 견주어 정합적인지 검토해야 합니다. 도덕적 가치 판단이 우리의 일상 경험이나 사회적 인식과 일치하지 않는다면 그 판단을 의심해볼 수 있습니다.

도덕 논증의 표준적 형태의 전제 1은 사람들이 보통 대부분 수용하는 일반적 도덕 원리general moral principle나 특정 도덕 이론moral or ethical theory에 기반합니다. 전제 2는 논란의 여지 없이 분명한 사실에 대한 기술도 있는 반면, 4) 일반적 도덕 원리를 설명하는 과정에서 제기되는 것처럼 도덕 원리와 연결되어 논란이 많은 사실 판단도 있습니다. 따라서 일반적 도덕 원리와 특정한 도덕 원리에 대한 충분한 이해가 있어야 도덕 논증에 대한 올바른 평가를 내릴 수 있습니다.

4) 일반적 도덕 원리 general moral principle

앞에서 제시했던 개 식용 금지 논란처럼 공통점이 없어 보이는 양쪽 진영의 논증을 분석해보면 양쪽 모두 전제하는 공통점이 있습니다. 이에 대한 분석을 통해 가장 현실성 있는 해답을 모색할 수 있습니다. 양 진영 모두 도덕적 지위를 갖는 존재의 권리를 존중해야 한다는 데 동의합니다. 이러한 공통 부분을 일반적 도덕 원리라고 부릅니다. 일반적 도덕 원리의 몇 가지 예는 아래와 같습니다.

* **자선의 원리:** 어려움에 처한 사람들을 도와라.
* **해악 금지의 원리:** 다른 사람에게 해악을 끼치지 말라.
* **정직의 원리:** 다른 사람을 속이지 말라.
* **자율성의 원리:** 강제하지 말고 자유로운 결정을 존중하라.
* **정의의 원리:** 각자에게 각자의 몫을 주라.
* **효의 원리:** 부모에게 공경하라.
* **인간 생명 존중의 원리:** 인간 생명을 존중하라.
* **인간의 존엄성 원리:** 인간의 존엄성을 존중하라.

일반적 도덕 원리와 논란의 여지가 없는 사실에 대한 기술을 전제로 삼은 도덕 논증은 아래의 예문이 보여주는 것처럼 비교적 쉽게 평가할 수 있습니다.

전제 1　　다른 사람을 속이는 것은 도덕적으로 옳지 않다. (도덕적 가치 판단)
전제 2　　철수가 다른 사람을 속였다.　　　　　　　　(사실 판단)

결론　그러므로 철수는 도덕적으로 옳지 않다.　　　(도덕적 가치 판단)

위의 도덕 논증은 논리적으로 타당하며 일반적 도덕 원리는 논란의
여지가 없는 사실로 볼 수 있다는 점에서 도덕적 판단이 비교적 쉽게
내려질 수 있습니다. 그러나 일반적 도덕 원리는 추상적이어서 해석의
여지에 따라 상반된 판단을 할 수도 있기 때문에 세밀한 도덕적 분석이
필요합니다. 공리주의 철학자인 피터 싱어Peter Singer의 《실천윤리학》
(1979) 중에서 임신 중절에 반대하는 사람의 논증을 살펴봅시다.

전제 1　무고한 인간을 죽이는 것은 그릇된 일이다.

전제 2　인간의 태아는 무고한 인간이다.

결론　　따라서 태아를 죽이는 것(인공 임신 중절)은 그릇된 일이다.

임신 중절을 찬성하는 사람은 '전제 2가 틀렸기 때문에 위 논증을 받
아들일 수 없다. 태아는 아직 인간이라고 볼 수 있는 존재가 아니기
때문이다'라는 반론을 제시할 것입니다. 이러한 반론이 성립한다면
태아는 인간이 아니기 때문에 임신 중절은 무고한 인간을 죽인다고
볼 수 없습니다. 따라서 임신 중절을 반대하는 논증의 설득력이 약화
됩니다.

　이 논쟁에서 임신 중절을 찬성하는 입장과 반대하는 입장은 전제 1
인 일반적 도덕 원리에 대한 이견이 없습니다. 인간 생명의 존엄성 원
리가 일반적인 도덕 원리로 널리 받아들여지기 때문입니다. 그러나 전
제 1과 전제 2의 '인간'을 어떻게 해석하느냐에 따라 임신 중절을 찬
성하는 논변과 반대하는 논변 모두 가능합니다. 전제 1과 전제 2의 '인

간' 개념은 적어도 두 가지 관점에서 해석될 수 있고 이런 해석에 따라 논증에 대한 평가도 달라집니다. 일단 생물학적 관점에서 인간의 형태를 갖추고 인간의 유전자를 가졌다면 인간으로 간주합니다. 또한 도덕적 관점에서는 합리적인 사고가 가능하고 자의식을 가진 도덕적 인격체person라면 인간으로 간주합니다. 만약 인간을 생물학적 관점에서 본다면 임신 중절을 반대할 수 있지만 합리적 근거 없이 단지 인간이라는 이유만으로 옹호한다는 취약한 논증에 기반을 두게 됩니다. 다시 말하면 무고한 생명을 죽이는 일이 그르다는 사실은 인종 문제와 상관없듯이, 동물 중 어떤 종족인가 하는 문제와도 상관없습니다. 인종 차별주의racism가 도덕적으로 정당화될 수 없듯이 종 차별주의speciecism도 도덕적으로 정당화되기 어려우며 따라서 생물학적인 의미에서 인간이라는 이유만으로 인간 생명의 존엄성만 내세우는 것은 인간의 이기주의에 불과합니다.

만약 인간을 도덕적 관점에서 해석하면 태아를 인간으로 볼 수 없다는 입장에 무게가 실립니다. 이는 자의식이나 합리적 사고가 가능하지 않은 인간에 대한 문제를 낳으며 인간으로 인정하기 어려운 상태일 때 문제가 될 수 있습니다. 이를 '경계적 경우의 논변'argument from marginal cases이라고 합니다. 만약 소뇌를 상실하거나 어떤 장애로 합리적 사고를 할 수 없고 자의식이 없지만 인간의 몸과 유전자를 가진 존재에 대해서 인간이 아니라고 주장한다면 다수가 받아들이기 어렵기 때문입니다.

5) 특정한 도덕 원리

앞에서 언급한 임신 중절의 찬반 논변에서 전제 1에 대한 해석의 차이는 특정한 도덕 원리의 차이로 볼 수 있습니다. 도덕적 존재를 쾌고감수 쾌락과 고통을 느끼는 능력 관점에서 규정하는 도덕 원리와 인간 자체라는 관점에서 규정하는 도덕 원리 사이에서는 다른 해석이 나올 수 있습니다. 따라서 도덕 논증을 평가하기 위해서는 다양한 도덕 원리에 대한 이해가 필요합니다. 도덕 논증 평가에 도움이 될 만한 대표적인 이론인 공리주의, 칸트의 의무론, 덕의 윤리를 간략하게 소개합니다.

가) 공리주의

공리주의는 쾌락과 고통이라는 심리적 요인에 기초하여 도덕적 가치를 평가하는 이론입니다. 일반적으로 벤담 Jeremy Bentham이 체계화하고 밀 John Stuart Mill이 완성했다고 평가됩니다. 공리주의는 관계된 모든 존재의 쾌락을 증진할 수 있는 행위가 바람직하다는 공리의 원리 principle of utility를 절대적 기준으로 제시합니다. 이 원리에 따르면 우리는 쾌락이나 행복을 최대화하고 불쾌나 불행을 최소화하는 행위를 추구해야 합니다.

공리주의는 쾌락주의, 결과주의, 보편주의를 토대로 하는 이론입니다. 공리주의는 심리 상태인 쾌락이나 행복을 도덕 판단의 기준으로 제시한다는 점에서 쾌락주의의 성격을 갖습니다. 이런 특성으로 공리주의는 도덕적 존재를 쾌고감수 능력을 기준으로 규정하며 동물도 쾌고감수 능력을 가졌다는 점에서 도덕적 존재로 간주될 수 있습니다.

결과주의는 행위의 속성이나 의도를 도덕 기준으로 삼는 의무론과 달리, 행위의 결과에 따라 도덕적인 옳고 그름을 판단합니다. 결과주의의 한 형태인 공리주의는 최대 다수의 최대 행복을 지향하는 도덕 이론입니다. 예를 들어 살해도 그것이 공리를 증가시켰다면 옳은 행위로 간주될 수 있습니다.

쾌락주의와 결과주의에 토대를 둔 공리주의가 쾌락과 고통을 계산하는 과정에서 특정 존재나 특정 집단의 쾌락과 고통을 우위에 둔다면 이기주의에 불과합니다. 그러나 공리주의는 관련한 모두의 쾌락과 고통을 차별 없이 동등하게 고려하여 평가한다는 점에서 이기주의가 아닌 보편주의입니다.

우리는 어떤 판단을 내릴 때 일반적으로 여러 가능성 중에서 결과적으로 얻게 될 이익과 손실을 분석the cost-benefit analysis하여 합리적 선택을 내립니다. 이런 점에서 공리주의는 현대인의 사고방식에 널리 퍼져 있습니다. 그러나 행위의 결과에만 주목한다는 점에서 공리주의는 과정에서 초래될 수 있는 부도덕한 행위를 허용한다는 비판이 제기될 수 있습니다. 공리주의는 사회의 이익이 된다면 일부 구성원의 권리가 침해되는 경우를 허용할 수 있기 때문입니다. 또한 공리주의는 쾌락과 고통이라는 심리적 요인에 의존하는데, 쾌락과 고통을 어떻게 객관화할 수 있을지 의문스럽습니다. 누군가에게 작은 고통이 누군가에겐 엄청난 고통이 될 수 있는 것처럼 심리적 요인은 주관적이기 때문입니다.

또한 공리주의는 보편주의라는 특성에 맞출 때 해당 사안과 관련된 사람의 범위를 어디까지 정할지 불분명합니다. 환경 문제에 대한 공리주의적 판단을 내릴 때 현세대에만 국한하여 공리를 계산할지 아니면 미래 세대를 포함할지에 따라 공리적 판단이 달라질 수 있습니다.

나) 칸트Immanuel Kant의 의무론

공리주의가 행위의 결과를 중시했다면 칸트의 의무론은 행위의 동기를 중시한다는 점에서 대비됩니다. 칸트는 행위의 옳고 그름을 결정하는 것은 행위의 결과가 아니라 오직 행위를 낳은 최종 동기인 의지, 즉 언제나 선한 '선의지'뿐이라고 주장합니다. 칸트는 무조건적으로 선한 것은 자연의 인과 법칙에 영향을 받지 않는 도덕 법칙 뿐이라고 말합니다. 이런 의미에서 선의지는 도덕 법칙을 따르려는 의지를 뜻합니다.

칸트가 말하는 도덕 법칙은 우리가 자율적으로 결정할 수 있음을 의미합니다. 칸트에게 자유로운 행위 또는 자율적인 행위는 자연 법칙인 인과 법칙을 벗어난 행위입니다. 우리가 목이 말라 물을 마신다면 이는 갈증이라는 욕구에 복종한다는 의미에서 자율적 행위가 아닙니다. 칸트는 욕구, 욕망, 이익, 환경 등 인과 법칙에 근거한 행위를 타율적 행위라고 말합니다. 따라서 칸트는 쾌락이나 행복의 극대화를 지향하는 공리주의는 타율에 근거한 비도덕적 행위라고 비판합니다.

칸트는 인간이 인과 법칙이 지배하는 자연의 세계가 아닌 인과 법칙을 벗어난 도덕과 당위의 세계인 '목적의 왕국'의 구성원이라는 점에서 자율적이며 존엄한 존재라고 평가합니다. 자율적 존재인 인간이 자신에게 부여하는 도덕 법칙은 무엇일까요? 칸트의 의무론에 의하면 도덕 법칙은 먼저 형식적으로 보편화될 수 있어야 합니다. 즉 도덕 법칙은 '네 의지의 준칙이 보편 법칙이 되기를 네가 원할 수 있는 그런 준칙에 따라서만 행위하라'는 명령을 만족해야 합니다. 또한 이러한 보편화 가능성이라는 형식적 조건을 만족하는 원칙은 인간의 존엄성을 존중해야 합니다. 즉 '당신이나 다른 사람들의 인간성을 한갓 수단으로만 대하지 말고 항상 동시에 목적으로 대우하라'는 명령을 만족해야 합니다. 이러한 과정을 통과한 준칙은 도덕 법칙이 될 수 있습니다. 칸트는 예시를 통해 도덕 법칙이 될 수 있는 몇 가지 원칙을 제시합니다. 칸트에 따르면 '살인하지 말라', '거짓말하지 말라'와 같은 원칙은 보편화 가능성과 인간의 존엄성 과정을 통과한 도덕 법칙이 될 수 있습니다.

칸트의 의무론은 인과 법칙을 벗어난 도덕 법칙을 추구하기 때문에 어떠한 상황이나 조건에 좌우되는 도덕이 아닌 무조건적인 도덕 법칙을 제시합니다. 이러한 엄격성은 칸트의 의무론이 갖고 있는 장점인 동시에 비판의 대상이 되기도 합니다. 이타적인 동기에 입각한 선의의 거짓말이 필요한 상황에서도 칸트는 거짓말하지 말라고 주장하는데 이는 현실적이지 못한 논의로 보이기 때문입니다.

다) 덕의 윤리

앞에서 고찰한 공리주의와 칸트의 의무론이 행위 중심 논의라면 덕의 윤리virtue ethics는 행위자 중심의 논의입니다. 덕의 윤리는 어떤 행위가 옳고 그른가보다는 어떤 행위자의 성품이 유덕하고 바람직한가에 더 관심이 있습니다. 덕의 윤리 옹호자에게는 행위자가 살인을 하는가 안 하는가라는 행위 중심 논의보다는 행위자가 누군가를 미워하는가 미워하지 않는가 하는 성품이 더 중요하고 근본적입니다. 때문에 행위자 중심적 논의인 덕의 윤리가 더 근원적 도덕이라고 주장합니다.

덕의 윤리는 아리스토텔레스의 《니코마코스 윤리학》에서 제시됐습니다. 아리스토텔레스에 따르면 인간은 덕virtue을 갖춰야 행복해질 수 있다고 말합니다. 아리스토텔레스는 《니코마코스 윤리학》에서 덕을 과도와 결핍의 중간인 '중용'mean이라고 설명하며, 이러한 중용은 산술적 평균이 아니라 최적의 상태를 의미하기 때문에 오랜 숙고와 훈련이 필요하다고 주장합니다.

용기라는 덕은 비겁과 만용 사이에 있으며 어떤 상황에서는 도망가는 것이 용기일 수 있고 어떤 상황에서는 맞서는 것이 용기일 수 있습니다. 이런 덕의 윤리는 공리주의와 칸트의 의무론이 우세한 근대에는 주목받지 못했습니다. 하지만 20세기 중반에 들어서 현대 사회의 다양한 문제에 대해서 행위 중심 논의가 근본적인 대안을 제시하지 못하자 다시 주목받고 있습니다.

덕의 윤리는 행위의 원천이 되는 행위자에 주목해 그의 성품을 논한다는 점에서 근본적인 도덕입니다. 그러나 과연 무엇이 덕인지 명시하기 어렵고 도덕 상대주의를 허용한다는 점에서 규범의 역할에 충실하지 못하다는 비판에 직면합니다. 행위자의 성품만으로 현대 사회의 다양한 도덕 문제에 대응할 수 있는지에 대한 비판 또한 제기됩니다.

1. 다음 명제 중 참과 거짓을 가려보세요.

① 도덕에 대한 논쟁은 어떠한 해결도 낼 수 없다.

② 모든 가치 판단은 도덕 판단이다.

③ 사실 판단에서 가치 판단이 도출될 수 있다.

④ 공리주의는 옳고 그른 행위 판단의 기준으로 동기보다는 결과를 중시한다.

⑤ 덕의 윤리는 행위보다 행위자 중심 논의이다.

2. 사실 판단과 가치 판단을 구분하세요.

① 철수가 거짓말을 한 것은 잘못이다.

② 네가 바쁜 와중에도 할머니를 도운 것은 잘했다.

③ 의사들은 생체 실험에 참여하지 말았어야 했다.

④ 민주주의를 위해 독재 타도를 외친 것은 올바르다.

⑤ 철수는 영희에게 거짓말을 했다.

▶▶

3. 다음의 예가 도덕 논증인지 아닌지를 판단하고 도덕 논증이라면 결론을 찾아보세요.

① 살인해서는 안 된다. 임신 중절은 살인이다. 따라서 임신 중절을 해서는 안 된다.

② 모든 사람은 죽는다. 소크라테스는 사람이다. 따라서 소크라테스는 죽는다.

③ 다른 사람에게 폭력을 행사해서는 안 된다. 그런데 체벌은 다른 사람에게 폭력을 행사하는 것이다. 따라서 체벌은 금지되어야 한다.

④ 강아지를 이유 없이 구타하는 것은 학대다. 강아지 학대는 비도덕적이다. 따라서 강아지를 이유 없이 구타하는 행위는 금지되어야 한다.

⑤ 말기 환자가 연명 치료로 고통을 받는다면 그 치료는 환자의 이익을 옹호하는 행위가 아니다. 따라서 말기 환자의 연명 치료는 금지되어야 한다.

4. 다음 논증 가운데 자연주의적 오류가 있는 논증을 선택하고 이를 타당한 논증으로 만들기 위해 추가할 전제를 써보세요. 오류가 없는 논증은 전제를 추가할 필요가 없습니다.

1) 선진국에 살고 있는 사람들은 가난한 나라의 사람들을 위해 해외 원조에 적극적으로 참여해야 한다. 아직도 전세계 인구의 약 5분의 1이 빈곤 상태다.
   ① 오류 논증인가?
   ② 오류 논증이라면 추가해야 할 전제는 무엇인가?

2) 어제 신문에 따르면 지역구 국회의원인 철수가 뇌물을 받았다. 따라서 그는 국회의원직을 그만 두어야 한다.
   ① 오류 논증인가?
   ② 오류 논증이라면 추가해야 할 전제는 무엇인가?

3) 그들이 위험에 처해서 우리에게 도움을 요청했다. 우리는 당연히 그들을 도와주어야만 했다.
   ① 오류 논증인가?
   ② 오류 논증이라면 추가해야 할 전제는 무엇인가?

4) 사형제는 강제로 다른 사람의 목숨을 뺏는 행위이다. 다른 사람의 목숨을 뺏는 어떤 행위도 해서는 안 된다. 따라서 사형제는 폐지되어야 한다.
   ① 오류 논증인가?
   ② 오류 논증이라면 추가해야 할 전제는 무엇인가?

5. 다음 도덕 논증에서 암시된 도덕 원리를 보충해 보세요.

① 그들이 위험에 처해서 우리에게 도움을 요청했다. 우리는 당연히 그들을 도와주어야 했다.

② 사형 제도는 강제로 다른 사람의 목숨을 뺏는 행위이다. 다른 사람의 목숨을 뺏는 어떤 행위도 해서는 안 된다. 따라서 사형 제도는 폐지되어야 한다.

③ 인간 복제는 도덕적으로 나쁜 행위이다. 인간 복제는 자연의 섭리를 위배하는 행위이기 때문이다.

더 깊은 토론을 위한 참고 자료

★ 데이비드 흄 지음, 이준호 옮김, 《인간 본성에 관한 논고 3: 도덕에 관하여》, 서광사, 2008

《A Treatise of Human Nature》은 데이비드 흄(1711~1776)이 20대에 쓴 첫 저서로, 1738년 말부터 1740년까지 총 세 권으로 출판됐습니다. 세 권 모두 국내에 번역되어 출간됐습니다. 인용문에 사용한 부분은 3권인 《A Treatise of Human Nature, Book III: Of Morals》를 직접 번역한 글입니다. 흄은 영국 스코틀랜드 출신의 철학자, 역사학자, 경제학자입니다. 당시 영국의 경험주의를 완성시켰다고 평가받았으며 애덤 스미스(Adam Smith)와 함께 스코틀랜드 계몽주의를 대표하는 인물입니다. 흄의 《인간 본성에 관한 논고》는 '1부 오성에 대해서', '2부 정념에 대해서', '3부 도덕에 대해서'로 구성됩니다. 흄은 이 저서에서 경험적론 방법을 통해 과거 인식론의 토대로 간주되는 이성을 비판하여 인과의 객관성을 부정하고 인간 정신의 다른 측면인 정념의 가치를 재고하였으며, 이를 통해 도덕의 토대를 제시하고자 했습니다.

DISCUSSION CLASS

논리적으로 주장하는 글쓰기

: 학술 에세이와 발표문 작성법

토론 준비, 이렇게 합니다

수업을 시작하며

    비판적 사고와 토론을 위한 발표문은 학술 에세이 형식을 갖추어야 합니다. 학술 에세이는 대학 수업의 가장 대표적인 과제로 어떤 문제에 대한 필자의 견해를 제시하는 글입니다. 학술적 연구 논문이 대표적입니다.

    학술 에세이를 쓰기 위해서는 어떤 주제에 대해 정립된 주제 즉, 쟁점을 명료화해야 합니다. 이 쟁점은 최소한 학술적인 가치를 가져야 합니다. 학술적인 글쓰기는 책상에 앉아서 온갖 아이디어를 짜내는 창작과는 다릅니다. 어떤 주제가 논의되는지, 어떤 쟁점이 어떻게 연구되었는지, 나는 어떤 문헌을 학습하여 어떤 쟁점을 정립할지, 그 정립된 쟁점을 어떻게 주장하고 증명할지, 증명하기 위해 어떤 문헌을 인용하거나 제시할지 등 사실상 기존 연구에 대한 충분한 학습이 필요합니다. 따라서 학술적 에세이를 쓰기 위해서 가장 중요한 것은 기존 연구의 탐구입니다.

이를 위해서는 읽기가 선행되어야 합니다. 학술 에세이는 어떤 주제의 쟁점에 대해 어떤 논의가 이루어졌거나 현재 이루어지고 있는지, 기존 논의가 해결하지 못한 문제점, 더 나은 해결책, 기존 논의가 간과한 내용 등을 상세한 설명과 치밀한 논증을 통해 제기해야 합니다. 기존 연구 또는 연구 대상이 되는 주제를 최초로 제기하거나 중요한 논의를 전개한 고전에서 시작해도 좋습니다. 이러한 읽기를 통해 발표자는 어떤 주제에 대한 쟁점을 발견할 수 있습니다.

연구 주제 선정 및
에세이 작성 과정

★ **논제 결정:** 어떤 주제에 대해 어떤 입장에서 어떻게 주장할지 결정.

★ **쟁점 정립:** 논제에 대한 어떤 점을 주장할지 명제로 표현.

★ **논증 구성 및 검토:** 정립된 쟁점을 지지하는 근거를 제시하고 논증의 타당성 등을 검토.

★ **문헌 및 자료 수집과 학습:** 논증을 위한 각종 증거를 비판적으로 학습하고 정리.

★ **본 논증 구성:** 문헌 및 자료 학습 후 논증을 더 정교하게 수정 보완.

★ **발표문 작성:** 구성된 논증과 증거를 기반으로 학술적 형식을 띤 발표문으로 작성.

1) 연구 주제 선정

학술 에세이의 주제는 학술적인 가치가 있어야 합니다. 이는 다양한 학문과 사회적 논의의 주제로 적합해야 한다는 의미입니다. 또한 관련 주제에 대한 기존 연구를 충분히 참고할 수 있어야 합니다. 학술 에세이는 개인 취향이나 유명인의 사생활과 관련된 글쓰기가 아닙니다. 창작도 아닙니다. 학술적으로 논의 가치가 있는 이론이나 사회에 영향력을 미치는 중요한 공적인 문제에 대해 기존 연구를 참고로 자신의 논의를 펼쳐 나가야 합니다. 관련 주제는 대학 및 공공 도서관 홈페이지, RISS, 구글Google 학술 검색 등을 활용하면 좋습니다. 연구 주제를 선정하기 위해서는 고전에서 주요하게 다루는 주제를 전문 학술 사이트에서 검색하여 지금까지 어떤 연구가 진행되고 있는지 알아보면 됩니다.

① 문헌 선정 방법: 도서관, RISS, 구글 학술 검색 등 학술 전문 검색 사이트 접속 후 키워드 검색(예: 자유, 과학, 사형제 등)
② 검색된 자료 중 초록(abstract)을 읽고 어떤 쟁점에 대해 어떤 논의를 하는지 확인
③ 해당 논문의 참고문헌 목록을 통해 어떤 논문이 관련됐는지 참고
④ 관련 주제나 쟁점에 대한 논문을 최대한 확보

2) 논제와 쟁점 정립

주제가 결정되었다면 구체적인 논제를 결정해야 합니다. 토론을 위해서 주제에 관한 모든 내용을 다루는 학술적 에세이를 쓰는 건 바람직하지 않습니다. 사형제를 연구 주제로 결정했다면 구체적으로 어떤 쟁점을 어떻게 주장할지 내용을 좁혀가야 합니다.

논제는 일반적으로 사실 논제, 정책 논제, 가치 논제로 구분됩니다. 토론을 위한 논제는 찬·반으로 구분될 수 있지만 항상 그럴 필요는 없습니다. 사건의 원인이 무엇인지, 미래에 예측할 수 있는 사건에 대한 근거는 무엇인지 토론하는 경우, 반드시 찬·반의 쟁점이 대립하지 않습니다. 하지만 정책 논제나 사실 논제는 대부분 찬·반 입장이 분명하게 구분됩니다.

가) 사실 논제 정립 방법

사실 논제는 어떤 주제가 사실인지 아닌지에 관한 것입니다. 주로 법정에서 따져보는 문제나 역사학 또는 경제 이슈에 관한 예상 등입니다. 어떤 사실이 일어났는지, 일어날지, 또 그 사실의 원인은 무엇인지, 결과는 무엇인지 등에 관한 주제는 모두 사실 논제입니다. 사건이나 사태에 대한 평가나 분석 또는 해석과 관련된 논제일 경우 찬반의 쟁점 대립보다 서로 다른 근거를 제시하는 토론이 적절합니다. 사망 사건에 대해 결정적인 사망 원인이 무엇인지 논쟁하는 재판에서는 양측의 논증적 대립으로 진행됩니다. 역사적 사건도 그 원인이 무엇인지에 대한 근거가 다른 논증과 대립합니다. 물론 양측은 상대측의 논증에 대한 반대 또는 반박 사례를 들어서 토론에 임할 수 있지만 사건의 원인에 대한 자신의 논증을 주도적으로 제시해야 합니다.

향후 경제 상황에 대한 예측을 논제로 토론하는 경우에도 이와 유사한 토론이 진행됩니다. 논의 사례를 보면 '흡연은 폐암의 원인이다'라는 논제에 대해서 인과 관계에 관한 논증과 사례, 통계 등이 동원될 수 있습니다. '원전 사고는 정부의 책임이 있다'는 논제에 대해서 단순한 사고인지 관리 부실인지 부패 문제인지 등 논점이 제기될 수 있습니다. 또한 '부동산 가격 상승의 주된 요인은 공급 부족이다'라는 논제에 대해서는 거시·미시 경제적 분석, 시장의 상황, 인간의 욕망 등이 다루어질 수 있습니다.

나) 정책 논제 정립 방법

정책 논제는 현재 상황에 대한 문제 제기로 시작합니다. '현 상태'status quo라는 개념이 매우 중요합니다. 정책 논제에는 어떤 정책 시행의 문제점에 대한 지적, 또는 어떤 정책이 시행되어야 하는 상황 인식 등 현 상태를 변화시키기 위한 정책 제안, 수정, 도입이나 거부 또는 현 정책에 반대, 철회, 폐지 등이 담겨 있습니다. 국회나 정부의 행정기관 또는 사법부 그리고 지방자치 단체 등에 도입하거나 시행 중인 모든 정책에 관한 찬성·반대, 폐지, 거부, 도입 제안이나 제안에 반대하는 일도 관련이 있습니다. 여성 할당제, 징병제와 모병제, 기회 균등 입학 전형, 최저임금제 등 광범위한 주제가 여기에 해당합니다.

통상 논쟁에서 현 상태의 입장을 기존 입장default position이라고 합니다. 3월 학기를 시행하는 우리나라에서 9월 학기로 바꾸자는 주장이 제기된다면 3월 학기를 주장하는 측이 기존 입장이고 9월 학기를 주장하는 측이 찬성 입장입니다. 정책 논제에서는 일반적으로 기존 입장이 반대 측입니다. 찬성 측은 반드시 구체적인 정책이나 대안을 주장해야 합니다. 반대 측이 어떤 정책이나 대안을 제시해야 하는 것은 아닙니다.

만일 찬성 측이 제대로 설득하지 못하면 제안된 정책이나 대안은 받아들여지지 않습니다. 무승부라면 반대 측이 승리했다고 판단합니다. 찬성 측의 제안이 설득하는 데 실패했기 때문입니다. 그들의 제안이 기존 정책보다 낫다고 충분히 증명하지 못하면 정책을 바꿔야 할 이유가 없습니다.

다) 가치 논제 정립 방법

가치 판단은 주로 좋다/나쁘다, 옳다/그르다, 아름답다/아름답지 않다, 바람직하다/바람직하지 않다 같은 평가적 개념입니다. 가치 논제는 정책 논제와 면밀하게 구분될 수 없습니다. 다만 정책 논제가 현 상태에 대한 문제 인식에서 시작해 주로 사회 정책에 대한 수정, 폐지, 도입 등에 관한 판단이라면 가치 논제는 어떤 주제이든 가치 판단을 수반한다고 볼 수 있습니다. 즉, 가치 논제는 현 상황에 대한 문제 인식과 무관하게 어떤 주장이 옳거나 그르다는 평가입니다.

정책 논제는 현 상황에 대한 문제 제기와 함께 대안을 제시해야 합니다. 단순히 문제 제기에 그치는 것이 아닌, 현 상황에 대한 문제 제기와 함께 가능한 대안을 제안해야 합니다. 정책 논제인 여성 할당제에 대한 찬반 논쟁에서 여성 할당제가 옳다 또는 그르다는 쟁점으로 토론한다면 그 자체로 가치 논제입니다. 이런 결정에는 정책 논제에 대한 가치 판단이 필요합니다.

표현의 자유, 예술의 한계, 언론의 자유 등이 무제한적인지 아닌지에 대한 문제도 가치 논제에 해당합니다. 그러나 여성 할당제를 도입할 때 어떤 비율로 도입할지, 어떻게 결정할지는 정책 논제 쪽에 가깝습니다. 물론 연구 주제가 반드시 한 가지 논제로만 결정되지는 않습니다. 예를 들어 사형제는 가치·정책·사실 논제 중 다양한 방면으로 다루어질 수 있습니다.

> ★ **가치 논제:** 사형제는 도덕적으로 그르다.
> ★ **사실 논제:** 사형제는 강력 범죄의 억제 효과가 있다.
> ★ **정책 논제:** 사형제는 폐지되어야 한다.

사형제에 관한 이러한 논제는 각각 토론 주제가 될 수 있습니다. 사형제는 폐지되어야 한다는 논제에 대해 가치 논제와 사실 논제가 근거로 제시될 수도 있습니다. 그럴 때는 가치 논제와 사실 논제 각각에 대한 부수적인 논증이 반드시 제시되어야 합니다.

라) 토론을 위한 쟁점 정립하기

쟁점은 선택된 논제에 대한 더욱 구체적인 문장, 분명한 입장이 담긴 명제로 표현되어야 합니다. 쟁점이 분명해야 효과적인 학술 토론이 가능합니다. 논제는 일치하지만 쟁점이 불일치하면 곤란합니다. 논제로 여성 할당제가 결정되었다면 그 자체로는 토론이 어렵습니다. 여성 할당제의 어떤 점을 토론할지 쟁점이 형성되지 않았기 때문입니다. 한쪽에서 여성 할당제의 정당성을 주장하고 다른 측에서 여성 할당제의 적정 비율에 관한 주장을 한다면 일치하는 논쟁점이 없으므로 토론이 불가능합니다. 따라서 논제에 대한 쟁점을 일치시키는 것이 중요합니다.

쟁점은 명료한 문장으로 표현해야 하며 복수 쟁점을 한 문장에 담아선 안 됩니다. 개념이나 문장은 구체적이어야 하며 모호하면 안 됩니다. 편향되거나 가치중립적이지 않은 문구는 피해야 합니다. 가능하면 짧은 문장으로 표현하고 한 문제만 다루어야 합니다. 또한 질문문이 아니라 주장을 담고 있는 평서문으로 표현해야 합니다. 예를 들어 '촉법소년법을 폐지해야 한다'는 정책 논제는 분명한 쟁점을 형성하지 못합니다. 찬성 측은 문제점을 지적하고 대안이 되는 방안을 제시해야 합니다.

단지 현재의 문제를 지적한다고 해서 정책 변화의 정당성을 증명할 수는 없습니다. 대안 정책이 현재 정책보다 더 낫다고 증명해야 합니다. '미성년 범죄자의 처벌을 강화해야 한다'도 쟁점으로 삼기에는 구체적이지 못합니다. 촉법소년법을 폐지하자는 말인지 그 법의 처벌을 강화하자는 말인지 구체적으로 표명되지 않았기 때문입니다. '미성년 범죄자는 형법에 의거하여 처벌해야 한다'라는 정책 논제는 구체적인 제안입니다.

3) 연구 문헌 학습하기

앞서 다루었던 논제와 쟁점 정립은 연구 조사를 통해 검색한 문헌을 읽고 학습하는 과정에서 자연스럽게 이루어집니다. 연구 문헌 학습, 논제와 쟁점의 정립은 순차적인 과정이 아니라 동시에 일어납니다. 주제에 관한 이해, 논제와 쟁점 정립은 반드시 연구 문헌에 관한 독서와 함께 진행되어야 합니다.

연구 문헌 하나만 확실히 학습해도 그 문헌의 주석 또는 인용을 통해 추가 연구 문헌을 알 수 있습니다. 관련 주제에 대한 학습을 넓혀가면 논제와 쟁점에 대해 더 분명히 이해할 수 있습니다. 또한 기존 연구가 잘못 다루고 있는 것, 충분히 다루지 않는 것, 또는 기존 연구의 개선점 등을 발견하면 그 자체로 좋은 연구 주제가 될 수 있습니다.

연구 문헌의 충분한 학습과 수집은 토론을 위한 무기입니다. 믿을 만한 연구 문헌은 토론에서 주장을 증명하거나 상대방의 주장을 논박하는 데 믿고 사용할 수 있습니다. 믿을 만한 학술 문헌은 전문가가 확립한 정확한 지식과 객관적이고 비판적인 논의를 담고 있습니다. 양질의 문헌을 많이 확보하고 충분히 학습한다면 토론을 잘 준비할 수 있습니다. 신빙성이 없는 자료는 언제든 믿을 만한 연구 자료를 통해 반박되며 충분한 연구 자료가 없는 토론은 깊이가 없으며 임기응변식 말주변에 의존할 수밖에 없습니다.

가) 연구 조사

학술 에세이는 연구 조사에서 시작합니다. 그래야 연구자의 학문적 깊이가 더해지며 더 좋은 학술 에세이를 쓸 수 있습니다. 어떤 문제를 어떻게 다루어야 하는지, 쟁점이 어떻게 구분되는지, 쟁점을 어떻게 보완하고 더 정교하게 다룰 수 있는지 등은 모두 연구 조사를 통해 이루어집니다. 가능하면 검색한 문헌을 정독하고 관련 문헌을 많이 학습하는 것이 좋습니다. 그러나 기존 연구를 모두 학습한다고 해서 학술 에세이가 완성되지 않습니다. 여기에 자신의 생각, 주장, 근거 등이 추가되어 자신만의 학술 활동이 이루어져야 고유한 결과가 도출됩니다.

나) 자신의 주장을 지지하는 문헌 확보하기

다음엔 기존 연구 조사를 통해 자신의 생각을 정립하고 주장을 지지하는 추가 문헌을 확보해야 합니다. 이 과정에서 문헌 내용을 비판적으로 평가하고 자신의 논증을 지지하는 데 유용한지 결정합니다. 또한 추가 문헌 학습을 통해 논증이 어떤 반박의 여지가 있는지, 어떻게 더 좋은 논증으로 개선할 수 있을지 도움을 얻을 수 있습니다. 추가 문헌 학습을 통해 기존 입장이 더 나은 방향으로 개선될 수도 있지만 자신의 생각을 수정하거나 포기해야 할 수도 있습니다. 어떤 방향이든 많은 문헌 학습은 생각을 발전시킬 수 있는 가장 좋은 방법입니다.

4) 논증 구성

문헌 학습이 충분하다면 자신의 생각을 논증 형태로 만들어야 합니다. 학술 연구와 그에 바탕한 토론은 기본적으로 명료한 문장으로 논증을 제시해야 합니다.

가) 논증 구성의 절차

먼저 예비 논증을 구성해야 합니다. 가장 좋은 학문적 태도는 어떤 입장도 결정되지 않은 상태에서 자료를 충분히 학습하여 최종 입장과 논증을 결정하는 것입니다. 하지만 토론을 위한 입장을 정해놓았다면 자신의 입장에 대한 자료를 위주로 학습하는 것이 좋습니다.

논증은 자료를 학습한 후 구성하거나 논증을 구성한 후에 자료를 확보해도 됩니다. 전자가 바람직하지만 시간과 노력이 많이 듭니다. 편의

상 후자의 전략을 선택할 수도 있습니다. 후자는 원하는 자료를 바로 추적해서 확보할 수 있습니다. 전략을 먼저 세우고 필요한 것을 확보하는 방법입니다. 그러나 가장 바람직한 학술적인 방법은 전자입니다. 후자에 비해 더 많은 자료를 학습해 더 포괄적이고 심층적인 견해를 형성하고 이해할 수 있습니다.

예를 들어 '사형제는 폐지되어야 한다'는 논제를 가지고 찬반 토론을 하는 경우, 양측은 각자의 예비 논증을 다음과 같이 구성할 수 있습니다.

—— **찬성**

주장 사형제는 폐지해야 한다.

근거 1 사형제는 실질적인 범죄 예방 효과가 없다.

근거 2 사형제의 응보적 개념은 비일관적이다.

근거 3 사형제는 국가가 저지르는 또 다른 살인이다.

—— **반대**

주장 사형제는 유지해야 한다.

근거 1 사형제는 범죄 예방 효과가 크다.

근거 2 사형제는 응보의 개념을 충족시킨다.

근거 3 극악무도한 강력 범죄자를 사회에서 영원히 격리시키는 가장 효율적인 방법은 사형이다.

여기서 근거 1, 2, 3은 주장을 지지하는 작은 주장입니다. 근거 1, 2, 3이 다른 근거를 통해 입증되(어야 하)는 근거이기 때문입니다. 이처럼 다른 근거를 뒷받침하는 동시에 주장을 직접 뒷받침하는 문장을 '소주장'이라고 합니다. 소주장을 적용해서 사형 제도의 반대 논증을 도식화해보면 다음과 같습니다.

★ 소주장 1

사형제는 범죄 예방 효과가 크다.   ← 근거 1', 2' ⋯ : 텍사스 사례, ⋯

★ 소주장 2

사형제는 응보의 개념을 충족시킨다.   ← 근거 1', 2' ⋯ : ⋯

★ 소주장 3

극악무도한 강력 범죄자를 사회에서 영원히 격리시키는 가장 효율적인 방법은 사형이다.   ← 근거 1', 2' ⋯ : ⋯

★ 주장: 사형제는 유지해야 한다.

'사형제는 유지해야 한다'는 주장을 정당화하기 위해 그것을 직접 뒷받침하는 근거로 소주장을 찾아서 위와 같이 구성합니다. 그런 다음 각각 소주장이 어떻게 정당화될 수 있는가를 살펴야 합니다. 소주장 1처럼 사형 제도에 범죄 예방 효과가 정말로 있다고 밝혀지면 많은 사람이 위 주장에 동의할 것입니다.

소주장 1을 정당화하기 위해서는 사형 집행이 실제로 범죄를 억제한다는 통계 자료를 찾아서 근거 1'로 제시하면 됩니다. 사형 집행을 중단했다가 다시 시행한 미국의 텍사스 주 자료가 많이 언급되곤 합니다. 텍사스 주에서 사형 집행을 중단했던 1981년, 살인사건이 701건 발생하며 살인 범죄율이 높아졌습니다. 그러자 텍사스 주는 1982년에 사형 집행을 재개했습니다. 그 결과 1996년에는 살인사건이 261건 발생했고 1981년에 비해 살인 범죄율이 63% 감소했습니다.

이렇게 텍사스 사례를 통해 소주장 1이 정당화되면 소주장 1에 근거해 최종 주장, 즉 '사형제는 유지되어야 한다'는 주장이 정당화됩니다. 물론 위의 논증은 소주장 2와 소주장 3을 각각 뒷받침하는 근거 1′, 2′ 등을 충분히 제시하면 완성됩니다. 이렇게 소주장을 뒷받침하는 근거를 찾는 일은 쉽지 않습니다. 인터넷 검색을 통해 근거를 찾는 것도 도움이 되겠지만 좀 더 면밀하고 정밀한 조사와 연구를 통해 수많은 근거를 확보한 책의 도움을 받는 것도 좋습니다.

나) 논증 검토

논증 구성은 집을 지을 때 가장 중요한 설계도와 같습니다. 설계 과정에서 착오가 없어야 제대로 된 집을 완공할 수 있는 것처럼 논증 구성 과정에서 오류가 없어야 학술 에세이와 토론을 올바르게 수행할 수 있습니다. 설계도를 확정하기 전에 여러 문제점을 발견하고 수정하는 것처럼 논증을 완성하기 전에 문제점을 검토하고 수정합니다. 보통 논증을 검토할 때는 다음과 같은 기본 질문을 적용합니다.

★ 논증은 타당한가? 아니면 설득력이 있나?

★ 논증의 전제를 모두 받아들일 수 있을까?

★ 전제를 지지하는 적절한 증거를 확보할 수 있나?

★ 예상되는 반론에 적절하게 대응할 수 있을까?

★ 가능한 반례는 없는가? 있다면 어떻게 논증을 유지할 수 있을까?

연역 논증형식적 논증이든 귀납 논증비형식적 논증이든 자유롭게 구성할 수 있습니다. 연역 논증과 귀납 논증을 부분 논증으로 함께 사용하여 큰 논증을 구성할 수도 있습니다. 이때 주의할 점은 첫째, 어떤 경우든 논증은 연역적으로 타당하거나 귀납적으로 설득력이 있어야 합니다. 그렇지 않다면 수정하거나 과감하게 포기해야 합니다. 둘째, 사용한 전제에 거짓이 없어야 합니다. 전제가 모두 확정된 참일 필요는 없으며 전제의 참을 가정하는 데 모순이 없으면 됩니다. '코로나19가 없었다면 세계 경제는 인플레이션을 겪지 않았을 것이다'라는 논증은 코로나19 사태가 없었다는 거짓 전제를 사용하는 것이 아닙니다. 전제는 반사실이지만 이런 가정을 하는 데 모순은 없습니다. 따라서 이 논증은 건전성을 위반하지 않았습니다. 그러나 '인류가 달에 간 것은 거짓이기 때문에 과학자와 정치인을 믿을 수 없다'는 논증은 명백히 거짓인 전제를 사용했기 때문에 건전성을 위반했습니다. 만일 전제 중 하나라도 진실성이 의심받는다면 논증 전제가 흔들리며 상대방의 반론을 견디기 어렵습니다.

셋째, 증거 자료가 제시되지 않은 전제는 항상 질문의 대상이 됩니다. 증거 자료는 사실에 근거한 자료, 통계 자료, 전문가의 견해 인용 등입니다. 넷째, 예상 반론에 대해 적절하게 답할 수 있는지를 검토해야 합니다. 다섯째, 주장이나 근거 각각에 대한 반대 사례가 없는지, 있다면 그 반례를 어떻게 설명할 수 있는지 등을 고민해야 합니다. 마지막으로 논증에서 사용하는 개념이 애매하거나 모호해선 안 됩니다. 논제와 쟁점이 정립되기 위해서는 주요 개념에 대한 공통 이해가 필요합니다. 모든 개념에 대한 이해가 동일하다면 개념을 정의할 필요가 없지만 어떤 개념에 대한 이해가 서로 다르다면 토론은 공전空轉하게 됩니다.

예를 들어 전염병 발생 시 해외 입국자 제한 문제에서 '해외 입국자'가 정의되지 않으면 토론은 헛일이 됩니다. 해외 입국자가 외국인인지, 단지 외국에서 입국하는 사람인지, 외국에서 입국하는 외국인과 내국인을 모두 포함하는지 정해야 합니다. 우리나라에서도 한때 이러한 논란이 있었지만 해외 입국자 중 내국인이 적지 않다는 사실이 알려지면서 논쟁은 곧바로 사라졌습니다. 더 이상 논란이 될 필요가 없는 사안이었기 때문입니다. 누구도정부조차도 내국인의 입국을 막을 권한이 없기 때문입니다.

다) 논증 보완하기

참고 문헌 및 증거 자료를 학습했다면 이제 논증을 위해 제시할 수 있는 효과적인 증거가 있는지 검토해보아야 합니다. 만일 논증이 타당하거나, 설득력 있고 그에 대한 증거 자료를 충분하게 제시할 수 있다면 크게 수정하지 않아도 됩니다. 논증에 추가할 수 있는 근거가 있다면 논증을 변화시킬 수 있습니다. 그러나 논증을 위한 증거가 빈약하거나 효과적인 증거를 제시하기 어렵거나 또는 반대 증거가 많다면 논증을 수정·보완해야 합니다. 이런 논증 보완은 에세이를 탈고할 때까지 계속해야 합니다.

5) 에세이 작성

가) 증거 자료 검증 및 분석

구성된 논증이 큰 틀에서 문제가 없다면 논증을 지지하는 증거를 확보해야 합니다. 증거는 다양하게 존재합니다. 증거는 객관성을 갖는 신념이나 도덕적 가치 등 무형일 수 있습니다. '누군가에게 고통을 주는 것은 옳지 않다'는 믿음이나 가치는 동물 학대를 반대하는 증거가 될 수 있습니다. 과학적 증거나 통계 자료 등 공적 문서 혹은 전문가의 견해도 증거입니다. 사실을 확인할 수 있는 물적 증거나 누구나 인정하고 알고 있는 사실 증거도 있습니다.

증거에 대한 보조 증거도 필요합니다. 보조 증거는 증거에 대한 신뢰성에 의문이 제기될 경우 제시할 수 있습니다. 보조 증거는 '증거에 대한 증거' 역할을 합니다. 어떤 통계 자료의 신빙성에 대해 반론이 예상된다면 그 통계가 신빙성이 있다는 보조 증거를 마련해 두어야 합니다.

증거는 1차 증거나 2차 증거일 수 있습니다. 1차 증거는 어떤 문헌에 직접 기록된 것이고 2차 증거는 1차 증거에 대한 언급입니다. 예를 들어 OECD 통계 자료는 1차 증거입니다. 사람들은 보통 해당 내용을 보도한 뉴스를 간접적으로 확인한 후 뉴스를 증거로 제시하는데 그것은 2차 증거입니다. 책임감 있는 사람이라면 1차 증거를 사용하는 것이 좋고 2차 증거는 가급적 지양합니다.

증거는 많고 다양할수록 좋습니다. 쟁점을 직접 증명하는 직접 증거일 수도 있고 쟁점을 강화하는 간접 증거일 수도 있습니다. 흡연이 폐암을 일으킨다는 결정적이고 직접적인 증거는 없지만 통계적으로 연관됐다는 간접 증거 또는 추정 증거는 많습니다. 가능하면 결정적이고 직접적인 증거가 좋겠지만 증거를 뒷받침하는 간접 증거도 필요합니다.

──── 출처의 신뢰도

증거 신뢰도의 첫째 조건은 분명한 출처입니다. 우리가 증거를 수집할 때 특별한 경우가 아니라면 직접 증거를 제작하지 않습니다. 주로 이미 연구되었거나 증명된 자료를 찾으려고 노력하겠죠. 하지만 어떤 증거든 출처가 불분명하면 증거로서 효력이 없습니다.

현대인은 습관적으로 인터넷에서 자료를 찾습니다. 물론 인터넷을 통해 자료를 찾는 것 자체가 나쁘진 않습니다. 인터넷을 통해 좋은 자료를 쉽게 접할 수 있기 때문입니다. 문제는 인터넷을 사용하는 방법입니다. 도서관, 공개 논문, 전문 학술 단체, 공신력 있는 통계 조사나 기관의 공개 자료에 접근하는 방식으로 인터넷을 사용한다면 바람직하지만 단순한 검색, 블로그, 출처나 저자가 불분명한 모든 자료는 신뢰하기 어렵습니다. 인터넷은 정보나 자료의 궁극적인 원천이 아닙니다. 유사 단체, 정보의 원천을 알아내기 어려운 웹사이트는 경계해야 합니다.

신뢰도 높은 기관의 자료는 단순 검색만으로 접근하기 어려운 경우가 많으며 회원 가입을 통하거나 유료로 구매해야 합니다. 인터넷으로 가장 많이 검색되는 것이 각종 통계 자료입니다. 통계 자료를 사용할 때는 다음과 같은 질문을 던져야 합니다. 통계 생산자는 누구인가? 통계 자료를 만든 목적은 무엇인가? 통계 조사에 귀납 오류의 여지샘플의 대표성, 다양성, 충분성, 편향성 등는 없는가? 결과에 대한 해석은 적절한가? 따라서 인터넷을 통한 자료 수집 시 단지 인터넷에 있다는 이유로 신뢰하기보다 스스로 정보를 비판적으로 분석하여 취합하는 능력을 길러야 합니다.

뉴스는 왜곡됐을 가능성이 있고 신빙성 있는 자료가 아니기 때문에 어떤 이슈에 대해 참고로만 활용해야 합니다. 뉴스의 진실성은 그 뉴스를 증거로 사용할 사람이 증명해야 합니다. 뉴스를 그대로 사용하기보다 진실성을 면밀히 검토하여 토론의 증거로 사용해야 합니다. 저자가 불분명한 모든 글은 증거 자료로 사용해서는 안 됩니다. 특히 인터넷 카페, 블로그, 댓글 등은 증거 자료로서 부적절합니다.

—— 자료 평가 및 검증

증거는 논증 혹은 자료, 사실, 경험, 인용 등으로 제시될 수도 있습니다. 어느 경우이든 증거는 객관적이어야 하며 인정 받은 일반 사실이거나 믿을 만한 출처가 있어야 합니다. 적절한 전문가의 의견은 좋은 증거가 되지만 주의해서 사용해야 합니다. 어떤 전문가의 의견은 공적 혹은 사적 견해의 표명일 수 있기 때문입니다. 해당 분야와 무관한 전문가의 의견일 수도 있습니다. 전문가가 의견을 표명한 맥락도 중요합니다. 맥락을 벗어나면 의도가 왜곡되기 마련입니다.

또한 어떤 사람이 해당 분야의 전문가인지 여부는 토론자가 연구하여 증명해야 합니다. 간혹 그가 전문가인지 아닌지에 대한 논쟁이 발생하기도 합니다. 이 경우 논쟁이 되는 전문가를 인용하려면 그러한 질문에도 답할 수 있는 보조 증거를 마련해 두어야 합니다. 신뢰할 만한 전문가의 의견도 불일치할 수 있습니다. 이 경우에도 토론자는 해당 분야에서 더 인정받는 전문가의 견해를 찾기 위해 노력해야 합니다. 자신의 전공이나 전문 분야가 아니라면 토론을 위해서는 많은 정보와 지식을 준비하고 학습해야 합니다.

—— 분석

신뢰하지 못할 출처의 자료는 신빙성이 의심되어야 합니다. 물론 신뢰할 만한 출처에서 자료를 확보했다고 해서 자료의 신빙성이 증명되는 것도 아닙니다. 신뢰할 만한 출처에서 확보한 자료도 면밀하게 검토되어야 합니다. 믿을 만한 전문가도 간혹 오류를 저지르고 신뢰할 만한 기관의 연구도 사실이 아닌 경우가 많습니다. 따라서 에세이를 작성하는 과정에서 자신이 확보한 자료를 잘 분석해야 합니다.

나) 에세이의 구성

학술 논문은 일반적으로 초록, 본문서론, 본론, 결론, 참고문헌 순으로 구성됩니다. 에세이 형식의 학술 논문은 일반적으로 서론, 본론, 결론, 참고문헌 등으로 구성됩니다.

—— 초록

초록은 글의 주요한 논증, 논의 방법, 결론 등 논문의 핵심 내용을 한 단락 정도로 간략하게 요약합니다. 독자는 초록만 읽고서도 글 전체에 대한 이해를 얻을 수 있습니다.

—— 서론

서론은 글의 도입으로서 문제 제기, 논의의 필요성 등 글을 전개해 나가기 위한 예비적 논의의 역할을 합니다. 서론은 주제에 대한 예비적 이해를 제공함으로써 독자의 관심을 집중시킵니다. 서론에서는 엄밀한 논증을 구성하기보다 수사적으로 효과적인 다양한 문체를 활용하면 좋습니다.

본론

본론에서는 핵심 논증을 다룹니다. 통상 주장을 먼저 제시하고 근거를 논의해 나가는 방식이 많이 사용되지만 간혹 근거를 다루고 난 후 결론을 제시하는 방법도 사용됩니다. 학술 논문은 전문 내용을 담고 있기 때문에 가능하면 독자의 이해와 흥미를 유인하기 위해 필요에 따라 더 다양한 방법을 사용합니다.

본문의 논증은 가능하면 단순하고 명료하며 논증의 구조가 잘 드러나도록 배치해야 합니다. 가능하면 더 가독성 높게 글을 구성해야 한다는 의미입니다. 개념은 애매하거나 모호하지 않게, 문장은 불필요하게 길지 않으며 주술 관계가 분명해야 합니다. 어떤 문장이 근거이고 어떤 문장이 주장인지 분명하게 기능적으로 구분되어야 하고, 주장이 근거에서 어떻게 도출됐는지 논리 관계가 세밀하게 서술되어야 합니다. 문장의 의미가 명확한지, 동어 반복은 없는지, 더 간결하게 표현할 수 있는지, 불필요하게 추상적이고 어려운 용어는 없는지, 문법적으로 올바른지 등을 계속 검토해야 합니다.

단락은 논점을 중심으로 적절하게 구분하고 한 단락에서는 한 가지 논점만 다루어야 합니다. 어떤 단락이 전후 단락과 맺는 관계도 분명해야 합니다. 단락이 너무 짧거나 너무 길지 않은지, 논의 전개를 위해 불필요한 단락은 없는지, 각 단락의 중심 문장이 잘 드러나는지, 단락 순서가 체계적인지 등을 확인해야 합니다. 단락은 유기적으로 배치하여 글의 흐름이 유연해야 합니다. 어떤 경우이든 문장 간 또는 단락 간에 논리적 간극이나 비약이 있어서는 안 됩니다. 학술 에세이는 단편 사실이나 주장을 단순하게 배치한 것이 아니라 근거와 주장을 논리적으로 배치한 글이라는 점을 유념해야 합니다.

——— 결론

결론에서는 글을 정리하고 최종적인 글의 의의를 말합니다. 본론에서 다루었던 주제의 의미, 기대 효과 등을 서술하기도 합니다. 논의의 한계나 추가적인 논의의 필요성을 밝힐 수도 있습니다. 어떤 경우이든 구체적이고 분명해야 합니다. '긍정적인 것을 지향하고 부정적인 것은 지양하자'라거나 '우리 모두 최선의 노력을 기울여야 한다' 등 애매모호한 주장은 추상적이고 구체적이지 못합니다. 학술 에세이의 결론에서는 새로운 문제를 제기해선 안 됩니다. 또한 본론의 논의를 훼손해선 안 되며 훈계나 독단은 피해야 합니다.

다) 인용하기

학술 에세이는 기존 연구를 많이 인용하고 표기합니다. 대개 다른 출처의 글을 인용해 자신의 논의를 전개하는 데 사용합니다. 자신이 쓴 문장과 인용한 문장은 반드시 구분해야 합니다. 표절한 글에는 글쓴이의 문장과 인용문의 구분이 없습니다. 학술적인 글은 기본적으로 저자가 상상력과 창의력을 최대한 발휘하여 머릿속에서 창조한 이야기가 아닌, 기존 연구에 기반한 여러 사람의 협조적 결과물이어야 합니다. 인용은 자신의 논의를 설득력 있게 하는 효과적인 전략일 뿐만 아니라 기존 연구의 가치를 인정하는 도덕적인 행위이기도 합니다. 그러나 인용문이 글의 중심 내용이거나 주요 논증의 주장이 되어서는 안 됩니다. 인용은 자신의 주장을 전개하는 데 필요한 도구이어야 하며 주장 자체가 되어서는 안 됩니다. 만일 인용된 내용이 글의 핵심 주장을 이루고 있다면 그것은 학술 가치가 거의 없을 뿐만 아니라 저자의 글이라고 말할 수 없습니다.

─────── **인용과 주석**

직접 인용은 다른 사람의 글을 그대로 가져다 쓰는 것입니다. 겹따옴 표를 문장 앞뒤로 사용해서 인용 범위를 표시해야 합니다. 단어나 중요 개념을 인용할 수도 있고 문장 전체나 때로는 여러 단락을 인용할 수도 있습니다. 기존 연구자가 사용한 개념이나 문장 그리고 단락이 매우 엄 밀하게 다루어져야 하는 경우라면 직접 인용이 좋습니다.

"반성적 사고는 **어떤 믿음이나 지식에 대해 그것을 지지하는 근거와 그 것이 가져올 결과에 비춰 적극적이고 지속적이며 세심하게 숙고하는** 것 을 의미한다."(Dewey, J., How We Think. London and Boston: D.C. Heath, 1910, p. 6. 강조는 듀이)

간접 인용은 다른 문헌의 개념이나 문장 또는 단락을 참고해서 글을 쓰는 것입니다. 이때 원문의 표현이나 문장 등을 그대로 옮기지 않고, 참고한 내용을 따옴표 없이 자연스럽게 자신의 문장으로 표현합니다. 이 경우에도 아래의 예시처럼 원문의 어디부터 어디까지를 참고했는 지 표기해야 합니다.

★ 듀이(Dewey, J., 1910, p. 6.)에 따르면, 반성적 사고는 어떤 믿음이나 지식에 대한 숙고를 의미한다. 즉 내가 가진 믿음이나 지식이 무엇에 의 해 뒷받침되는지, 그 믿음이나 지식이 어떠한 결과를 가져오게 될지를 적극적이고 꾸준하게, 세심히 따져보는 것이 반성적 사고이다.

★ 듀이(Dewey, J., 1910, p. 6.)는 어떤 믿음이나 지식에 대한 숙고, 즉 내

가 가진 믿음이나 지식이 무엇에 의해 뒷받침되는지, 그 믿음이나 지식이 어떠한 결과를 가져오게 될지를 적극적이고 꾸준하게, 세심히 따져 보는 것이 반성적 사고라고 말한다.

──── 주석 종류

주석은 인용 내용이나 참고 문헌 등 서지 정보를 규칙에 따라 표기하는 것입니다. 다른 글을 인용했을 때 출처를 표기하거나, 자신의 주장이 있는 본문 내용과 관련된 추가 설명이나 정보 등을 제공할 때 주석으로 표기합니다. 주석은 참고 문헌을 확실하게 찾을 수 있도록 규칙에 따라 표기해야 합니다. 주석은 표기 방법과 위치에 따라 다음과 같이 구분됩니다.

각주　인용된 페이지의 아래에 서지 정보를 표기

미주　본문에서 인용된 서지 정보를 글의 끝 부분에 모두 모아서 표기

──── 문헌에 따른 표기 방법

문헌에 따른 표기 방법은 여러 가지입니다. 각 출판사나 편집자가 요구하는 표기 방법이 다양하기 때문에 요구에 맞게 표기하면 됩니다. 다음은 대표적인 표기 규칙입니다.

★ **인용된 문헌이 국문 책일 때:** 저자, 책 제목(큰 꺾쇠), 출판사, 출간 연도, 인용된 페이지 번호 순으로 적습니다.

김기현, 『현대인식론』, 민음사, 1998, p. 261

★ **인용된 문헌이 외국어 책일 때:** 저자, 책 제목(이탤릭), 출판사, 출간 연도, 인용된 페이지 번호 순으로 적습니다.

Kuhn, T.S., *The Structure of Scientific Revolutions*, Chicago: University of Chicago Press, 1962. pp. 62~65

★ **인용된 문헌이 국문 논문일 때:** 저자, 논문 제목(작은 꺾쇠), 논문이 들어 있는 책의 제목(큰 꺾쇠) 또는 출판사, 출간 연도, 인용된 페이지 번호 순으로 적습니다.

백도형, 「환원, 속성, 실재론」, 『철학』 43집, 1995, p. 24

★ **인용된 문헌이 외국어 논문일 때:** 저자, 논문 제목, 논문이 들어 있는 책의 제목(이탤릭) 또는 출판사, 출간 연도, 인용된 페이지 번호 순으로 적습니다.

Kim, J., Multiple Realization and the Metaphysics of Reduction, *Philosophy and Phenomenological Research*, Vol.LII. no. 1, 1992, p. 123

───── **표절 피하기**

표절은 위법 및 비윤리적인 행위이지만 우리 사회에서 자주 발생합니다. 가장 근본적인 원인은 표절이 위법이고 비윤리적이라는 인식, 즉 표절에 대한 죄책감이 낮기 때문입니다. 때문에 글쓰기가 본격적으로 시작되는 대학에서 표절에 대해 교육하고 확실히 배우는 일은 매우 중요합니다. 표절은 타인의 재산과 권리를 훔치는 위법 행위이자 심각한 지적 사기 행위로 자신의 미래에 심각한 결과를 초래할 수 있습니다.

표절은 매우 엄중한 행위이며 이를 피하기 위해 항상 노력해야 합니다. 표절은 다양하게 나타납니다. 다음은 표절이거나 표절과 같은 위법적이고 비윤리적 사례입니다.

★ 다른 사람의 글이나 아이디어 등 지적 재산을 인용 없이 즉, 출처를 밝히지 않고 자신의 것처럼 사용하는 경우.

★ 글을 조작하거나 단어를 동의어로 바꾸거나 단락을 재배치하는 등 변형이나 수정하는 경우: 표절이 아닌 것처럼 보이기 위한 행동.

★ 자신이 이전에 출판한 글이라도 인용 없이 사용하는 경우: 표절은 반드시 타인의 글을 훔치는 것만 의미하지 않음.

★ 한 논문을 복수의 책에 출판하는 경우(중복 게재): 대학생의 경우 한 강의에 제출한 글을 다른 강의에 또 제출하는 경우.

라) 참고 문헌 목록 작성하기

참고 문헌은 글의 마지막에 목록으로 정리합니다. 참고 문헌은 주석 표기 방법과 동일하게 본문에서 정당하게 인용된 것만 적습니다. 간혹 본문에 인용된 표기가 전혀 없는 책인데 단지 읽었다는 이유로 참고 문헌 목록에 넣는 경우가 있는데 이는 표절로 의심됩니다. 아무리 많은 문헌을 읽고 학습했더라도 본문에 인용되지 않은 문헌은 참고 문헌 목록에 기재하면 안 됩니다.

마) 반론 제기하기

—— 확인 질문

확인 질문은 반론하기 위해 필요합니다. 정말로 궁금해서 묻는 질문이 아닙니다. 따라서 반론하려는 논증의 약점을 부각할 수 있는 사항을 확인해야 합니다. 주로 확인하는 사항은 다음과 같습니다.

- ★ 논증에 사용되는 핵심 용어나 개념의 의미가 정확히 무엇인가?
- ★ 제시한 논증이 주어진 쟁점과 관련이 있는가?
- ★ 입증 자료의 출처가 신뢰할 만하고 자료 내용이 사실과 부합하는가?

——— 논증 평가

상대방이 제시한 논증에 대한 비판적 평가는 세 가지 경로로 이루어집니다. 첫째, 주장이 논리적으로 정당화됐는지 평가합니다. 둘째, 제시한 근거가 참이라는 게 충분히 입증되었는지 평가합니다. 셋째, 논증에서 제시된 주장이 일관적인지 평가합니다. 주어진 발표문을 논증 형태로 재구성하면 편리합니다. 발표문에서 어떤 주장이 제시됐는지, 그 주장을 뒷받침하는 근거나 이유가 무엇인지 구조화하는 작업입니다. 그 다음 해당 논증이 형식적 논증을 의도했는지 비형식적 논증을 의도했는지 구분합니다. 형식적 논증을 의도했다면 다음을 검토합니다.

첫째, 논증의 형식이 타당한가?

둘째, 타당한 형식이라면 제시한 근거나 이유가 참인가?

셋째, 발표문의 주장과 근거를 포함해 입증 자료, 해설 등에 모순점이 있는가?

비형식적 논증과학적 논증을 의도했다고 판단했다면 다음을 검토합니다.

첫째, 제시한 근거가 주장과 유관한가?

둘째, 제시한 근거가 주장을 강화하는가? 아니면 약화시키는가?

셋째, 제시한 근거나 이유 또는 자료가 참인가?

넷째, 발표문의 주장과 근거를 포함해 입증 자료, 해설 등에 모순점이 있는가?

─────── **반론**

위에 나열한 검토 사항에서 결함이 발견되면 그것을 기초로 반론을 제기합니다. 구체적으로는 다음과 같습니다.

★ 논증의 형식이 타당하지 않은 경우, 그 전제가 모두 참이라고 가정하더라도 결론이 반드시 참이 되지 않음을 예를 들어 보여줍니다.

★ 제시한 근거가 주장과 무관하다면 왜 무관한지 지적합니다. 예를 들어 제시한 근거에 어떤 변인이 발생하더라도 주장의 신뢰성에는 영향을 주지 않는다고 증명합니다.

★ 제시한 근거가 의도한 주장을 강화하지 않는다고 지적합니다. 중요하지만 누락된 다른 인과적 원인을 지적하거나, 근거와 주장 사이에 공통 원인이 존재한다고 지적할 수 있습니다.

★ 상대방이 제시한 근거나 이유가 거짓이라면 정확한 사실 관계를 반대 증거로 제시합니다. 제시한 근거의 출처가 불분명하거나 신뢰할 수 없는 출처라면 이를 지적합니다.

★ 논증에 서로 모순되는 주장이 있다면 그 주장이 동시에 참이 될 수 없다고 지적합니다.

더 깊은 토론을 위한 참고자료

★ 스티븐 바커 지음, 최세만 외 옮김, 《논리학의 기초》, 서광사, 1986
★ 로버트 바움 지음, 전재원 옮김, 《비형식 논리학》, 이문출판사, 2018
두 책 모두 형식 논리학 뿐만 아니라 비형식 논리학의 오류를 자세하게 설명하며 풍부한 예를 확인할 수 있습니다.

CLASS :

2부

지구와 화성 사이에
찻잔이 존재할까?
: SUMMA THEOLOGICA

토마스 아퀴나스와 함께 토론하는
신 존재 증명과 비판

오늘의
토론 주제

'신神은 존재할까?' 살면서 한 번쯤 던져볼 만한 근본적인 질문입니다. 이 질문에 대한 답은 삶의 방식뿐 아니라 세상과 우주를 이해하고 설명하는 문제에 큰 영향을 끼칩니다. 신이 있다면 그가 삶에 어떤 목적을 부여해 줄 수도 있고 내세가 있을지도 모릅니다. 신이 없다면 내 삶의 주인은 나이고 삶의 의미는 내가 만들어가며 죽음으로 삶이 끝나기 때문에 죽음 이후에 대해서는 생각할 필요가 없습니다.

종교인의 맹목적인 신념에서 비롯된 행동과 부정적인 인상 때문에 신과 관련한 문제를 진지하게 다룰 필요는 없다고 생각할 수 있습니다. 그러나 신의 존재는 개인의 믿음, 신념, 행동에만 한정되는 문제가 아닙니다. 신은 우리가 파악하는 세상과 그 안에서 살아가는 인생의 의미와 밀접하기 때문에 철학에서도 가장 우선되고 주요한 주제입니다. 그중 신의 존재가 가장 먼저 해명되어야 합니다.

신의 존재를 전제하는 철학적·종교적 입장을 유신론이라고 합니다.

유신론은 샤머니즘 사상, 범신론, 다신론, 일신론유대교, 기독교, 이슬람교
등 다양하게 나뉩니다. 리처드 도킨스Richard Dawkins는 자신의 저서《만
들어진 신》에서 신의 존재를 묻는 질문에 대한 다양한 답 중 특히 일신
론을 '신 가설'God Hypothesis이라고 부릅니다. 이 가설은 '우주와 우리를
포함하여 그 안의 모든 것을 의도적으로 설계하고 창조한 초인적, 초자
연적인 지성이 있다'고 가정합니다. 신 가설에 따르면 신이 세계를 창
조했고 목적을 부여했습니다. 하지만 세상의 모든 사람이 신 가설에 동
의하지는 않습니다.

12세기에 유럽이 이슬람과 교류하면서 아리스토텔레스의 작품 및
그에 대한 그리스와 이슬람 주석가의 작품이 들어왔습니다. 이런 변화
로 촉발된 스콜라 철학은 아리스토텔레스 철학을 기독교화 하면서 철
학과 신학의 관계를 새롭게 규명합니다. 토마스 아퀴나스Thomas Aquinas
는 아리스토텔레스의 학문 체계를 수용하여 계시 신학을 학문으로 규
정하고자 했습니다. 그가《신학대전》을 집필한 이유는 신학의 원리는
믿음이지만 이성 질서에 따른 논증의 구조를 갖춰야 학문으로 인정받
을 수 있다고 생각했기 때문입니다.

아퀴나스는 이를 위해서 신의 존재부터 입증하기로 합니다. 학문으
로서 신학은 신에 대한 믿음에서 시작하기보다 신에 대한 합리적 증명
부터 해야 한다는 뜻이지요. 신의 존재를 철학적으로 정의할 수 있어야
신학이 엄밀한 의미에서의 학문이 될 수 있고, 그렇게 증명된 신은 신
학이라는 학문의 시작점이자 최종 목표가 될 수 있을 테니까요.

아퀴나스의《신학대전》은 신과 관련한 학문의 총체라고 할 수 있습
니다. 아퀴나스는 이 책의 가장 초반부인 제1부 제2문제 제3절에서 신
의 존재를 증명합니다. 이 논증은 일반적으로 '다섯 가지 길'이라고 불

리는데《신학대전》초반부의 하이라이트라고 해도 과언이 아닐 만큼 잘 알려져 있으며 현재에도 많이 인용됩니다.《신학대전》을 직접 읽어 보면서 아퀴나스가 제시한 논증의 정당성을 검토하고 신의 존재를 증명하고자 하는 시도를 바탕으로 제시된 소위 '신 가설'이 얼마나 설득력 있고 합리적인지 비판적으로 검토해 봅시다.

토마스 아퀴나스의 《신학대전》

신이 존재한다는 근거가 있을까요? 개인의 주관적 경험은 신의 존재를 증명하는 객관적 근거가 될 수 없습니다. 나의 경험을 통해 다른 사람을 설득할 근거를 제시해야 합니다. 철학사에서는 오래 전부터 신의 존재를 증명하려는 시도가 있었습니다. 이를 '신 존재 증명'이라고 부릅니다. 아퀴나스가 제시한 '다섯 가지 길'은 신 존재 증명 가운데 가장 대표적인 논증입니다. 아래에서 읽어봅시다.

[가]

하느님이 존재한다는 것은 다섯 가지 길로 논증될 수 있다. 첫째이며 더 명백한 길은 운동변화에서 취해지는 길이다. 이 세계 안에는 어떤 것이 움직이고 있는 것이 확실하며 또 그것은 감각적으로 확

▶▶

인되는 것이다. 그런데 움직이는 모든 것은 다른 것한테서 움직여진다. (중략) 즉 움직여 준다는 것은 어떤 것을 가능태에서 현실태로 이행시켜 가는 것 외의 다른 것이 아니다. (중략) 예컨대 더워질 가능성 안에 있는 나무를 현실적으로 더운 것으로 만드는 것은 불이라는 현실적으로 더운 것이다. 불은 이런 현실적 더움을 통해 나무를 움직이며 변화시킨다. (중략) 따라서 움직이는 모든 것은 다른 것한테서 움직여져야 한다. 그러므로 어떤 것이 그것에 의해 움직이게 되는 그것이 또한 움직인다면 그것 또한 다른 것한테서 움직여져야 하며 그렇게 움직여 주는 것 또한 다른 것한테서 움직여져야 한다. 그런데 이렇게 무한히 소급해 갈 수는 없다. 그 이유는, 이런 경우[무한한 소급이 인정되는 경우] 어떤 첫 움직여 주는 자, 즉 제1동자第一動子가 없게 될 것이며 따라서 어떠한 다른 움직여 주는 자도 없게 될 것이기 때문이다. 그것은 제2동자들은 제1동자한테서 움직여지는 것에 의해서가 아니면 다른 것을 움직여 주지 못하기 때문이다. 그것은 마치 지팡이는 손에 의해 움직여지지 않으면 다른 것을 움직여 주지 못하는 것과 같다. 그러므로 우리는 다른 어떤 것한테서도 움직여지지 않는 어떤 제1동자에 필연적으로 도달하게 된다. 그리고 모든 사람은 이런 존재를 하느님으로 이해한다.

[나]

둘째 길은 능동인能動因의 이유에서다. 사실 우리는 이 감각계에 능동인들의 질서계열가 있는 것을 발견한다. 그러나 이런 세계에서는 그 어떤 것도 자기 자신이 능동인으로 발견되지 않으며 또 그런 것은 가능하지도 않다. 만일 그런 것이 있다고 가정한다면 그것은 자신보다 먼저 있어야 할 것이며 이런 것은 불가능한 것이기 때문이다. 사실 능동인들에 있어 무한히 소급해 갈 수는 없다. 그 이유는 모든 질서지어진 능동인의 계열에 있어서 첫째 것은 중간 것의 원인이고 중간 것은 최종적인 것의 원인이기 때문이다. 이때 중간 것이 많건 혹은 하나만 있건 그것은 관계없다. 그런데 원인이 제거되면 결과도 제거된다. 그러므로 만일 능동인들의 계열에 있어서 첫째 것이 존재하지 않는다면 최종의 것도, 중간의 것도 존재하지 않는다. 그런데도 능동인들의 계열에 있어서 무한히 소급되어간다면 제1능동인이 없을 것이며 따라서 최후의 결과도, 중간능동인들도 없을 것이다. 이것은 분명히 허위다. 그러므로 우리는 어떤 제1능동인을 인정해야 하며 이런 존재를 모든 사람은 하느님이라 부른다.

[다]

셋째 길은 가능과 필연에서 취해진 것이다. 즉 우리는 사물세계에서 존재할 수도 있고 존재하지 않을 수도 있는 것들을 발견한다. 그런 것들은 생성, 소멸하며, 따라서 존재할 수도 존재하지 않을 수도 있는 것으로 나타난다. 그런데 이렇게 존재하는 모든 것은 항상 존재할 수는 없다. 그것은 존재하지 않을 수 있는 것은 어떤 때는 없는 것이기 때문이다. 따라서 모든 것이 존재하지 않을 수 있다면 어떤 때에는 사물계에 아무것도 없었을 것이다. 그런데 이것이 진眞이라면 지금도 아무것도 없을 것이다. 그 이유는 없는 것은 있는 어떤 것에 의해서가 아니면 존재하는 것을 시작하지 못하기 때문이다. 그러므로 만일 어떠한 유有도 없었다면 어떤 것도 존재하기를 시작하지 못했을 것이며 지금까지 아무것도 없을 것이다. 이것은 명백히 허위다. 그러므로 모든 유가 가능한 것뿐일 수는 없고 사물계에 어떤 필연적인 것이 있어야 한다. 그런데 모든 필연적인 것은 자기 필연성의 원인을 다른 데에 갖거나 혹은 갖지 않을 것이다. 그 필연성의 원인을 다른 데에 갖는 필연적인 것들의 계열에 있어서 소급이 무한히 진행되어 갈 수는 없다. 이것은 벌써 능동인의 경우에서 증명된 바이다. 따라서 우리는 자기 필연성의 원인을 다른 데에 갖지 않고 다른 것들에게 필연성의 원인이 되는 어떤 것, 즉 그 자체로 필연적인 어떤 것을 인정할 필요가 있다. 이런 존재를 모든 사람은 하느님이라 부른다.

[라]

넷째 길은 사물계에서 발견되는 단계에서 취해진다. 사실 사물계에서는 선성善性과 진성眞性과 고상성高尚性에 있어서 더하고 덜한 사물들이 발견된다. 또 〔선, 진, 고상 외의〕 다른 것들에 대해서도 마찬가지다. 그러나 서로 다른 여러 사물들에 대해 더하고 덜하다고 하는 것은 최고도로 있는 어떤 것에 여러 가지 모양으로 접근하는 데 따라 말해지는 것이다. 예컨대 최고도로 더운 것에 더 가까운 것이 더 더운 것이다. 따라서 〔유존재에 있어서도〕 가장 진실하고 가장 선하고 가장 고귀한 것, 따라서 최고도의 유인 어떤 것이 있다. 그것은

『형이상학』제2권에서도 말하는 바와 같이 최고도로 진인 것은 최고도로 유인 것이기 때문이다. 어떤 영역에 있어서 최고도의 것으로 불리는 것은 그 영역에 속하는 모든 것의 원인이다. 예컨대 최고도로 더운 불은 모든 더운 것들의 원인이다. 이것은 『형이상학』에서 말하는 바이다. 그러므로 어떤 사물의 경우이든 그 존재와 선성과 모든 완전성의 원인인 어떤 것이 있는 것이다. 이런 존재를 우리는 하느님이라 부른다.

[마]

다섯째 길은 사물들의 통치에서 취해진다. 사실 우리는 인식을 갖지 못하는 사물들, 즉 자연적 물체들이 목적 때문에 작용하는 것을 본다. 이런 것은 자연물들이 가장 좋은 것을 얻기 위해 항상 혹은 자주 같은 모양으로 작용하는 데서 나타난다. 그리고 그것은 결코 우연에서가 아니라 어떤 의도에서부터 목적에 도달하는 것이 명백하다. 그런데 인식을 갖지 않는 것들은 인식하며 깨닫는 어떤 존재에 의해 지휘되지 않으면 목적을 지향할 수가 없다. 이것은 마치 화살이 궁수에 의해 지휘되는 것과 같다. 그러므로 모든 자연적 사물을 목적에로 질서지어 주는 어떤 지성적 존재가 있다. 이런 존재를 우리는 하느님이라 부른다.

토마스 아퀴나스 지음, 정의채 옮김, 《신학대전 1 하느님의 존재》, 바오로딸, 2014, 제1부 제2문제 제3절, pp. 161~179. [가]~[마].

1) 주제 이해를 돕는 연습

1   지문 [가]~[다]에서 아퀴나스는 최초의 운동 원인, 최초의 능동인, 최초의 존재 등을 상정합니다. 이렇게 계속 거슬러 올라갈 때 우리는 반드시 우리와는 다른 위상을 가지는 무언가예컨대 신를 상정해야만 할까요. 무한히 소급퇴행하거나 원인과 결과가 순환해서는 안 되는 이유가 있을까요? 아퀴나스의 논증에서 숨은 전제는 무엇인가요?

2   움직이는 사물의 속도는 계속해서 거슬러 올라갈 수 있습니다. 엔진 성능만 충분하고 차체가 버틸 수 있도록 강하기만 하다면 자동차는 무한으로 빨리 달릴 수 있을지 모릅니다. 속도나 운동, 성장과 욕구는 끝이 없는데 지문 [라]에서 아퀴나스는 왜 정도에서 완전한 것이 있다고 주장할까요? 아퀴나스의 전제는 무엇이며 그 전제는 정당한가요?

3   지문 [마]의 아퀴나스는 모든 것이 목적을 갖는다고 전제합니다. 모든 자연 사물은 정말 명백하게 목적을 가지고 이에 도달할까요? 자연에 속하는 무생물은 항상 목적이 있을까요? 모든 인간은 목적을 가지고 살아야만 할까요?

4   아퀴나스는 지문 [마]에서 모든 자연 사물의 목적이 의도에 따라 설정되며 그 목적은 특정한 질서를 갖추고 있다고 주장합니다. 세계에 특정한 질서가 있다는 전제는 정당한가요? 그런 목적에

질서가 있더라도 어떤 특정한 지성적 존재가 그 질서를 세워야만 하는 걸까요? 질서가 수립되는 다른 방법은 없을까요?

2) 해석해드립니다

지문 [가]의 논증은 운동의 최초 원인으로 거슬러 올라가는 논증입니다. 물리적 상황에서 모든 물체의 운동은 다른 물체의 운동이 원인이 되어 발생합니다. 만일 어떤 운동이든 반드시 이를 일으킨 원인이 있어야 한다면 최초의 운동을 만든 원인은 무엇일까요? 아퀴나스의 답은 바로 '신'입니다. 신은 움직이지 않지만^{부동} 다른 물체를 움직이게 만든 최초의 원동자라는 주장입니다.

지문 [나]의 논증은 존재의 최초 원인으로 거슬러 올라가는 논증입니다. 내가 존재하는 이유는 나를 낳아준 부모님이 있기 때문이고, 부모님이 존재하는 이유는 부모님을 낳아준 부모님이 있기 때문입니다. 부모님의 부모님의 부모님으로 즉, 결과에서 원인으로 점점 거슬러 올라가게 됩니다. 하지만 무한히 거슬러 올라갈 수 없기 때문에 결국 모든 것의 원인이자 스스로는 더 이상 원인을 갖지 않는 존재를 설정할 수밖에 없습니다. 아퀴나스는 모든 것의 최초 원인이면서 스스로 원인을 갖지 않는 존재를 '원인 없는 원인'이라고 부르며 이는 신일 수밖에 없다고 주장합니다. 나는 부모님의 결과이면서 동시에 내 아이들의 원인이지만 신은 그 어떤 것의 결과물도 아닌, 오직 원인의 지위만 갖는 존재라는 뜻입니다.

지문 [다]의 논증은 우주론적 논증이라고도 합니다. 이 논증은 어떤 물체도 존재하지 않던 때가 있었다는 전제에서 출발합니다. 하지만 현실에는 물체가 존재합니다. 그렇다면 이들의 출현을 가능케 한 비물체적인 존재가 있었다고 가정해야 합니다. 어떤 물체도 존재하지 않을 때 물체를 만들어 낼 수 있는 어떤 존재가 있다면 그것은 당연히 비물체적인 존재입니다. 아퀴나스는 그것이 바로 신이라고 주장합니다.

지문 [가]~[다]에서 제시된 세 가지 길은 모두 최초의 원인으로 소급해 간다는 점에서 동일한 성격의 논증입니다. 소급이란 거슬러 올라간다는 뜻입니다. 나의 부모, 부모의 부모 등으로 거슬러 올라가는 것입니다. 일종의 퇴행이죠. 그렇게 계속 거슬러 올라가는 작업을 멈출 수 있을까요? 만일 모든 것의 원인이 될 수 있는 어떤 출발점이 있다면 우리는 그곳에서 멈출 수 있습니다. 과연 최초의 출발점에는 무엇이 있었을까요? 아퀴나스의 답은 신입니다.

이러한 퇴행적 성격을 비판적으로 검토해 봅시다. 퇴행적 성격의 논증은 현재 주어진 사실에서 시간이나 논리 등을 이용해 이전의 사실로 거슬러 올라간다는 특성이 있습니다. 인도 신화에서도 퇴행적 논증을 사용하여 우주의 존재를 증명하려는 시도를 발견할 수 있습니다.

거대한 코끼리 네 마리가 지구를 떠받치는 덕분에 지구는 움직이지 않고 안전하게 자신의 상태를 유지합니다. 코끼리 네 마리는 어떻게 자신의 상태를 안정적으로 유지할까요? 신화는 엄청나게 큰 거대 거북이가 코끼리 네 마리를 떠받치고 있다고 답합니다. 당연히 거대 거북이의 안정성에 대한 질문이 제기됩니다. 신화는 거대한 뱀이 거대 거북이를 떠받치고 있다고 말합니다.

질문은 계속되겠지만 신화는 더 이상 답을 제공하지 않습니다. 신화는 뱀에서 멈추었지만 이렇게 원인을 찾아 거슬러 올라가는 퇴행적 성격의 설명은 사실 끝이 없습니다. 이를 끝내는 방법이 있긴 합니다. 모든 동물과 존재론적 지위를 달리하는 존재를 제시하면 됩니다. 아퀴나스처럼 신이 모든 것을 떠받치고 있다고 말하는 식으로 말입니다. 최초의 운동을 제공하는 존재, 최초의 원인, 존재를 가능하게 하는 최초의 비물체적인 무엇, 이 모든 것을 신이라는 이름으로 불러서 무한 퇴행을 멈출 수 있도록 연쇄 고리의 시작점을 만들어냅니다. 그러나 이 방법은 설득력이 부족합니다. 인도 신화가 대답을 멈추어버린 것만큼이나 신이라는 답도 우리를 시원하게 만족시키지 못하기 때문입니다.

지문 [라]는 정도 논증입니다. 어떤 정도를 나타내는 성질, 예를 들어 더 아름답다, 덜 아름답다와 같이 아름다움이라는 성질은 최댓값이 있어야 한다는 뜻입니다. 플라톤은 이를 아름다움 자체, 즉 아름다움의 이데아라고 불렀습니다. 이데아가 사물에 더 깊이 참여하면 더 아름다워지고 덜 참여하면 덜 아름다워집니다.

정도 논증은 정도의 차이를 내는 성질에 최댓값이 있어야 한다고 가정합니다. 이러한 논증은 오랜 전통을 자랑하는 만큼 우리의 직관에 부합하는 것 같습니다. 그러나 최고로 뜨거운 상태가 있을까요? 정도의 차이를 알기 위해 우리는 최댓값을 알아야만 할까요? 혹은 최댓값이 반드시 있어야 할까요? 또 다른 예를 생각해봅시다. 자연수의 최댓값은 몇일까요? 누군가 그 값을 제공할 때마다 우리는 그 수에 1을 더해서 그가 주장하는 최댓값보다 더 큰 값을 제시할 수 있습니다. 다시 말하면 최댓값은 정해져 있지 않습니다. 하지만 우리는 자연수 계열에서 모든 수의 정도 차이를 정할 수 있습니다. 1보다 2가 크고 2보다 3이 큽니다. 최댓값이 정해지지 않아도 자연수 계열의 모든 수는 그 정도의 차이가 정해집니다. 정도의 차이를 정할 때 최댓값이 반드시 필요하진 않습니다.

지문 [마]는 아퀴나스의 신 존재 증명 중 마지막으로 목적론적 논증이라고도 불립니다. 이 논증은 무한 퇴행을 반대하는 앞의 세 논증에 기대어 증명된 최종 존재가 세계 모든 것의 최종 목적이 되며 그 목적을 정해주는 역할을 하는 지적 존재라고 증명합니다. 모든 존재는 목적이 있는데 목적이 인과 체계를 이루고 있다면 그 목적 체계는 우연히 발생할 수 없고 특정한 지적 능력을 갖춘 존재가 의도적으로 만들었다는 뜻이겠지요.

아퀴나스의 목적론적 논증은 현대의 지적 설계 논증에서 차용되곤 합니다. 이 논증은 인간과 같은 매우 복잡한 생명체가 어떻게 등장할 수 있었는가 하는 문제에서 출발해 이렇게 복잡한 존재는 마치 지적인 시계 장인이 시계를 제작하는 것 같이 오직 지적인 존재의 개입을 통해서만 가능하다는 결론을 냅니다. 우리의 눈을 자세히 살펴보면 이런 질문이 생깁니다. '이렇게 복잡한 생체 기관이 정말로 우연히 생겨날 수 있을까?' 우리가 당장 설명해 내지 못하는 자연 현상, 특히 생명은 신의 지적인 설계 말고는 달리 설명할 방도가 없는 것처럼 보입니다.

지적 설계 주장을 강하게 비판하는 도킨스는 '우연 대 지적 설계'라는 대립 개념이 잘못됐다고 지적합니다. 그는 지적 설계는 화려한 마술을 실제로 착각하는 것처럼 자연에서 일어나는 일에 대해 충분히 사고하지 않은 결과라고 생각했습니다. 도킨스는 '우연 대 자연 선택'이라는 대립 개념이 더 옳다고 주장합니다. 또한 신의 지적 설계는 충분한 근거가 없기 때문에 자연 선택에 근거한 진화를 대안으로 제시해야 한다고 말합니다. 도킨스는 진화론의 여러 개념으로 복잡한 자연 현상을 설명할 수 있다고 주장합니다. 하나의 기관에서 다른 기관으로 진화할 때, 마치 건물을 지을 때 겉에 파이프를 겹겹이 설치해 보조 장치를 만들었다가 건물을 짓고 난 후에 철거하는 것처럼, 보조 기관이 진화를 돕는다고 합니다. 그는 입증하기 어려운 전제를 사용하는 지적 설계가 아니라 자연 선택을 근거로 단순한 세포에서 고등 동물로 진화했다고 말합니다.

토론해봅시다

    많은 정통파 신자들은 받아들여지고 있는 교리를 입증하는 것이 독단주의자들의 일인 것처럼 말하기보다 그러한 교리를 반증하는 것이 회의론자들의 일인 것처럼 말한다. 이는 물론 잘못이다. 만일 내가 지구와 화성 사이에 타원형 궤도로 태양 주변을 도는 도자기로 된 찻주전자가 있다고 주장하면서 그 찻주전자가 너무 작아서 가장 성능이 좋은 망원경으로도 발견할 수 없다고 세심하게 덧붙인다면, 그 누구도 나의 주장을 반증하지 못할 것이다. 그렇지만 만일 내가 더 나아가, 반증될 수 없다는 이유만으로, 내 주장을 의심하는 것은 인간 이성의 측면에서 참아내기 힘든 억측일 뿐이라고 말한다면, 당연히 내가 헛소리를 하고 있다고 여겨져야 한다. 하지만 만일 그러한 찻주전자의 존재가 고서古書에서 확인되고, 매주 일요일마다 찻주전자의 존재를 신성한 진리라고 배우며, 아이들도 학교에서 그 존재를 주입받았다면, 그 존재를 섣불리 믿지 않는 것은 유별나다는 표시가

될 것이고, 그 존재를 의심하는 자는 계몽된 시대라면 정신과 의사의
관심을, 그 이전 시대라면 종교 재판관의 관심을 받게 될 것이다.

Bertrand Russell(1952), 〈Is There a God?〉, in (EDT) John Slater,

Peter Kollner,《The Collected Papers of Bertrand Russell, Volume 11: Last

Philosophical Testament 1947-68》, Routledge, 1997, pp. 547~548.

눈은 아주 복잡한 기관입니다. A는 '눈은 신의 작품'이라고 주장합니
다. B는 '신이 존재한다는 증거를 대라'고 말합니다. A는 '아주 복잡한
기관인 눈이 바로 신의 존재에 대한 증거'라고 주장합니다. 이에 B는 '눈
은 진화의 과정을 통해 만들어졌다'고 대답합니다. 이런 논쟁은 끝이 없
습니다. 신이 존재한다고 주장하는 사람도 결정적 증거를 내놓지 못하
며, 신이 존재하지 않는다고 주장하는 사람도 마찬가지입니다. 그렇다
면 두 사람은 무승부일까요? 위의 지문에서 러셀은 신의 존재와 관련한
논증은 그렇게 무승부로 끝날 수 있는 문제가 아니라고 말하는 것 같습
니다. 바로 입증 책임의 문제 때문입니다. 다음 상황을 살펴봅시다.
　살인 사건이 발생했습니다. 수사를 통해 K를 검거했고 검사는 K를
취조한 다음 기소했습니다. 재판정에서 검사는 K가 범인이라고 주장
했지만 변호사는 검사의 주장을 잘 방어했습니다. 변호사는 말합니다.
"검사는 K가 범인이라고 입증해야 하지만 실패했다. 따라서 K는 범인
이 아니다." 이에 대해 검사는 이렇게 주장합니다. "그렇다면 변호사, K
가 범인이 아니라는 증거를 대시오!" 판사는 검사와 변호사가 무승부
라는 결론을 내릴 수 있을까요? 그럴 수 없습니다. 왜냐하면 범죄 입증
책임은 검사에게 있기 때문입니다. 변호사는 K가 범죄를 저지르지 않

았다고 입증할 책임이 없습니다. 이를 신의 존재 유무에 대한 논쟁에 적용해 보면 두 사람은 무승부가 아닙니다. 입증의 책임은 신이 존재한다고 주장하는 사람에게 있기 때문입니다.

1) 고전을 이해하는 토론

1   제시문에서는 찻주전자의 존재를 반증할 수 없다고 전제하고 유신론자에게 입증의 책임을 묻고 있습니다. 그런데 찻주전자의 존재에 대해 반증이 불가능할까요? 예를 들어 지구와 화성 사이에서 태양을 도는 궤도에 찻주전자가 존재하기 위해서는 찻주전자를 보낼 수 있는 로켓 등 추진체를 만들 수 있는 국가가 찻주전자를 보내야 합니다. 그러나 어떤 나라도 국가의 자원을 찻주전자를 우주에 쏘아 보내는 데 낭비하지 않을 겁니다. 그렇다면 찻주전자가 존재하지 않는다는 증명, 즉 찻주전자의 존재에 대한 반증은 가능해 보입니다. 찻주전자의 존재를 반증하는 다른 방법이 또 있을까요?

2   러셀의 유비 논증에서 등장하는 찻주전자와 아퀴나스의 신은 동등한 지위에서 비교할 수 있는 대상일까요? 아퀴나스의 신은 여러 측면에서 원인의 역할을 하지만 찻주전자는 그렇지 못합니다. 러셀의 유비 논증이 성립하기 위한 조건은 무엇일까요?

3   러셀은 신이 존재한다고 입증할 책임은 신이 존재한다고 주장하는 사람에게 있다고 합니다. 살인 사건에 신의 존재 증명을 비교

할 때 러셀이 사용하는 전제는 무엇이고 이 전제는 정당한가요? 반대로 무신론자에게 신이 없다는 사실을 입증하라고 요구할 수는 없을까요?

2) 오늘을 위한 토론

1 신이 정말로 세계의 지적 설계자라면 왜 세상을 완전하게 만들지 않았을까요? 전지전능한 신이 눈처럼 정교하고 복잡한 기관을 만들 능력이 있다면 근시나 원시가 생기지 않고 누구도 안경을 쓰지 않아도 되는 완전한 눈을 만들 수는 없었을까요?

2 신이 운동을 비롯한 모든 일의 원인이라면 세계에서 끊임없이 일어나는 나쁘고 고통스러운 일의 원인이기도 합니다. 선한 신이 끔찍한 악을 허용하는 것은 정당화될 수 있을까요?

3 아퀴나스의 '다섯 가지 길'을 통해 신의 존재가 증명된다고 하더라도 '원인'과 '설계자'로서의 신만 입증할 수 있습니다. 하지만 종교에서 전제하는 신은 그 외에도 많은 속성이 있습니다. 예를 들면 **2**에서 전제한 '선'은 신의 대표적인 속성으로 간주되지요. 아퀴나스의 신 존재 증명은 신에게 필요한 다른 속성에 대해서는 증명하지 못하고 단지 '그런 존재를 하느님이라고 부른다'라고 결론을 내립니다. 아퀴나스가 증명하려고 한 신은 '신 가설'을 받아들이는 유신론적 입장에서 전제하는 신과 같을까요?

더 깊은 토론을 위한 참고자료

★ 토마스 아퀴나스 지음, 정의채 옮김, 《신학대전 1 하느님의 존재》, 바오로딸, 2014

신 존재 증명에 대한 아퀴나스의 '다섯 가지 길'은 그의 저서 《신학대전》에 제시됐습니다. 그는 기독교 신학을 아리스토텔레스적으로 해석하고 체계화했습니다. 이 책은 어디까지나 신학적 저작이지만 아리스토텔레스를 비롯한 많은 철학자가 제시한 철학 질문에 대답하며 신학적 물음에 대해서도 엄격한 학문적 논증을 사용하려고 노력합니다. '다섯 가지 길'은 이후에도 철학사에서 빈번하게 채택되어 토론의 중심에 자리 잡았습니다.

★ 리처드 도킨스 지음, 이한음 옮김, 《만들어진 신》, 김영사, 2007

도킨스는 신 가설을 비판하고 진화론을 옹호합니다. 그는 자신의 저서 《만들어진 신》에서 여러 신 존재 증명에 대해 설명하고 이를 비판하는 저자를 소개합니다. 이 책은 대중적인 인기와 관심이 높지만 출처와 인용 부분은 학문적 엄격성이 떨어지기 때문에 고전으로 보기는 어렵습니다. 하지만 종교에 대한 매우 다양한 견해를 검토했으며 작가 나름의 생각이 잘 전달된다는 점에서 우리에게 많은 생각거리를 남깁니다.

★ 카렌 암스트롱 지음, 정영목 옮김, 《축의 시대》, 교양인, 2010

인류 역사 중 종교와 철학이 탄생한 시대에 대한 역사책입니다. 저자는 기원전 900여 년부터 기원전 200여 년까지 역사의 주요 지점에서 동시다발적으로 일어난 사상과 종교 변화를 짚어 갑니다. 그는 당시의 사상가에게 우리가 일반적으로 말하는 종교적 태도가 없다는 점에 주목합니다. 암스트롱은 당시 혁명적으로 사상이 변화됐고 그 결과로 태동한 종교와 철학이 인간에 대한 이해를 어떻게 바꾸어 놓았는지에 대해서 이야기합니다. 현대 사회에서 근본주의적으로 치닫는 종교 갈등과 증오를 극복할 수 있는 통찰을 제시하는 책입니다.

★ 오강남 지음, 《세계 종교 둘러보기》, 현암사, 2003(개정판: 2013년)

인류 역사뿐 아니라 현대에도 큰 영향력을 끼치는 세계 12개 종교의 발생, 기원, 특징을 설명하는 책입니다. 특정 종교의 관점에서 다른 종교를 비판하기보다는 가능한 한 객관적으로, 비교 종교학의 방법을 사용하여 각 종교에 대해 설명합니다. 더 나아가 종교를 통해 타인을 이해할 수 있도록 생각의 폭을 넓혀줍니다.

DISCUSSION CLASS

차별 없이 '다름'을 대하려면?

: THE SUBJECTION
OF WOMEN

존 스튜어트 밀과 함께 토론하는
인간의 권리와 평등

오늘의
토론 주제

UN의 〈세계인권선언〉은 "모든 인류 구성원의 천부의 존엄성과 동등하고 양도할 수 없는 권리를 인정하는 것이 세계의 자유, 정의 및 평화의 기초"라는 선언으로 시작합니다. 제1조는 다음과 같습니다.

> "모든 인간은 태어날 때부터 자유로우며 그 존엄과 권리에 있어 동등하다. 인간은 천부적으로 이성과 양심을 부여받았으며 서로 형제애의 정신으로 행동하여야 한다."

많은 나라가 〈세계인권선언〉의 이념과 내용을 헌법에 반영합니다. 우리나라 역시 구성원의 평등한 권리 및 불가침성을 헌법에 규정하여 보호합니다. 그렇다면 오늘날 '모든' 인간은 실제로도 '구성원의 권리'를 평등하게 누리고 있을까요? 최근 우리 사회에서는 MTFmale to female 트랜스 젠더의 군 복무 및 여대 입학, 장애인 이동권 보장을 위한 시위,

난민 거주권 인정 및 그들 자녀의 학교 입학, 차별 금지법 제정 같은 이슈를 둘러싸고 첨예한 찬반 논쟁이 벌어지고 있습니다.

사회 곳곳에 '구조적 차별'이 있다고 생각하는 사람들은 이러한 이슈를 '소수자minority 집단에 대한 차별'이라는 관점에서 접근해 이를 시정하고 평등한 권리를 보장해야 한다고 주장합니다. 반면 '구조적 차별'이 상당 부분 개선되었거나 없다고 보는 사람들은 이들이 '소수자'라는 점을 내세워서 특권을 요구한다고 반박합니다. 소수자의 권리 주장은 마땅히 받아야 할 몫에 대한 요구일까요, 아니면 그 이상의 요구일까요? 오늘날 우리 사회는 누구도 차별받지 않는 평등한 사회일까요? 차별 금지법 제정 등 적극적 조치는 제도적으로 꼭 필요할까요? 아니면 역차별을 불러올 우려가 있을까요?

'모든 인간이 권리에 있어서 평등한 대우를 받아야 한다'는 생각이 자리를 잡은 시기는 근대입니다. 이때 '시민' 계급이 등장하면서 봉건적 신분 질서가 무너지고 권리 및 법에 기반한 새로운 사회적 관계가 만들어졌습니다. 1789년에 일어난 프랑스 혁명은 근대 사회가 중세적 봉건제와 완전히 다른, 새로운 사회 질서를 성립했다는 신호탄이었습니다. 특히 프랑스 혁명 당시 발표된 '인간과 시민의 권리 선언'Déclaration des Droits de l'Homme et du Citoyen, 1789은 근대적 의미의 인권 개념을 잘 보여주고 있습니다. '프랑스 인권 선언'이라는 이름으로 더 잘 알려져 있는 이 선언의 1조는 '인간은 권리에 있어 자유롭고 평등하게 태어나 존재한다. 사회적 차별은 공공의 이익에 입각할 때에만 허용될 수 있다'고 주장합니다. 사회의 공공선을 해치지 않는 한, 모든 인간은 자유롭고 평등하게 자신의 권리를 누릴 수 있다는 선언입니다.

그렇다면 '프랑스 인권 선언'에서 주장한 내용만큼 프랑스의 사회적 질서도 바뀌었을까요? 혁명 이후 1791년에 제정된 프랑스 헌법은 모든 국민에게 시민의 권리를 동등하게 부여하지는 않았습니다. 오히려 시민의 등급을 나누어서 특정 부류의 시민에게만 정치에 참여할 수 있는 권리를 부여했습니다. 일정액 이상의 세금을 낼 수 있는 성인 남성에게만 참정권을 주고 유색인, 여성, 노예에게는 참정권을 주지 않았죠.

이에 강하게 반발했던 여성이 있습니다. 소설가이자 노예제 철폐 운동에 앞장서기도 했던 올랭프 드 구즈Olympe de Gouges입니다. 그는 프랑스 혁명의 열매를 경제적 부를 축적한 일부 계급의 남성만 독점했다고 비판하면서 '여성과 여성 시민의 권리 선언'Déclaration des Droits de la Femme et de Citoyenne, 1791을 발표했습니다. 구즈는 '여성은 태어날 때부터 자유롭고 또 권리에서 남성과 평등하다'고 선언했습니다. 또한 여성도 남성과 마찬가지로 시민으로서의 권리를 온전히 누릴 수 있어야 하며 여성에게도 정치에 참여할 수 있는 권리가 주어져야 한다고 주장했습니다. 다른 모든 권리가 평등할지라도 참정권에 차별을 둔다면 참정권에서 배제된 집단은 시민의 권리를 온전하게 누릴 수 없다는 의미입니다.

'모든 인간의 자유와 평등'을 천명한 '프랑스 인권 선언'과 달리, 프랑스 헌법은 인종, 성별, 계급에 따라 등급을 나눔으로써 참정권을 비롯한 모든 권리를 누릴 수 있는 '시민' 범주에 온전하게 포함되지 못하는 '인간'을 만들어냈습니다. 등급에 따라 차등적으로 시민권을 부여한 헌법의 부당함을 고발하기 위해 구즈는 '여성과 여성 시민의 권리 선언'을 썼습니다. 프랑스는 일정액 이상의 세금을 납부할 수 있는 성인 남성에게만 부여했던 참정권을 1848년에 모든 성인 남성으로 확대했고,

1944년이 되어서야 여성의 참정권을 인정했습니다. 참정권이 모든 성인 남성에서 여성에게 확대되기까지 거의 백 년이 걸린 셈입니다.

19~20세기 동안 노예제 폐지 운동, 흑인 인권 운동, 여성 참정권 운동 등 여러 인권 운동이 일어났습니다. 이는 '모든 인간은 평등한 권리를 지닌다'는 이념을 바탕으로 평등한 시민 권리를 얻기 위한 투쟁이었습니다. 인권의 역사는 '2등 시민'으로 밀려나서 '인간'이면서도 '시민'의 범주에 온전하게 속하지 못해 차별을 받던 사람들이 평등한 시민 지위를 요구함으로써 '시민'의 범주를 점차 확장시켜 온 투쟁의 역사이기도 합니다. 그렇다면 오늘날에는 '인간'의 범주와 '시민'의 범주가 같아졌을까요? 누군가 '시민'의 범주에서 배제됐다면 또는 온전하게 포함되지 못했다면 그 이유는 무엇일까요? '사회의 공공선'은 누군가를 시민의 범주에서 배제할 만한 정당한 근거가 될 수 있을까요?

토론 수업을 위한
오늘의 고전

존 스튜어트 밀의 《여성의 종속》

여성을 온전한 시민권에서 배제한 사회의 부당함을 고발했던 구즈와 마찬가지로 인간이라면 누구나 평등하게 시민의 권리를 누려야 한다고 생각했던 사상가가 있습니다. 바로 19세기의 철학자이자 여성 참정권 운동을 강하게 지지했던 존 스튜어트 밀John Stuart Mill입니다. 밀의 생각은 《여성의 종속》(1869)에 잘 나타나 있습니다.

[가]

오늘날까지도 한쪽 성이 다른 쪽 성에 법적으로 종속되도록 양성 사이의 사회적 관계를 규제하는 원칙은 그 자체로 그르며, 오늘날 인간의 진보를 가로막는 주요한 장애물 가운데 하나이다. 한쪽 성이 다른 쪽 성에 종속되어야 한다는 원칙은 완전 평등의 원칙으로 대체되어야만 한다. 한 쪽에만 권력이나 특권을 허용하는 일도, 다른 쪽의 법적 자격을 박탈하는 일도 있어서는 안 된다.

(중략) 어떤 견해가 사람들의 정서에 강하게 뿌리박고 있는 한, 반대 논변의 우세함은 그 견해를 약화시키기보다 오히려 더 견고하게 만든다. 만일 어떤 견해가 논증의 결과로 받아들여졌다면, 논증에 대한 반박은 확신의 견고함을 뒤흔들 수도 있다. 그러나 그 견해가 순전히 정서에만 기초할 때, 논증적 검증이 더 나쁘게 진행될수록 견해의 지지자들은 자신들의 정서가 논증으로는 도달하지 못하는, 보다 심오한 어떤 근거를 가지고 있음이 틀림없다고 더 강하게 믿게 된다. 정서가 남아있는 한, 정서는 과거에 만들어져 의심받고 있는 모든 것을 회복시키기 위해 무너지지 않을 논증을 항상 새롭게 제시할 것이다. 이런 주제와 연관된 정서를 오래된 제도와 관습을 유지하고 보호하기 위해 동원하는 모든 것 가운데 가장 강하고 뿌리 깊은 것으로 만들려는 많은 이유가 있다. 오래된 제도와 관습이 오늘날의 위대한 정신적·사회적 변화의 과정에서 살아남은 다른 어떠한 것보다도 덜 훼손되고 느슨하게나마 남아있다는 점에 놀랄 필요는 없다. 또한 인간이 최대한 오래 고수해 온 만행이 일찍이 떨쳐버린 만행보다 덜 야만적이리라고 가정할 필요도 없다.

[나]

사람들은 대개 인류사의 상당 기간 동안 힘의 법칙이 얼마나 완전하게 일반적 행동에 대한 공인된 규칙이었는지, 여하한 다른 것은 단지 특별하고 예외적인 이상한 결과였는지를 거의 의식하지 못한다. 그리고 얼마나 최근에 와서야 사회 전반의 일이 어쨌든 도덕 법칙이라고 할 수 있는 것에 따라 규제되기 시작했다는 점을 거의 의식하지 않는다. 마찬가지로 사람들은 어떻게 해서 어떠한 근거도 없이 그저 힘의 법칙만을 따르는 제도와 관습이 시대와 국가를 막론하고 일반적인 견해로 유지되어 왔는지, 그러한 제도와 전통조차 처음 확립되었을 때에는 결코 받아들여지지 않았을지도 모른다는 것을 따져보거나 염두에 두지 않는다. 불과 40년 전까지만 해도 영국인들은 법에 의거하여 노예 상태인 인간을 사고 팔 수 있는 재산으로 취급할 수 있다고 생각했다. 금세기에도 그들은 노예를 납치하고 약탈하거나 문자 그대로 죽도록 일을 시켜도 괜찮다고 생각할지 모른다. 거의 모든 다른 자의적인 권력을 포용할 수 있는 사람들조차도 비난하는, 다른 무엇보다도 공평무사한 입장에서 바라보려고 하는 모든 사람의 정서에 가장 불쾌함을 주는 이런 절대적으로 극단적인 힘의 법칙에 해당하는 사례가 바로 오늘날 살아있는 사람들의 기억 속에 있는 문명화되고 기독교적인 영국의 법이었다. (중략) 극단적인 사례는 다른 모든 사례를 언급할 필요조차 없게 만들기는 하지만, 절대 왕정 체제가 아주 오랫동안 지속되었다는 사실도 따져보도록 하자. 오늘날 영국에서 가장 보편적인 확신은 무력을 동원한 폭정이야말로 어떤 다른 기원이나 정당성도 갖지 못하는, 힘의 법칙에 해당하는 사례라고 생각한다. 그러나 영국을 제외한 유럽의 모든 훌륭한 나라에서 무력을 동원한 폭정이 여전히 존재하거나 간신히 사라지고 있다. 여전히 폭정이 남아있는 곳에서는 지금도 모든 계층의 사람, 특히 사회적 지위와 위엄을 가진 사람들 가운데 폭정을 옹호하는 강한 부류가 있다. (중략) 이런 경우 과도한 권력을 가진 사람, 즉 권력에 직접적인 이해관계를 가진 사람은 단 한 사람뿐이다. 반면 권력에 종속되어 고통을 겪는 사람은 문자 그대로 나머지 모든 사람이다. 이러한 굴레는 자연스럽게, 그리고 필연적으로 단 한 사람을 제외한 모든 사람에게 굴욕감을 준다. 단 한 사람, 왕좌에 있는 이를 제외한다면 말이다. 왕 말고도 제외될 수 있는 사람은 고작해야 왕위를 계승하리라 기대되는 사람 정도이다. 이런 경우는 남성이 여성보다 우위에서 권력을 휘두르는 것과 얼마나 다르겠는가! 나는 지금 권력의 정당성 문제를 예단하는 것이 아니다. 나는 그러한 권력이, 정당화될 수 없을 때조차, 우리 시대까지 지속되어 온 다른 지배보다도 훨씬 더 영구적일 수밖에 없었는지를 보여주려는 것이다. (중략)

어떤 사람들은 남성의 통치권과 내가 예시로 제시했던 부당한 권력의 형태를 비교하는 것은 온당하지 않다고 반박할 것이다. 부당한 권력은 제멋대로인데다 권리 침해의 결과에 불과할 뿐이지만, 남성의 통치권은 그러한 권력과 달리 자연스럽다고 여기기 때문이다. 하지만 권력을 소유한 사람들에게 자연스러운 것처럼 보이지 않는 지배가 있기는 한가? 인류를 두 계급으로 구분하는 것, 즉 소수의 지배자와 다수의 노예로 구분하는 것이 가장 교양 있는 사고방식에서조차 인류의 자연스러운 상태이자 유일한 상태인 것처럼 생각했던 시대가 있었다. 아리스토텔레스 못지않게 지성적이고 인간 사유의 진보에 기여한 이들조차 아무런 의심이나 의혹 없이 이러한 견해를 갖고 있었다. 이러한 견해는 여성에 대한 남성의 지배와 관련한 비슷한 주장이 통상적으로 기초하고 있는 비슷한 전제에서도 찾을 수 있다. 즉 사람들 사이에는 자유인의 본성과 노예의 본성이라는 본성상의 차이가 있다는 것이다. (중략) 굳이 아리스토텔레스까지 거슬러 올라가야 할까? 미국 남부의 노예 소유주 역시 비슷한 신조를 가지고 있지 않았던가? 그들은 자신들의 신조에 광적으로 매달리면서, 자신들의 정념을 정당화해주고 개인적인 이해 관심에 합법성을 부여해주는 이론을 고수한다. 그들은 흑인에 대한 백인의 지배는 자연스러운 일이며, 흑인은 본성상 자유를 누릴 수 없고 노예일 뿐이라는 점을 입증하기 위해 우주 만물을 들먹이지 않았던가? 어떤 사람들은 육체 노동자의 자유는 어느 곳에서든 자연스러운 사물의 질서에 부합하지 않는다고 주장하기까지 한다. 게다가 절대 왕정에 대한 이론가들은 언제나 절대 왕정 체제야말로 자연에 부합하는 유일한 통치 형식이라고 단언하곤 했다. 가부장제에서 흘러나왔기 때문에 절대 왕정 체제가 근원적이고 자연발생적인 사회 형태라는 것이다. 부계 모델에 따르면 부권이 사회 자체보다 앞서며 무엇보다 가장 자연스러운 권위이다. 아니다. 그런 문제라면, 어떤 다른 답변도 제시할 수 없는 사람들에게만 힘의 법칙 자체가 권위의 수행을 뒷받침할 수 있는 모든 근거들 가운데 가장 자연스러운 것처럼 보일 뿐이다.

(중략)

자연스럽지 않다는 말이 일반적으로 관습에 부합하지 않는다는 의미로 쓰이는 것은 사실이다. 그렇기 때문에 일상적인 모든 것이 자연스럽게 보이는 것이다. 여성이 남성에게 예속되는 것이 보편적인 관습으로 여겨지기 때문에 아주 자연스럽게 관습에서 벗어나는 것조차 부자연스럽게 보인다. 그러나 이 경우에서조차 정서가 관습에 얼마나 전적으로 의존하는지를 수많은 경험이 보여주고 있다.

[다]

사회적·자연적인 모든 원인이 결합하여 여성이 집단적으로 남성의 권력에 저항하는 일을 있을 수 없는 일로 만든다. 여성의 위치는 모든 다른 종속 계급과 다르다. 그리하여 여성을 지배하는 주인들은 실질적인 섬김을 받는 것 이상의 무언가를 여성에게 요구한다. 남성은 여성이 단순히 복종하는 것을 원하지 않는다. 그들은 여성의 다정함을 원한다. 매우 잔인한 사람을 제외한 모든 남성은 자신과 가장 가까운 관계에 있는 여성에게 강요에 의한 노예가 아니라 자발적 노예가 되기를, 즉 단지 노예일 뿐인 사람이 아니라 좋아하는 사람이 되기를 바란다. 그렇기 때문에 남성은 실제로 여성의 정신을 노예로 만들기 위해 모든 것을 동원한다. (중략) 그들은 자신들의 목적을 효과적으로 달성하기 위해 교육이 가진 전반적인 힘에 주목했다. 모든 여성은 아주 어렸을 때부터 이상적인 여성상은 이상적인 남성상과는 정반대라는 믿음을 갖도록 양육된다. 여성은 제멋대로여서도 안 되고 스스로를 통제해서도 안 되며 다른 사람들에게 복종하고 제재 받아야 한다고 믿게 한다. 여성에게 요구되는 모든 도덕은 다른 사람들을 위해 사는 것이 여성의 의무라고 말한다. 현재 널리 퍼져 있는 모든 감상적인 말은 그것이 여성의 본성이라고 한다. 여성은 자기 자신을 완전히 버려야 한다. 애정을 바치는 것 이외의 삶이 여성에게는 없다. (중략)

앞에서 살펴보았던 것은 다음과 같은 점을 보여주기에 충분하다. 즉, 여성을 사회적·정치적으로 남성에게 예속시키는 제도를 지지하기 위해 제아무리 보편적인 것이라 해도 관습을 전제로 동원해서는 안 되며, 관습에 의거해서 어떤 편견을 만들어내서도 안 된다. 한 발 더 나아가서 나는 역사의 과정과 인간 사회의 진보적 경향은 불평등한 권리 체계를 지지하지 않을 뿐만 아니라 그러한 불평등을 강하게 반대한다고 생각한다. 바로 이 순간까지 인간이 개선해나간 전체 과정, 즉 오늘날 사조의 전반적인 흐름으로 추정해보건대 과거의 유물은 미래와 조화를 이루지 못하며 틀림없이 사라지게 될 것이다.

John Stuart Mill, 《The Subjection of Women》, 1869, 제1장 [가]~[다].

1) 주제 이해를 돕는 연습

1 지문 [가]에서 밀은 남성과 여성의 사회적 관계를 비판하면서 어떤 집단이 다른 집단에게 법적으로 종속된다면 이는 부당하며

지배-종속 관계를 완전 평등의 원리로 대체해야 한다고 주장합니다. 또한 완전 평등의 원리가 논리적으로 옳더라도 사람들의 일반적인 정서에는 받아들여지지 않을 가능성이 크다고 우려합니다. 정서에 바탕을 둔 주장은 어떤 문제가 있을까요? 그런 주장을 효과적으로 반박할 수 있는 방법은 무엇일까요?

2 지문 [나]에서 밀은 여성의 사회적 상태가 노예제에 비견될 만큼, 오히려 그것보다 더 뿌리 깊게 남아 있는 부정의라고 주장합니다. 그는 이 비유가 적절하지 않다는 반론을 예상하고 그에 대한 답변도 내놓았습니다. 여성과 노예의 유비는 적절할까요? 밀이 내놓은 답변은 얼마나 설득력이 있을까요?

3 지문 [다]에서 밀은 여성의 종속이 다른 종속과 다른 점, 여성이 종속 상태에서 벗어나기 어렵게 만드는 요인에 대해 언급합니다. 그는 최종적으로 사회는 평등으로 나아가야 한다고 주장합니다. 밀의 언급을 통해 사회적·정치적으로 여성을 남성의 지배 아래 묶어둔 당시의 제도를 추측해보고 오늘날의 사회적·정치적 제도는 밀이 예상한 평등의 방향으로 충분히 변화되었는지 평가해 봅시다.

2) 해석해드립니다

밀이 《여성의 종속》을 발표했을 당시는 여성 참정권 운동의 초창기로 사람들은 남성이 가정의 대표로서 공적 영역에서 활동하고 여성은 남성의 아내로서 가정이라는 사적 영역에 머물러야 한다고 생각했습니다. 남성은 '시민'의 사회적 지위를 누린 반면, 여성은 '남성 시민의 아내'로서만 사회적 지위를 누릴 수 있었습니다.

당시 영국 사회에서 여성은 아내로서 남편에게 종속된 형태로만 법적 지위를 가질 수 있었는데 밀은 바로 이러한 여성의 예속 상태를 강하게 비판했습니다. 그는 지문 [가]처럼 남성과 여성의 사회적 관계가 완전 평등의 원리에 따라 이루어져야 한다고 주장했습니다. 밀은 남성과 마찬가지로 여성에게도 시민의 권리가 주어져야 하며 완전한 평등이 전제될 때 남성과 여성이 진정으로 자유로운 관계를 맺을 수 있다고 말했습니다.

밀에 따르면 근대 시민 사회를 봉건 사회와 구분하는 가장 중요한 특징은 바로 모든 사람들이 "타고난 능력과 좋은 기회를 이용하여 자신이 원하는 목적을 달성할 수 있는 자유인"이 되었다는 점입니다. 근대 시민 사회에서 사람들은 더 이상 타고난 신분에 따라 운명이 제약되는 삶을 살아가지 않았습니다. 그들은 삶의 방향을 스스로 선택하고 설계할 자유가 있었습니다. 밀은 "자신의 이익과 다른 사람의 이익을 위해 능력을 발휘하려는 사람을 방해한다면 당사자에게는 불의를 저지르는 일이고 사회적으로는 불행한 결과를 낳는 일"이라고 주장합니다.

하지만 당시 여성은 남성처럼 삶의 방향을 자유롭게 선택할 수 없었습니다. 오직 남편의 아내이자 아이의 어머니로서만 존재해야 했습니다. 밀은 이러한 현실에 맞서 모든 사람은 자신의 삶의 방향을 자유롭게 선택할 수 있어야 하며 그것이 바로 정의라고 주장합니다. 지문

[나]처럼 밀은 역사적 사례를 통해 사람들이 '자연스럽다'라고 여기는 현상이 잘못된 관습에서 기인했다는 사실을 보여주고 이를 근거로 여성도 정치에 참여할 수 있어야 한다는 주장이 사람들의 '일반적인' 직관에 어긋나더라도 '규범적으로' 정당화될 수 있다고 말합니다. 그는 '자연스러워' 보이지만 정당화될 수 없는 생각과 일반적 직관에 어긋나는 것처럼 보이지만 '규범적으로' 정당한 생각을 대비해 여성도 시민의 권리를 동등하게 누릴 수 있어야 한다는 자신의 생각이 올바른 방향이라고 이야기합니다.

이러한 밀의 주장은 당시 사회에서 시민의 권리를 자유롭게 누릴 수 있는 사람이 일부에 불과했다는 사실에 비추어 볼 때 매우 급진적이었습니다. 밀이 주장한 여성의 자유 및 평등한 권리 보장은 《여성의 종속》이 출간되고 한참 후인 20세기 초반에 이르러서야 여성 참정권 인정으로 결실을 맺습니다. 그러나 이후에도 여성은 가정이라는 사적 영역에 머물러야 한다는 관념은 쉽게 사라지지 않았습니다.

지문 [다]처럼 밀은 여성이 억압적인 상황에서 벗어나기 어렵게 하는 사회적·자연적 요인이 있다고 지적했습니다. 밀이 살던 시대에서 한 세기가 지난 20세기 중반에도 여성의 상황은 크게 달라지지 않았습니다. 프랑스의 실존주의 철학자이자 작가인 보부아르Simone de Beauvoir는 《제2의 성》에서 여성이 여전히 종속적인 삶을 살고 있다고 비판합니다.

그런데 여자는 남자의 노예가 아니었을지라도 적어도 항상 그의 가신家臣이었다. 양성이 세계를 평등하게 누린 적은 단 한 번도 없었다. 그리고 오늘날도 여성의 조건이 진보하는 중이긴 하지만 아직 여자는 몹시 불리한 조건에 놓여 있다. 거의 모든 나라에서 여성의 법적 지위는 남자의 것과 동일하지 않고 대개 심각하게 불리하다. 여자의 권리가 추상적으로 인정되었다 할지라도 오랜 관습이 현실에서 구체적으로 실행되는 것을 막는다. 남자와 여자는 경제적으로 거의 두 개의 카스트 계급을 형성하고 있다.

  모든 것이 평등하다 해도 남자들은 최근에 진입한 그들의 경쟁자보다 더 유리한 상황, 더 높은 보수, 더 많은 성공의 기회를 가지고 있다. 남자들은 산업이나 정치 등에서 훨씬 더 많은 자리를 차지하고 있고 가장 중요한 지위를 점하고 있다. 그들은 구체적인 권력 외에도 모든 어린이 교육이 유지하는 전통의 위세를 누리고 있다. 현재는 과거를 이어받고 있고 과거의 모든 역사는 남자들에 의해 만들어졌다. 여자들이 세계의 역사에 참여하기 시작한 순간에도 이 세계는 아직 남자들에게 속한 세계이다. 남자들은 그 사실을 의심하지 않고 여자들은 이제 겨우 의심하기 시작했다.

시몬 드 보부아르 지음, 이정순 옮김, 《제2의 성》, 을유문화사, 2021, p. 33.

보부아르의 주장을 한마디로 요약하면 여성은 여전히 2등 시민에 머물고 있으며 그것이 정당하지 않다는 것입니다. 보부아르는 여성이 온전한 시민이 아닌 '남성 시민의 아내'로서 삶을 강요당하는 현실을 비판하고 여성도 주체적으로 자신의 삶을 가꾸어 나갈 수 있어야 한다고 주장합니다.

  그렇다면 오늘날 '시민'의 범주는 얼마나 달라졌을까요? 지금은 인간이라면 누구나 성별, 인종, 계급, 사회·문화적 조건과 상관없이 시민의 권리를 평등하게 누리고 있을까요? '우리'와 다르다고 여겨지는 사람을 은연중에 차별하고 있지는 않을까요? '나'와 동등한 시민으로 간주할 수 있는 사람은 누구일까요? 사회의 주류 정체성이 아닌, 소수자 정체성을 지닌 집단에 대한 차별은 어떤 층위에서 벌어질까요? 누군가를 인간으로서 존중하지만 그 사람에게 동등한 시민권을 부여해서는 안 된다고 생각한다면 이는 논리적으로 양립할 수 있을까요? 그렇지 않더라도 그러한 생각이 사라지지 않는다면 이유는 무엇일까요? '인간' 개념과 '시민' 개념 사이에 여전히 어떤 긴장이 있지는 않은지 생각해 볼 필요가 있습니다.

토론해봅시다

인권은 양도할 수 없다고 추정되지만, 주권 국가의 시민이 아닌 사람들이 나타날 때면 항상—심지어 인권에 기초한 헌법을 보유한 국가에서조차—인권은 강요할 수 없는 것이라는 사실이 드러났다. (중략)

권리를 상실한 사람들의 재난은 그들이 생명, 자유와 행복 추구 또는 법 앞에서의 평등과 의견의 자유—주어진 공동체 안에서 발생하는 문제들을 풀기 위해 고안된 공식들인데—를 빼앗겼다는 것이 아니라 어느 공동체에도 속하지 않는다는 것이다. 그들의 곤경은 그들이 법 앞에서 평등하지 않아서가 아니라 그들을 위한 어떤 법도 존재하지 않기 때문이고, 그들이 탄압을 받아서가 아니라 아무도 그들을 탄압하려 하지 않는다는 데 있다. (중략)

인권의 근본적인 박탈은 무엇보다 세상에서 거주할 수 있는 장소, 자신의 견해를 의미 있는 견해로, 행위를 효과적 행위로 만드는 그런 장소의 박탈로 표현되고 있다. 어떤 사람이 자신이 태어난 공동체에 소속되는 것이 더 이상 당연한 문제가 아니고 그것에 속하지 않는 것이 더 이상 선택의 문제가 아닐 때, 또는 어떤 사람이 범죄를 저지르는 경우를 제외하고는 다른 사람이 그를 어떻게 취급할지가 그의 행위에 좌우되지 않을 때, 시민의 권리인 자유와 정의보다 훨씬 더 근본적인 것이 위험에 처하게 된다. 인권을 빼앗긴 사람들은 바로 이런 극단적인 궁지에 처해 있는 것이다. 그들은 자유의 권리가 아니라 행위의 권리를 박탈당했고, 좋아하는 것을 생각할 권리가 아니라 의사를 밝힐 권리를 빼앗겼다. 어떤 경우에 특권이, 대개의 경우에는 불의가, 또 축복과 저주가 우연에 따라 그들에게 할당된다. 그들이 무엇을 하고, 했고, 앞으로 할 것인지에 전혀 상관없이.

전 세계적으로 새로운 정치 상황이 출현하면서 수백만 명의 사람들이 권리를 가질 수 있는 권리(그것은 어떤 사람이 그의 행위와 의견에 의해 평가를 받을 수 있는 하나의 구조 안에서 살고 있다는 것을 의미한다), 그리고 어떤 종류의 조직된 공동체에 속할 수 있는 권리를 잃고 다시 얻을 수 없게 되면서, 우리는 비로소 그런 권리가 존재한다는 사실을 깨닫게 되었다. 문제는 이런 재난이 문명이 부족하거나 미개하거나 또는 단순한 폭정으로 인해 발생한 것이 아니라, 그 반대로 이 재난이 복구될 수 없다는 데 있다. 그것은 지구상에 이제 '미개한' 장소가 존재하지 않고, 원하든 원치 않든 우리가 이제 하나의 세계에서 살기 시작했기 때문이다. 완전하게 조직된 인류와 더불어 고향과 정치 지위의 상실은 인류로부터 배제되는 것과 동일하게 되었다. (중략)

인간이 자신의 정치 지위를 상실할 경우, 양도할 수 없는 선천적인 인권의 함의에 따르면, 그런 보편적인 권리 선언이 마련한 바로 그런 상황에 있어야 한다. 그러나 그 반대가 현실이다. 인간에 불과한 사

람은 다른 사람들이 그를 동료로 취급하게 만드는 바로 그런 특성을 상실한 것처럼 보인다. (중략)

  공동의 세계 밖에서 살도록 강요당한 사람들의 실존에서 발생하는 가장 큰 위험은 그들이 문명의 한가운데에서 자연의 상태, 즉 그들이 자연으로부터 받은 것으로, 그들의 단순한 차이로 되던져졌다는 것이다. 그들에게 없는 것은 어떤 국가의 시민이라는 데서 오는 현상, 즉 차이의 제거 및 균등화 현상이다. 그러나 그들은 더 이상 인간이 만든 세상에 참여하지 못하기 때문에 동물이 특별한 동물종에 속하는 것과 같은 방식으로 이제 인간종에 속하기 시작한다. 인권의 상실에 함축된 역설은, 한 사람이 일반적인 인간이 되는 순간—직업도 없고 시민권도 없으며, 의견도 없고 그의 정체와 고유한 점을 알려줄 행위도 없는—그리고 그 자신만의 절대적으로 독특한 개성을 나타내면서 일반적으로 다르게 되는 순간 그런 상실이 일어난다는 것이다. 이 개성은, 하나의 공통된 세상 안에서 표현되고 그 위에서 행동할 수 있는 기회를 박탈당하면 모든 의미를 상실한다.

한나 아렌트 지음, 이진우·박미애 옮김, 《전체주의의 기원 1》, 한길사, 2006,
제9장, pp. 540~554.

  위 제시문은 20세기 철학자 한나 아렌트Hannah Arendt의 1951년 저작인 《전체주의의 기원》의 일부입니다. 이 책에서 아렌트는 근대적 인권 개념의 난점을 분석합니다. 그는 인권이 '양도할 수 없다'고 천명되었다 할지라도 어떤 사람을 '참된' 시민으로 간주하지 않는 순간, 인권은 아무런 효력도 없다고 말합니다. 나치 치하의 독일에서는 민족 문화에

'참으로' 속하는 이들만 시민의 완전한 법적 권리를 가질 자격이 있다는 논리가 지배적이었습니다. 히틀러가 정권을 장악한 후 유대인을 비롯하여 민족 문화에 '참으로' 속하지 않는 사람들에게서 사법적 권리를 박탈하는 법이 가결되었고 이는 홀로코스트라는 비극으로 이어졌습니다.

아렌트는 나아가 '참된' 시민에 포함되지 못하는 존재를 배제하고, 궁극적으로는 이들을 사회에서 제거하고자 하는 전체주의적 방식이 야기하는 이런 비극이 어떤 사회에서든지 나타날 가능성이 있다고 경고합니다. '인간'과 '시민' 사이에 간극이 있을 때, '참된' 시민만이 '인간'의 자격을 얻게 될 때, 자격을 얻지 못한 사람들을 '쓸모없는' 인간으로 격하시키고 제거하고자 하는 전체주의의 논리가 언제든 등장할 수 있다는 의미입니다.

1) 고전을 이해하는 토론

1   아렌트는 '보편적 인권' 개념이 명확하지 않으며 무국적자처럼 시민권이 없을 경우에는 아무런 효력도 발휘하지 못한다고 주장합니다. 인권은 단지 개념뿐일까요? 아니면 구체적인 상황에서 충분한 효력이 있을까요?

2   '인간' 개념은 모든 사람을 아우르는 포괄적인 개념일까요? 인종, 성별, 계급, 사회·문화적 조건 등 개인의 특수성이 '인간' 개념과 어떻게 관련되는지, '인간' 개념이 개인의 특수성을 무시하는

것은 아닌지 생각해봅시다.

3 '인간' 개념과 '시민' 개념 사이에 어떤 긴장이 있을 때, 즉 '인간'
   의 범주와 '시민'의 범주가 일치하지 않을 때 어떤 방향으로 긴장
   이 해소되어야 할까요?

2) 오늘을 위한 토론

1 개인의 특수성을 고려할 때 '평등'은 무엇을 의미할까요? '인간
   보편성'을 가정할 때에만 '평등'을 이야기할 수 있을까요? 오늘
   날 평등에 대한 요구는 구체적으로 무엇인지 생각해봅시다.

2 최근 우리 사회에서 일어나는 MTF 트랜스 젠더의 군 복무 및 여
   대 입학, 장애인 이동권 보장을 위한 시위, 난민 거주권 인정 및
   자녀의 학교 입학, 차별 금지법 제정 등을 둘러싼 찬반 논쟁은
   '평등한 시민권'이라는 전제에서 이루어지고 있을까요?

더 깊은 토론을 위한 참고자료

★ 존 스튜어트 밀 지음, 서병훈 옮김, 《여성의 종속》, 책세상, 2018

인용문에서 사용한 부분은 밀의 《The Subjection of Women》을 직접 변역한 것입니다. 밀은 '여성은 본성상 이성적이기보다 감성적이기 쉽다', '남성보다 덜 이성적이기 때문에 공적 영역에 적합하지 않다'는 등 당시 널리 퍼져 있던 생각이 어떻게 잘못되었는지 논리적으로 반박하면서 여성도 시민의 평등한 권리를 누려야 한다고 주장했습니다. 여성의 사회적 지위와 평등한 권리에 관한 기본 이념을 제시했다는 점에서 자유주의 페미니즘의 고전이라는 평가를 받습니다.

★ 한나 아렌트 지음, 이진우·박미애 옮김, 《전체주의의 기원》1·2권, 한길사, 2006

아렌트는 '양도 불가능한 권리'란 권리를 보장하고 보호할 제도가 없을 경우 효력이 없다는 점을 지적하면서 가장 근본적인 권리는 '권리를 가질 권리'가 되어야 한다고 주장합니다. '권리를 가질 권리'란 권리를 보장하고 보호해 줄 어떤 공동체에 속할 권리를 의미합니다. '인권'은 누군가를 공동체의 구성원으로 인정하는 데에서 출발하는 것이 아닐까요.

★ 시몬 드 보부아르 지음, 이정순 옮김, 《제2의 성》, 을유문화사, 2021

'여자는 태어나는 것이 아니라 만들어진다'는 유명한 주장이 이 책에서 제기되었습니다. 보부아르는 '생물학은 운명'이라며 여성의 억압적 상황을 여성의 자연적 본질에 따른 결과라고 정당화해왔던 논의에 맞서 여성의 '본질' 역시 사회문화적으로 만들어졌다고 비판합니다. 나아가 여성이 그렇게 만들어진 '본질'을 뛰어 넘어, 자유롭게 자신의 삶을 창조해 나가는 실존적 주체가 되어야 한다고 주장합니다. 여성의 위치를 주체와 타자의 관계에서 생각해 볼 수 있게 하는 책입니다.

DISCUSSION CLASS

돈이 없는 것 vs. 존엄성이 없는 것
: A THEORY OF JUSTICE

존 롤즈와 함께 토론하는
인정-재분배 논쟁

오늘의
토론 주제

'정의justice'에 대한 열망은 인간에게 근본적인 모양입니다. 플라톤의
《국가》에서 현대 철학에 이르기까지 정의가 무엇인지, 어떻게 하면 정
의로운 사회를 만들 것인지, 어떻게 하면 정의로운 사람이 될 수 있을
지에 대한 논의가 계속되고 있으니 말입니다. 과거 군부 독재를 경험하
고 민주화의 과정을 겪은 한국 사회도 역사의 전환기마다 정의가 중요
한 계기를 마련했습니다.

정의라는 '이름'이 고대로부터 현대까지 각 사회에서 두루 사용되고
있지만 어떤 영역에서 어떻게 정의로운 사회를 만들 것인지에 대한 구
체적인 논의로 들어가면 논쟁이 벌어집니다. 정의의 '내용'을 다루기
위해서는 시대와 사회를 고려한 논의가 필요하기 때문입니다. 현대 한
국 사회의 정의를 논의하기 위해서 먼저 우리가 직면한 정의 문제가 무
엇인지 살펴볼 필요가 있습니다.

미국의 여론조사 기관 퓨리서치센터는 2021년 11월 18일 한국을 포

함한 17개국 선진국의 성인 1만 9천 명을 대상으로 한 설문 조사 결과를 발표했습니다. 이 조사에서 '삶을 의미 있게 하는 것은 무엇입니까?'라는 물음에 대해 17개국 가운데 14개국은 가족을 1위로 꼽았습니다. 가족을 1위로 꼽지 않은 세 나라 가운데 스페인은 건강을, 대만은 사회를, 한국은 물질적 풍요를 1위로 꼽았습니다. 물질적 풍요는 대부분의 국가에서 상위 5개 항목에 포함됐지만 이를 1위로 꼽은 나라는 한국이 유일했습니다.

이러한 조사 결과는 물질적 풍요를 중요하게 여기는 한국 사회의 단면을 보여줍니다. 1950년 한국 전쟁 이후 급격한 산업화 과정과 1997년 IMF 금융 위기 등을 경험하면서 경제적 불평등이 심화된 사회에 살다 보니 다른 가치보다 경제적 가치에 몰두했기 때문이라고 분석할 수 있습니다. 세계불평등연구소가 2021년 12월 7일 발행한 『세계 불평등 보고서 2022』에 따르면 한국은 소득 수준이 비슷한 서유럽 국가에 비해 불평등 정도가 심합니다. 한국의 소득 상위 10%와 하위 50%의 소득 배율은 14배이고 자산 불평등은 52배이며, 최상위 1%의 보유자산 비중은 전체의 25.4%에 이릅니다. 이 보고서는 한국이 1960년대부터 1990년대에 사회적 안전망을 만들지 못한 상태에서 규제 완화 등 정책을 통해 경제 발전을 도모했기 때문에 1990년대 이후 불평등이 더욱 심화됐다고 분석했습니다.

경제적 불평등이 심화된 한국 사회에서 '단군 이래 최고의 스펙'이라는 청년 세대의 경제적 불평등은 객관적으로 더욱 커졌을 뿐만 아니라 불평등에 대한 주관적 인식도 심화되고 있습니다. 한국 사회에서 괜찮은 일자리는 급속도로 줄어들었고 청년 불평등은 세습과 고착화를 통해 강화되고 있습니다. 청년 세대의 10명 중 8~9명86.9%이 향후 10년간 한국 사회에서 사회적·경제적 불평등이 더욱 커질 것이라고 인식하며, 20대는 부모 세대보다 상대적으로 사회적·경제적 지위가 하락하거나69.2% 비슷할 것19%이라는 부정적 인식을 갖고 있다고 합니다.[1]

이 같은 현대 한국 사회의 현실은 20세기 서구 사회에서 경제적 불평등이 초래하는 부정의를 제거하고 정의로운 사회를 추구하려는 열망에서 나타났던 분배 정의distributive justice 논의를 다시금 떠오르게 합니다. 정의로운 사회를 위해 사회적·경제적 불평등을 시정하고 모든 사회 구성원이 적절한 몫을 재분배 받아 자신의 삶을 영위할 수 있는 토대를 마련할 필요가 있습니다.

한국 사회의 정의를 다룰 때는 차별이나 자존감 상실 문제도 함께 언급됩니다. 특히 현대 사회에서는 후자에 주목할 필요가 있습니다. 차별이나 자존감 상실은 사회 구성원의 내면을 병들게 하고 오랜 시간 동안 광범위로 확산하는 사회 병리 현상, 예를 들면 다양한 정신 질환이나 자살 그리고 혐오와 파괴적 갈등을 초래하기 때문입니다. 한 여론 조사 결과에 따르면 한국 사회의 남녀 갈등이 심각하다는 응답은 63%로, 그렇지 않다는 31%의 응답보다 2배 높았습니다.[2] 특히 20대는 75%, 30대는 76%가 심각하다고 응답했으며 성차별이 주로 직장61% 등 사회생활 영역에서 발생한다고 응답했습니다.

설문 조사 결과는 근대화 이후에도 한국 사회가 여성 인권을 충분히 보장하지 못하고 과거 유교 문화로부터 고착화된 가부장제 문화에 근거한 성차별이 여전히 우리 사회에 만연해 있다고 말합니다. 앞에서 언

---

1 2021년 서울연구원이 조사 발표한 보고서 『장벽사회, 청년 불평등의 특성과 과제』.

2 2021년 2월 한국리서치가 만 18세 이상의 남녀 1,000명을 대상으로 실시한 여론 조사.

급한 『세계 불평등 보고서 2022』는 한국에서 전체 소득 가운데 여성이 차지하는 비율은 과거보다 늘어났지만 그 비율이 32.8%에 불과하여 여전히 남녀 소득 평등에 못 미친다고 분석합니다. 이러한 조사 결과는 성차별에 대한 인식이 단지 개인의 주관이 아니라 실제 현실에서 일어난다는 사실을 보여줍니다.

한국 사회에서는 남녀 차별뿐만 아니라 성소수자나 장애인 등에 대한 차별도 심각한 수준입니다. 국제인권단체인 휴먼라이츠워치와 예일대학교 법과대학 앨러드 K. 로웬스타인 국제인권클리닉이 2021년 9월 발표한 공동 조사 보고서 『내가 문제라고 생각했어요: 성소수자 학생의 권리를 도외시하는 한국의 학교들』에 따르면 한국의 성소수자 학생은 학교에서 고립감을 느끼며 다른 학생과 교직원에게 인권을 침해당하고 있다고 합니다. 성소수자 차별에 대한 문제 제기가 이루어진 지는 오래되었지만 사회적으로 이를 해결하려는 노력은 미흡합니다. 차별금지법 제정에 찬성하는 응답은 67.2%로 반대한다는 응답인 28%보다 2배에 이릅니다.[3] 성소수자의 권리를 지지하는 여론이 증가하고 있지만 포괄적 차별금지법은 2007년 정부안으로 첫 발의를 시작한 이래 아직 제정되지 못했습니다.

장애인 차별 문제 역시 외면당하고 있습니다. 한국에서 코로나19 첫 집단 감염과 사망자가 발생한 곳은 청도 대남병원 정신과 폐쇄 병동으로 희생자 대부분이 이곳에서 20년 넘게 생활하던 정신 장애인 환자였습니다. 입원 환자 102명 중 100명이 코로나19에 감염됐고 이 중 7명이 목숨을 잃었습니다. 독일의 사회학자 벡Ulrich Beck이 《위험 사회》Risk

3　2022년 5월에 발표한 국가인원위원회의 국민인식조사.

Society에서 위험과 손해는 사회 구성원에게 고르게 분배되지 않고 사회적 약자에게 과도하게 집중된다고 말했던 통찰이 한국 사회의 민낯으로 드러난 셈입니다. 장애인의 이동권을 보장해달라는 시위도 20년 넘게 계속되고 있지만 실질적인 조치는 여전히 이루어지지 않았습니다.

한국 사회의 성차별, 성소수자 차별, 장애인 차별 등은 차이를 인정하지 못해 생겨나는 다양한 부정의의 사례입니다. 다양한 사회적 관계에서 서로를 존중하지 못해 발생하는 자존감 상실 문제 또한 빈번합니다. 소비자나 손님이 서비스업 종사자를 동등한 인격체로 존중하지 않고 부당하게 무시하거나 모욕을 주는 일명 '갑질'이 이를 대표합니다. 2020년 1월 국무조정실에서 발표한 '갑질 인식 조사 결과'에 따르면 응답자의 85.9%는 우리 사회의 갑질이 심각하다고 응답했고 실제로 갑질을 경험했다는 응답자는 29.3%였으며, 특히 30대 전업 주부, 인천·경기에 거주하는 여성 집단에서는 90%가 갑질의 심각성을 인식했습니다. 갑질로 모욕과 무시를 당한 경험은 심각한 정신적·물질적 피해를 초래하고 이는 또 다른 2차 가해와 피해로 이어집니다.

정의로운 사회가 구성원이 자유롭고 평등하게 자존감을 보장받으며 자아실현을 도모하는 사회라면 한국 사회는 사회 정의를 실현하기 위해 어떻게 노력해야 할까요? 경제적 불평등과 관련된 (재)분배 문제와 차별과 모욕 해소와 관련된 인정recognition 문제 가운데 구체적으로 어떤 문제에 집중하여 해결을 도모해야 할까요?

토론 수업을 위한
오늘의 고전

존 롤즈의 《정의론》

　현대 사회에서 정의론은 분배 문제와 인정 문제를 어떻게 다루어야 할까요? 다음 지문은 롤즈John Rawls의 《정의론》 일부입니다. 롤즈가 정의의 역할과 주제, 방법론 그리고 정의의 두 원칙을 제시하는 부분입니다.

[가]

사상 체계의 제1덕목을 진리라고 한다면 정의는 사회 제도의 제1덕목이다. 이론이 아무리 정치精緻하고 간명하다 할지라도 그것이 진리가 아니라면 배척되거나 수정되어야 하듯이, 법이나 제도가 아무리 효율적이고 정연하다 할지라도 그것이 정당하지 못하면 개선되거나 폐기되어야 한다. 모든 사람은 전체 사회의 복지라는 명목으로

도 유린될 수 없는 정의에 입각한 불가침성을 갖는다. (중략)

여러 가지 것들, 즉 법, 제도 그리고 사회 체제들뿐만 아니라 의사 결정, 판단, 비난 등을 포함한 여러 가지의 특정 행위들이 정의롭다거나 부당하다고들 말한다. 또한 우리는 사람이 갖는 태도나 성향에 대해서도 그리고 사람 그 자체에 대해서도 정의롭다거나 부당하다고 한다. 그러나 우리가 논하려는 것은 사회 정의인 만큼, 우리에게 있어서 정의의 일차적 주제는 사회의 기본 구조, 보다 정확히 말하면 사회의 주요 제도가 권리와 의무를 배분하고 사회 협동체로부터 생긴 이익의 분배를 정하는 방식이 된다.

[나]

공정으로서의 정의에 있어서의 평등한 원초적 입장이라는 것은 전통적인 사회계약론에 있어서의 자연 상태에 해당한다. 이 원초적 입장을 역사상에 실재했던 상태로 생각해서는 안 되며, 더구나 문화적 원시 상태로 생각해서도 안 된다. 그것은 일정한 정의관에 이르게 하도록 규정된 순수한 가상적 상황으로 이해된다. 이러한 상황이 갖는 본질적 특성 중에는 아무도 자신의 사회적 지위나 계층상의 위치를 모르며, 누구도 자기가 어떠한 소질이나 능력, 지능, 체력 등을 천부적으로 타고났는지를 모른다는 점이다. 심지어 당사자들은 자신의 가치관이나 특수한 심리적 성향까지도 모른다고 가정한다. 정의의 원칙들은 무지의 베일 속에서 선택된다. 그 결과 원칙들을 선택함에 있어서 아무도 타고난 우연의 결과나 사회적 여건의 우연성으로 인해 유리하거나 불리해지지 않는다는 점이 보장된다.

[다]

이제 원초적 입장에서 채택되리라고 생각되는 정의의 두 원칙을 잠정적인 형식으로 진술하고자 한다. (중략)

첫째, 각자는 다른 사람들의 유사한 자유의 체계와 양립할 수 있는 평등한 기본적 자유의 가장 광범위한 체계에 대하여 평등한 권리를 가져야 한다.

둘째, 사회적·경제적 불평등은 다음과 같은 두 조건을 만족하도록, 즉 (a) 모든 사람들의 이익이 되리라는 것이 합당하게 기대되고, (b) 모든 사람들에게 개방된 직위와 직책이 결부되게끔 편성되어야 한다.

(중략) 사회의 기본 구조는 어떠한 기본적 가치들, 즉 합리적인 사람이면 누구나 갖고자 하는 것들을 분배한다고 가정해 보자. 이러한 가치들은 보통 그 사람의 합리적 인생 계획이 무엇이든 간에 소용되는 것들이다. 이를 보다 단순화시켜 사회가 취급할 수 있는 주요한 기본적 가치들이 권리, 자유, 기회 및 소득과 재산이라고 해보자. (뒤의 3부에서 자존감이라는 기본 가치가 중심적 위치를 갖게 된다.) 이러한 것들은 사회적 기본 가치들이다. (중략)

여러 번에 걸쳐서 나는 아마도 가중 중요한 기본 선은 자존감일 것이라고 말했다. (중략) 그것이 없이는 어떤 것도 할 가치가 없는 것으로 보이며, 또는 비록 어떤 것이 우리에게 가치가 있는 것일지라도 우리는 그것을 추구하고자 하는 의지를 갖지 못하게 된다. 모든 욕구와 활동은 공허하게 되고 우리는 무감각과 냉소에 빠지게 된다. 따라서 원초적 입장에 있는 당사자들은 어떤 대가를 치르더라도 자존감을 침해하는 사회적 조건들을 피하려 하게 될 것이다.

존 롤즈 지음, 황경식 옮김, 《정의론》, 이학사, 2003,

1절과 2절, p. 36, p. 40 [가], 3절, p. 46 [나],

11절과 67절, pp. 104~105, pp. 107~108, p. 568 [다].

1) 주제 이해를 돕는 연습

1　롤즈는 지문 [가]에서 사회 제도에서 정의가 가장 중요하며, 이를 위해서는 사회 기본 구조의 정의 추구가 가장 시급한 과제라고 강조합니다. 여러분은 이에 대해 어떻게 평가하나요?

2　지문 [나]에서 저자는 사회 정의를 제시하기 위한 방법론을 소개합니다. 다원주의 사회에서 다양한 가치관과 사상을 지닌 사회 구성원이 모두 평등하게 참여하여 공정하게 정의의 원칙을 도출하기 위한 합의 방법론입니다. 롤즈가 이 방법론을 사용하는 목적과 이유는 무엇일까요? 여러분은 이러한 목적과 이유에 대해

어떻게 평가하나요?

3 지문 [다]에서 저자가 제시하는 정의의 두 원칙이 (재)분배와 인정의 문제에서 효과적인지 평가해 봅시다.

2) 해석해드립니다

현대 정의론의 시초로 평가되는 롤즈의 《정의론》은 1971년 초판이 출판되고 1999년에 수정판이 나왔습니다. 《정의론》은 출간 이후 롤즈의 정의론을 비판하는 노직Robert Nozick의 자유지상주의적 정의론, 왈쩌Michael Walzer나 샌델Michael Sandel의 공동체주의적 정의론 뿐만 아니라 다양한 학계의 논쟁을 통해 현대 정의의 논의를 주도합니다. 20세기 고전으로 평가되는 《정의론》은 출간 이후 지난 50년 동안 이뤄진 학계 논쟁처럼 여러가지 방법으로 독해할 수 있으며 다양한 주제를 다룹니다. 그 중 인정-(재)분배 논쟁과 관련된 독해에 주목해 봅시다.

인정-(재)분배 논쟁은 2000년 전후로 프레이저Nancy Fraser와 호네트 Axel Honneth 등을 통해 진행됐습니다. 이들은 롤즈의 《정의론》에서 시작된 현대 정의론을 분배 정의론으로 규정하면서 이는 현대 사회에서 중요하게 간주되는 인정과 차이difference에 취약하다는 비판을 제기합니다. 경제 영역에서 아무리 분배가 정의롭게 이루어지더라도 사회 문화적으로 발생하는 정체성에 대한 소외나 배제 등의 불인정은 또 다른 심각한 부정의에 해당하기 때문입니다.

프레이저는 부유한 흑인 은행장의 승차를 거부하는 백인 택시 운전

사 사례를 통해 분배 정의론이 간과하는 불인정misrecognition 영역을 부각합니다. 호네트 또한 현대 사회에서 중요하게 부각되는 정체성 논쟁이 이러한 인정의 중요성을 보여준다고 강조합니다. 현대 사회의 정의를 실현하기 위해서는 분배와 인정 중 무엇이 중요할까요? 롤즈의 논의는 정말 인정과 차이에 취약한 논의일까요? 답을 모색하기 위해 제시된 지문을 살펴보고자 합니다.

지문 [가]는《정의론》의 '1절 정의의 역할'과 '2절 정의의 주제'에서 발췌했습니다. 롤즈는《정의론》이 시작되는 첫 문단에서 사회 복지를 위해서도 침해될 수 없는 가치인 자유와 권리가 있고 이를 보장하는 것이 정의의 역할이라고 주장합니다. 그는 서구 사회에서 가장 오랫동안 영향력을 행사해 온 정치 철학인 공리주의를 정면으로 비판하고 개인의 자유와 권리를 보장하려는 정의의 1차적 주제는 사회 기본 구조라고 밝힙니다. 개인의 삶에 지대한 영향력을 행사하는 사회 제도부터 정의로운 체제가 되어야 정의가 실현될 수 있는 토대가 마련되기 때문입니다. 롤즈는 정의의 문제를 제도 차원에서 접근하면서 이러한 제도를 정의롭게 하기 위한 방안을 모색합니다.

정의로운 사회를 이루기 위해서는 정의로운 원칙이 제시되어야 할 텐데 다양한 가치와 사상이 공존하는 현대 다원주의 사회에서 이러한 원칙을 도출할 수 있을까요? 지문 [나]는 '3절 정의론의 요지'에서 롤즈가 정의의 원칙을 도출하기 위한 방법론을 제시하는 부분을 발췌했습니다. 롤즈는 근대 사회 계약에서 사용했던 계약론을 고도로 추상화하여 사회 구성원이 정의 원칙을 도출하기 위해 바로 지금, 여기서 합의할 수 있는 방법론을 제시합니다. 즉, 합의 당사자가 합의의 공정성을 훼손할 수 있는 정보에 대해 알지 못하도록 '무지의 베일'을 쓴 상태에서 최선의 내용을 합의하는 것입니다.

혹자는 롤즈의 '무지의 베일'을 어떤 지식도 없는 무지한 상태로 오해해서 합의를 제대로 도출할 수 없다고 주장합니다. 하지만 롤즈의 방법에서 합의 당사자는 합의의 공정성을 훼손할 수 있는 정보, 예를 들면 자신의 사회적 지위, 재산 상태, 건강과 지능 등 일부 정보만 모를 뿐 그 외의 사회 일반 지식은 풍부합니다. 롤즈는 이런 오해를 무릅쓰고 공정성을 확보하기 위해 '무지의 베일'을 쓴 상태를 제안합니다. 모두가 평등한 합의 과정에서 자신의 재산 상태 등 특수한 정보를 안다면 모두에게 정의로운 사회를 추구하기보다 자신에게만 이익이 되는 유리한 사회를 만들 것이기 때문입니다.

롤즈는 공정성을 확보할 수 있는 방법론을 통해 사회 구성원이 합의하는 원칙을 '공정으로서의 정의'로 명명합니다. 이에 대한 구체적인 내용은 무엇일까요? 지문 [다]는 '11절 정의의 두 원칙'과 '67절 자존감, 탁월성, 수치심'에서 발췌했습니다. 여기서 롤즈는 공정으로서의 정의가 무엇인지 구체적으로 밝힙니다.

제1원칙인 자유의 원칙과 제2원칙인 공정한 기회 균등의 원칙과 차등 원칙이 롤즈의 공정으로서의 정의 원칙입니다. 롤즈는 합의 당사자가 사회적 기본 재화를 분배하는 원칙에 합의한다고 말하기 때문에 공정으로서의 정의가 분배 정의론인 것은 분명합니다. 더욱이 롤즈는 제2원칙인 차등 원칙을 제시하면서 사회적·경제적 불평등을 허용할 수 있는 원칙이라고 말하고 있기에 이는 경제적 불평등과 관련된 분배 정의론으로 보입니다. 그런데 롤즈는 분배 대상인 사회적 기본 재화의 목록에 자존감의 사회적 토대를 포함시켰습니다. 또한 자존감이 가장 중요한 가치이며 이를 보장하는 것이 원초적 입장의 합의 당사자에게 가장 중요한 사항이라고 말합니다. 이는 롤즈 정의론이 자존감의 문제를 도외시하지 않는다는 것을 보여줍니다. 다만 이를 분배 정의론을 통해 보장했다는 점에서 (재)분배-인정 논쟁에서 논의되는 방식과는 다른 독특함이 보입니다.

토론해봅시다

[가]

철학적 용어로서 "분배"와 "인정"은 상이한 기원을 가지고 있다. "분배"는 자유주의 전통, 특히 20세기 후반의 영미권에서 유래한다. 자유주의 전통은 1970년대와 80년대에 존 롤스John Rawls나 로널드 드워킨Ronald Dworkin과 같은 "분석" 철학자들이 정교한 분배 정의 이론을 전개함으로써 풍부하게 확대되었다. 이들은 개인의 자유에 대한 전통적 자유주의자들의 강조점을 사회민주주의적 평등과 통합시켜 나가면서 사회경제적 분배를 정당화할 수 있는 새로운 정의관을 제시하였다.

반면에 "인정"이라는 용어는 헤겔 철학, 특히 『정신현상학』에서 유래한 것이다. 이 전통에서 인정은 주체들 사이의 이상적 상호관계를 지시하며, 이런 관계 속에서 각자는 타자를 자신과 동등하면서도 분리되어 있는 존재로 바라본다. 이러한 상호관계는 주체성을 구성하는 데 본질적인 것으로 간주된다. 우리는 타인을 인정하고 타인에 의해 인정받음으로써만 개별적 주체가 된다. 따라서 "인정"은 종종 자유주의적 개인주의와는 상충되는 것처럼 보이는 헤겔 철학의 주장, 즉 사회적 관계들이 개인들에 대해 우선성을 가지며, 상호주관성이 주관성에 대해 우선성을 가진다는 주장을 함축하고 있다. 나아가 분배와 달리 인정은 보통 "도덕"과 구별되는 "윤리"에 속하는 것으로, 다시 말해 절차적 정의의 "올바름"rightness과 구별되는 자기실현과 좋은 삶이라는 실체적 목표를 촉진하는 것으로 이해된다. 지난 세기 중반 실존주의 사상가들에 의해서 풍부하게 고찰되었던 인정이론은 최근 들어 찰스 테일러Charles Taylor나 악셀 호네트Axel Honneth 같은 신新헤겔주의 철학자들이 "차이의 정치"를 옹호하기 위하여 인정이론을 규범적 사회철학의 핵심으로 삼게 되면서 새로운 부흥기를 맞이하고 있다.

따라서 철학적으로 볼 때, "분배"와 "인정"이라는 용어를 결합하는 것은 특이하다고 할 수 있으며, 각기 다른 용어를 옹호하는 사람들은 상대방의 용어를 거부하는 경향이 있다. 분배 정의를 말하는 많은 자유주의 이론가들은 인정이론이 수용 불가능한 공동체주의적 함의들을 수반한다고 주장하는 반면에, 인정을 주장하는 몇몇 철학자들은 분배이론이 개인주의적이고 소비주의적이라고 생각한다. 뿐만 아니라 분배와 인정이라는 각각의 용어들은 또 다른 전통에 속하는 사상가들에 의해 비판을 받기도 한다. 마르크스주의 전통에 속하는 사상가들은 분배라는 범주가 자본주의 사회의 불의를 전면적으로 파악하지 못한다고 주장한다. 왜냐하면 분배 범주는 생산관계를 간과하고, 착취, 지배, 상품화의 문제를 다루는 데 실패하고 있기 때문이다.

이와 비슷하게 후기구조주의를 수용하는 사람들은 인정이라는 개념이 보다 급진적인 비판을 방해하는 표준적인 주체 중심적 가정들을 수반하고 있다고 주장한다.

[나]

(중략) 노동 계급이란 잉여 생산물을 자본가 계급이 자신의 이윤으로 전유하는 상황 하에서 자신의 노동력을 팔아야만 하는 대부분의 사람들이다. 이러한 질서에서 나타나는 핵심적 불의는 매우 심층적인 불평등의 한 형태라고 할 수 있는 착취다. 착취관계 속에서 프롤레타리아 자신의 힘은 스스로와 대립하게 되며, 타인에게 이익이 되는 체계를 유지하기 위하여 강탈된다. 물론 프롤레타리아는 심각한 문화적 불의, "감추어진 계급의 상처들" 역시 겪게 된다. 그러나 이러한 문화적 불의는 자율성을 갖는 신분적 불의에서 기인하는 것이 아니라 경제구조에서 파생된 것이다. 이는 착취를 정당화하기 위해 계급의 열등성에 대한 이데올로기들이 확산되는 과정과 마찬가지이다. 따라서 불의를 시정하기 위한 대책은 인정이 아니라 분배다. 계급 착취를 극복하기 위해서는 이익과 부담의 계급 간 분배를 변화시키기 위해 정치경제를 변화시키는 것이 필요하다. 마르크스적 관점에서 이러한 변화는 계급 구조 자체의 폐지라는 급진적 형태를 취하게 된다. 결국 프롤레타리아의 과제는 단지 좀 더 나은 조건의 거래를 도모하는 것이 아니라 "계급으로서의 자기 자신을 폐지하는 것"이다. 프롤레타리아가 필요로 하는 것은 결코 차이의 인정이 아니다. 불의를 시정하는 유일한 방법은 프롤레타리아라는 독특한 집단 자체를 사라지게 만드는 것이다.

[다]

(중략) 여기에 속하는 모든 구조적 불의의 경우 그 원인을 해당 사회의 제도화된 문화적 가치 유형들에서 찾을 수 있다. 여기서 불의의 핵심은 무시다. 반면에 모든 부수적인 경제적 불의들은 궁극적으로 볼 때 결국 신분 질서로부터 파생된 것들이 된다. 불의를 교정하기 위해 필요한 대책은 분배와 구별되는 인정이다.

이러한 이념형에 근접한 것처럼 보이는 사례는 신분에 대한 베버의 견해를 매개로 할 때 포착되는 성 차별이다. (중략) 이런 견해에서 보면 이성애자와 동성애자 사이의 사회적 차별은 정치경제에 그 기초를 두고 있지 않다. 왜냐하면 동성애자들은 자본주의 사회의 전체 계급 구조에 분산되어 있고, 노동 분업에서 명확한 위치를 가지고 있지 않으며, 착취당하는 계급들로 구성되어 있지도 않기 때문이다. 제도화된 문화적 가치 유형들이 이성애는 자연스럽고 규범적인 것으로, 동성애는 혐오스럽고 멸시받을 것으로 해석하는 만큼 오히려 이러한 구별은 사회의 신분 질서에서 기인한다고 볼 수 있다. 폭넓게 제도화된 이성애적 가치 유형들은 일반적인 사회적 상호작용들의 구조를 결정하게 된다. 가족법과 형사법을 포괄하는 많은 법적 영역들에서 명백하게 성문화된 이성애적 가치 유형들은 가족, 친밀성, 사생활, 평등과 관련된 법적 해석들을 특징짓는다. 이러한 가치 유형들은 또한 이주, 귀화, 망명 정책을 포함하는 정부 정책의 많은 영역들과 의학과 정신치료를 포함하는 일상적 직업 관행들에도 뿌리를 내리고 있다. 이성애를 규범화하는 가치 유형들은 대중문화와 일상적 상호작용에도 역시 확산되어 있다. 그 결과 게이와 레즈비언들은 **멸시받는 성**이 되며, 성적으로 특수한 형태의 **신분 종속**에 처하게 된다. 여기에는 모욕과 폭행, 결혼과 부모가 가지는 권리 및 특권의 박탈, 표현과 결사의 자유에 대한 구속, 대중매체에서의 전형적인 모욕적 묘사, 일상적인 괴롭힘과 비방, 완전한 시민권 부여 및 시민권에 대한 동등한 보호의 거부 등이 포함된다. 이러한 해악들이 무시가 야기하는 불의들이다.

낸시 프레이저·악셀 호네트 지음, 김원식·문성훈 옮김, 《분배냐, 인정이냐?》,
사월의책, 2014, pp. 27~29 [가], pp. 39~40 [나], pp. 40~42 [다].

1) 고전을 이해하는 토론

1 ﹍ 경제 불평등 문제와 차별 문화는 어떤 관계일까요? 양자가 독립적인 주제인지 상호 연결된 문제인지 한국 사회의 사례를 통해 제시하고 이를 토대로 어떻게 문제를 해결하고 정의를 실현할 수 있을지 방안을 모색해 보세요.

2 ﹍ 현대 한국 사회가 정의로운 사회로 나아가기 위해 주목해야 할 부정의는 무엇일까요? 한국 사회에서 발견할 수 있는 (재)분배와 인정 문제의 사례를 찾아보고, 이를 해결할 정의의 원칙이나 입장은 무엇인지 제시해 보세요.

2) 오늘을 위한 토론

1 사회적·경제적 불평등은 정의롭지 못한가요? 특정한 경우에만 정의롭지 못한가요? 아니면 그 자체로 정의롭지 못한가요? 자신의 입장을 정하고 그 입장을 지지할 수 있는 근거를 제시해 보세요.

2 열심히 노력하고 수고한 사람이 더 많은 부를 획득하고, 게으르고 수고하지 않은 사람이 더 적은 부를 얻는 것이 정의 아닐까요? 자신의 입장을 정하고 그 입장을 지지할 수 있는 근거를 제시해 보세요.

3 자존감을 훼손하는 언행은 정의롭지 못한가요? '감정 노동자'는 감정을 대가로 경제적 이득을 취하기에 자존감이 훼손되는 상황에서도 이를 감수한다고 볼 수 있을까요? 자존감 훼손이 정의롭지 못하다고 할 때, 특정한 경우에만 정의롭지 못한가요? 아니면 그 자체가 정의롭지 못한가요? 자신의 입장을 정하고 그 입장을 지지할 수 있는 근거를 제시해 보세요.

더 깊은 토론을 위한 참고자료

★ 존 롤즈 지음, 황경식 옮김, 《정의론》, 이학사, 2003

《A Theory of Justice》는 1971년 초판이 나온 이후 1999년에 개정됐습니다. 한국에서는 2003년에 개정판 번역본이 나왔습니다. 윤리학과 정치 철학 영역에서 20세기 고전으로 평가되는 롤즈의 《정의론》은 1부 원리론, 2부 제도론, 3부 목적론으로 구성된 대작입니다.

★ 낸시 프레이저·악셀 호네트 지음, 김원식·문성훈 옮김, 《분배냐, 인정이냐?》, 사월의책, 2014

이 책은 20세기의 대표적인 정치 철학 논쟁 중 하나인 (재)분배-인정 논쟁을 다룹니다. 이 논쟁을 주도했던 프레이저와 호네트가 서로의 주장을 논박하는 논쟁이 4부 14장으로 구성된 《분배냐, 인정이냐?》에 담겨 있습니다. 1부와 2부에서는 프레이저와 호네트가 각각 자신의 주장을 펼치며, 3부와 4부에서는 상대의 주장을 반박하며 자신의 주장을 강화합니다. 프레이저는 분배와 인정이라는 관점적 이원론을 주장하는 반면, 호네트는 인정이 분배 문제를 충분히 포괄할 수 있는 개념이라고 맞섭니다. 프레이저와 호네트의 논쟁에 대한 전반적인 이해를 넓히기 원하는 분에게 일독을 권합니다.

★ 목광수 지음, 《정의론과 대화하기》, 텍스트CUBE, 2021

롤즈의 《정의론》에 대한 입체적 독해, 즉 1부 원리론, 2부 제도론, 3부 목적론을 상호 연결하여 통합적으로 독해하는 방식을 토대로 한국 사회의 문제를 다루는 연구서입니다. 《정의론》에 대한 깊은 해석과 이해를 토대로 한국 사회의 윤리와 정의 문제에 대한 철학적 고민을 이끌어냅니다.

DISCUSSION CLASS

맛있어서 먹는 건데 왜 그러세요?

: AN INTRODUCTION TO THE PRINCIPLES OF MORALS AND LEGISLATION

제레미 벤담과 함께 토론하는
동물의 도덕적 지위

국내 채식 인구는 2008년 15만 명에서 2018년 150만 명으로 10년 만에 10배가 늘었고 2021년에는 250만 명으로 추정했습니다.[4] 채식주의가 증가하는 원인은 동물 보호와 건강입니다. 채식주의자 10명 중 7명이 채식의 이유로 건강33.5%과 동물 보호38.8%를 꼽았습니다.[5] 동물 보호가 채식의 중요한 이유라는 증거입니다.

동물 보호에 대한 관심은 반려 동물companion animal과 더불어 살아가는 인구 통계에서도 볼 수 있습니다. 처음으로 반려 동물 양육 가구를 조사한 통계청의 '2020 인구주택총조사'에 따르면 전체 가구 중 15%인 312만 9천 가구가 반려동물을 키운다고 집계됐습니다. 과거의 통계가 없어서 정확하게 비교할 수 없지만 상식과 경험에 비춰볼 때 최근

---

[4]　한국채식연합의 2021년 7월 발표 자료.
[5]　2020년 5월 국내의 성인(20~59세) 채식주의자를 대상으로 실시한 이화여대 식품영양학과 조미숙 교수팀의 설문조사.

들어 한국 사회가 동물 보호에 관심이 높아졌으며 동물과 더불어 살아가는 인구도 많아진 것은 분명합니다.

그런데 이와 동시에 육류 소비 또한 증가하는 실정입니다. 국내 1인당 연간 육류 소비량은 지난 20년간 31.9kg에서 54.3kg으로 약 71% 증가했습니다.[6] 동물 보호에 대한 관심이 높아지는데 육류 소비도 늘어나는 현상이 아이러니합니다.

많은 동물이 인간의 육류 소비를 위해 밀집된 공장식 축산 체계에서 길러지고 도살됩니다. 축산물 안전 관리 시스템에 따르면 2021년 한 해 동안 국내에서 닭은 10억 3천 5백만 마리, 돼지 1839만 마리, 소 93만 마리, 오리 4928만 마리가 도살됐습니다. 이런 현상을 어떻게 이해해야 할까요? 동물은 인간보다 지능이 낮고, 이성적 사고도 못하고, 말도 못하기 때문에 인간이 먹어도 된다고 생각할 수 있습니다. 그렇다면 다음 상황을 가정해 봅시다.

아주 먼 미래에 인류가 우주 개척에 성공해 외계인이 사는 행성을 발견했습니다. 외계인은 우리와 다른 언어를 사용하고 지능도 훨씬 뛰어납니다. 그들은 우리보다 고차원적인 사고를 하지만 언어가 달라서 그들과 소통할 수 없습니다. 그렇다면 외계인은 인간을 마음대로 잡아먹어도 될까요? 그렇다고 답하는 사람은 매우 드물 겁니다.

외계인이 인간보다 고차적이라는 이유로 인간을 잡아먹는 데 동의하기 어렵다면 인간이 동물을 먹는 일은 어떻게 생각해야 할까요? 인간 역시 동물을 마음대로 잡아먹어서는 안 된다고 해야 할까요? 역사를 돌아보면 인간은 아주 오랜 과거부터 동물을 통해 영양소를 공급받

6 한국농촌경제연구원의 『육류 소비 구조의 변화와 전망』 보고서.

고 살아왔습니다. 고대부터 인간은 동물을 이용하면서 생존해 왔습니다. 그렇다면 생존을 위한 인간의 육류 섭취는 정당화될 수 있을까요?

더욱이 인간이 먹는 육류는 축산을 위해 기르는 동물입니다. 반려 동물과 축산 동물은 기능과 용도가 다르기 때문에 구분해서 생각해 볼 수 있습니다. 더욱이 동물도 야생에서는 약육강식의 논리에 따라 서로 잡아먹고 먹히는 관계인데 인간이 동물을 잡아먹는 행위를 비윤리적이라고 비난할 수 있을지도 의문입니다. 또한 의약품이나 치료법을 개발하는 과정에서 벌어지는 동물 실험은 불가피해 보입니다. 막 개발된 의약품을 바로 인간에게 적용한다면 위험하기 때문입니다. 따라서 가능한 한 동물 복지를 염두에 둬야 하지만 인간의 권리를 포기하면서까지 동물을 우대하는 일은 적절하지 않다고 주장할 수 있습니다.

우리는 동물과 어떤 관계를 맺어야 할까요? 동물은 어떻게 대우해야 할까요? 인간과 마찬가지로 도덕적 존재로 간주해야 할까요? 만약 그렇지 않다면 이유는 무엇인가요? 만약 동물을 도덕적 존재로 간주한다면 인간과 동등한 위상으로 대우해야 할까요? 동물 윤리에서 가장 쟁점이 되는 동물의 도덕적 지위 문제를 고전을 통해 살펴보도록 합시다.

토론 수업을 위한
오늘의 고전

제레미 벤담의
《도덕과 입법의 원리 서설》

　동물에 대한 도덕적 논의의 고전은 근대 공리주의 사상가로 잘 알려져 있는 제레미 벤담의《도덕과 입법의 원리 서설》(1789)입니다. 근대는 자연에 대한 기계론적 사고가 확산된 시기입니다. 근대 합리주의 전통의 철학자인 데카르트는 동물 역시 일종의 '자동 인형'automata 또는 '움직이는 기계'와 같다고 생각했습니다. 이성을 지닌 인간만이 도덕적 주체가 될 수 있으며 기계 같은 동물은 도덕적 고려의 대상이 될 수 없다는 생각이 지배적이던 시대였기 때문이죠.

　경험주의 철학자인 벤담은 관찰과 경험을 통해 삶의 원리를 모색했습니다. 벤담은 고통과 쾌락이 인간의 삶을 관철한다며 인간은 고통을 감소하고 쾌락을 증대하는 방향으로 움직인다는 삶의 원리를 도출해냅니다. 그는 동물 역시 고통과 쾌락을 느낀다는 경험적 사실로부터 동물도 도덕적으로 고려할 수 있는 대상이 될 수 있다고 주장합니다.

자연은 인간을 고통과 쾌락이라는 두 주권자의 지배 아래에 두었다. 오직 고통과 쾌락만이 우리가 무엇을 할지 결정할 뿐만 아니라 무엇을 해야 할지 지시한다. 한편으로는 옳고 그름의 기준이, 다른 한편으로는 원인과 결과의 사슬이 왕좌에 매여 있다. 고통과 쾌락은 우리가 하는 모든 일에서, 말하는 모든 것에서, 생각하는 모든 것에서 우리를 지배한다. 우리가 아무리 이것들의 지배에서 벗어나려 애를 써도 이것들에게 지배받는 존재임을 입증하고 확인할 뿐이다. 어떤 사람이 말로는 고통과 쾌락의 지배를 떠난 척할 수 있겠지만 실제로는 그러는 동안에도 여전히 종속된 상태일 뿐이다. 공리의 원리는 우리가 고통과 쾌락에 종속됐음을 인정하고 이러한 종속을 이성과 법을 통해 설립하려는 행복한 체계의 토대로 가정한다. 이러한 공리의 원리에 의문을 제기하려는 체계는 분별이 아니라 소음을, 이성이 아니라 변덕스러움을, 빛이 아니라 어둠을 기준으로 받아들이는 것이다.

[나]

공리의 원리는 이해관계가 걸려 있는 당사자의 행복을 증가시키거나 감소시키는 것처럼 보이는, 다른 말로 하면 그러한 행복을 증진하거나 방해하는 것처럼 보이는 경향을 근거로 관련된 행위가 무엇이든 상관없이 승인하거나 부인하는 원리이다. 여기서 말하는 행위에는 개인의 모든 행위뿐만 아니라 정부의 모든 정책도 포함된다.

공리란 이해 당사자에게 혜택, 이득, 쾌락, 좋음, 행복현재 이 모든 것들은 동일하다을 산출하거나 역시 모두 동일한 해악, 고통, 나쁨, 불행의 발생을 막는 경향을 지닌 어떤 대상의 속성을 의미한다. 만약 이해 당사자가 일반적인 의미에서 공동체라면 공리는 그 공동체의 행복을 의미한다. 만약 이해 당사자가 특정 개인이라면 공리는 그의 행복을 의미한다.

[다]

윤리는 대체로 이해 당사자의 입장에서 사람들의 행위가 가능한 최대의 행복을 산출하도록 지도하는 기술이라고 정의할 수 있을 것 같다. 그렇다면 어떤 사람이 지도할 수 있는 행위는 무엇인가? 그것은 자신의 행위이거나 다른 행위자의 행위임이 분명하다. 윤리는 어떤 사람이 자신의 행위를 지도하는 기술인 경우에는 자기 통제의 기술 또는 사적 윤리라고 불릴 수 있을 것이다. 그렇다면 어떤 사람의 지도를 받는 동시에 행복을 느낄 수 있는 다른 행위자는 누구인가? 이런 행위자는 두 종류가 있다. 첫째는 인격체라고 불리는 다른 인간이고 둘째는 다른 동물이다. 고대 법학자들이 제대로 분별하지 못해 동물의 이익은 등한시되었고 동물은 사물의 지위로 전락했다. 다른 인간에 대하여 말하면, 그들의 행위를 위에서 언급한 목적으로 지도하는 기술은 통치의 기술이라고 의미하는 것, 적어도 공리성의 원리에 입각한 통치의 기술이라고 의미해야 하는 유일한 것이다.

[라]

힌두교와 이슬람교에서는 인간 이외에 동물의 이익에도 어느 정도 관심을 두었던 것 같다. 왜 동물의 이익에 대해서는 보편적으로 인간의 이익과 마찬가지로 감수성의 관점에서 차이를 고려하지 않았을까? 현재의 법은 서로가 공유하는 두려움의 산물인데 덜 이성적인 동물은 인간이 두려움을 표현하는 것처럼 할 방법이 없기 때문이다. 동물의 이익을 고려하지 말아야 할 이유가 있는가? 그런 이유는 없다. 만약 잡아먹히는 것이 전부라면 우리가 동물을 잡아먹고 싶어 하는 만큼 잡아먹는 것이 허용되어야 하는 매우 좋은 이유가 있다. 우리는 동물을 잡아먹으므로 더 이익을 보지만 동물도 더 손해를 보지는 않기 때문이다. 동물은 우리와 달리 미래의 비참함에 대한 장기적 예상을 하지 못한다. 인간에게 동물이 흔히 당하는 죽음은 동물이 자연의 불가피한 과정에서 맞게 될 죽음보다 항상 더 신속히 이루어지며, 그리하여 보다 덜 고통스러울 수 있다. (중략) 그러나 인간이 동물을 학대하는 것을 허용해야 할 이유가 있는가? 나는 어떤 이유도 없다고 본다. 인간이 동물을 학대하지 말아야 할 이유가 있는가? 있다. 몇 가지 이유가 있다. (중략) 인간 이외의 동물이 부당한 권력자의 만행에 의한 것이 아니라면 결코 박탈될 수 없는 그런 권리를 가질 날이 올 수도 있다. 프랑스인들은 어떤 인간을 피부가 검다는 이유로 아무런 보상 없이 고문자의 변덕에 내맡겨질 수 없다는 사실을 이미 알고 있다. 언젠가는 다리의 수가 다르고 피부에 털이 많거나 엉치뼈가 없다는 것이 마찬가지로 감수성을 가진 존재를 동일한 운명에 내맡기려는 충분한 이유가 될 수 없다고 인정할 날이 올 수도 있다. 이런 특성이 아니라면 어떤 특징이 넘을 수 없는 경계선이 되어야 하는가? 이성의 능력, 또는 아마도 말할 수 있는 능력인가? 하지만 완전히 성장한 말이나 개는 태어난 지 하루, 일주일, 심지어 한 달 된 유아와 비교할 수 없을 만큼 이성적이고 우리는 이들과 말도 나눌 수 있다. 경우가 다르다고 가정한들 무슨 소용이 있겠는가? 물어봐야 할 것은 그들에게 이성적으로 사고할 수 있는지 또는 대화를 나눌 수 있는지가 아니라 그들이 고통을 느낄 수 있는가이다.

Jeremy Bentham, 《An Introduction to The Principles of Morals and Legislation》, 1789, 1장 [가] [나], 17장 [다] [라].

1) 주제 이해를 돕는 연습

1 지문 [가]에서 저자는 경험주의적 관점에서 볼 때 인간의 삶의 원리가 쾌락과 고통에 따라 이루어진다는 관찰을 제시합니다. 여러분은 이에 대해 어떻게 평가하나요?

2 지문 [나]에서 저자는 지문 [가]에서 한 관찰을 근거로 공리의 원리를 인간이 추구할 원리로 제시합니다. 공리의 원리는 관련

자 모두의 쾌락을 결과적으로 계산하여 어떤 행위가 바람직한지 판단합니다. 공리의 원리를 추구하는 공리주의는 이기주의라기보다 보편과 평등을 지향합니다. 여러분은 이런 보편과 평등에 대해 어떻게 평가하나요?

3 지문 [다]에서 저자는 인간의 행위에 영향을 받으면서도 도덕적 존재로서 대우 받지 못하는 존재인 동물이 있다고 밝힙니다. 동물이 도덕적 존재로 대우 받아야 하는 이유는 무엇이며 그 근거가 타당하다고 생각하나요?

4 지문 [라]에서 저자는 동물이 도덕적 존재로 대우 받아야 한다는 근거를 제시합니다. 저자가 제시하는 근거를 모두 찾아보고 그 근거가 타당한지 검토해 보세요.

2) 해석해드립니다

쾌락과 고통의 정도를 견주어 행위를 판단해야 한다는 논의는 근대 경험론 전통에서 유행하는 사고였습니다. 이를 체계적인 공리의 원리로 제시한 사람이 바로 벤담입니다. '최대 다수의 최대 행복'의 원리가 바로 벤담의 저서 《도덕과 입법의 원리 서설》에서 제시됐으며, 이러한 점에서 벤담은 공리주의utilitarianism의 창시자로 평가 받고 있습니다.

롤즈는 공리주의가 서구 앵글로 색슨 전통에서 200여 년 이상 가장 강력한 영향력을 가진 도덕 철학이라고 평가한 바 있습니다. 공리주는 인간이 갖는 심리적 사실인 쾌락과 고통 경험에 근거한 공리의 원리로부터 인간 사회 현상을 이해할 뿐만 아니라 인간이 추구할 가치와 의무를 제시합니다. 가치 및 의무와 상충하는 상식과 기존 관행을 타파하고 공리의 원리에 맞게 개혁하려는 공리주의는 근대 사회 변혁에 사상적 토대가 됩니다. 벤담은 노예제와 사형제도 폐지, 아동 체벌 금지, 동물 권리 등을 주장한 사회 개혁가였습니다.

지문 [가]는《도덕과 입법의 원리 서설》첫 장입니다. 벤담은 신의 명령이나 어떤 도덕적 직관처럼 형이상학적으로 정당화되기 어려운 근거를 통해 도덕 의무와 원칙을 제시했던 과거 논의를 거부하면서 경험주의적 관점에서 인간 삶의 원리를 설명하고자 합니다. 그는 인간이 쾌락을 추구하고 고통을 피하려는 심리적 경향에 따라 행동하며 이 원리는 인간이 추구해야 할 방향성이 되어야 한다고 주장합니다. 쾌락과 고통의 계산이라는 공리의 원리에 따르면 모든 사람의 쾌락과 고통은 동등하게 다루어져야 합니다. 전통 사회에서 강조하던 신분 구분에 따라 특정 신분에 속한 사람의 쾌락과 고통을 더 우선한다거나, 성별의 차이에 따라 특정 성별의 사람들이 느끼는 쾌락과 고통은 덜 중요하게 여긴다거나 하는 생각은 재검토되어야 합니다.

지문 [나]는 공리주의의 핵심 원리인 공리의 원리가 무엇인지 명시합니다. 공리의 원리가 쾌락과 고통을 통해 원리를 제시할 때 많은 사람이 이를 이기주의나 자기중심적이라고 쉽게 단정합니다. 그런데 벤담은 공리의 원리가 관련자 모두의 쾌락을 평등하게 계산한 결과라고 강조하며 이러한 오해가 잘못됐다고 강변합니다.

지문 [라]는 지문 [다]의 동물 부분에 대한 각주입니다. 이 지문은 공리주의의 관점에서 볼 때 과거 피부색이나 인종의 차이를 들어 노예제를 옹호했던 정책이 그릇되었던 것처럼, 동물에게 도덕적 지위를 부여하지 않았던 논의는 정당한 근거 없는 부도덕한 행위였다고 강조합니다. 그동안 이성이나 언어 능력이 없다는 이유로 동물을 인간보다 열등하게 간주하고 도덕적 지위를 부여하지 않았던 논리가 성장한 동물보다 능력이 떨어지는 영아에겐 도덕적 지위를 부여하면서 일관성을 상실했기 때문입니다. 저자는 동물의 도덕적 지위 여부는 '경험에서 발견한 쾌락과 고통을 느낄 수 있는지'를 기준으로 삼고, 쾌락과 고통을 느낄 수 있는 동물에게 도덕적 지위를 부여하는 것이 정당하다고 주장합니다.

벤담의 공리주의는 쾌락과 고통을 경험할 수 있는지에 따라 도덕적 지위를 부여하고, 쾌락과 고통의 계산이라는 공리의 원리로 도덕적 행위를 판단합니다. 여기서 공리주의가 도덕적 지위를 갖는 어떤 도덕 존재의 절대적 가치를 옹호하기보다 상대적 가치에 중점을 둔다는 점에 주목해야 합니다. 일반적으로 공리주의 옹호자가 채식주의를 도덕적으로 옳은 행위라고 간주하는 이유는 동물을 죽이는 일이 잘못됐기 때문이 아니라, 동물을 죽이는 일이 초래하는 관련자 모두의 고통이 동물을 죽여서 얻는 쾌락보다 더 크기 때문입니다. 만약 어떤 조건에서 동물을 죽이는 것이 고통을 상쇄하는 쾌락을 초래한다면 옳은 행위로 평가될 수 있습니다.

현대 공리주의자인 피터 싱어는 공리주의 입장에서 동물의 도덕적 지위를 옹호하는 저서 《동물해방》을 썼습니다. 그는 다큐멘터리 《Monkeys, Rats and Me: Animal Testing》(BBC2, 2006)에서 동물 실험은 원숭이 100마리에게 피해를 주지만 파킨슨병으로 고통 받는 환자 40만 명에게 혜택을 준다는 연구자의 언급을 듣고 공리의 원리에 따라 동물 실험을 옹호했습니다.

토론해봅시다

[가]

사람들은 동물의 신체를 신의 손으로 만들어진 하나의 기계로, 따라서 그것을 인간이 발명할 수 있는 어떤 기계보다 비길 데 없이 더 잘 정돈된, 더 경탄할 만한 운동을 자체 내에 갖고 있는 기계로 여기게 될 것이다. 내가 여기서 특별히 보여주려고 노력했던 점은 만약 이성을 결여한 원숭이나 어떤 다른 동물의 외양과 기관을 가진 어떤 기계가 있더라도 우리는 그 기계가 동물과 동일한 본성을 완전히 갖고 있는지 알 수 있는 방법이 없다는 점이다. 그러나 설령 우리 신체와 닮았고 실천적 목적을 위해 우리의 행동을 가능한 만큼 모방하는 기계가 있더라도 우리는 그것이 절대 진정한 인간일 수 없다는 것을 알아낼 수 있는 아주 확실한 두 가지 수단이 있다. 첫째는 우리가 다른 이들에게 생각을 제시하는 것처럼 그 기계는 결코 말을 사용할 수 없고 다른 기호를 조합할 수도 없다는 점이다. (중략) 둘째는 기계가 우리만큼 많은 것을, 어쩌면 우리보다 더 잘 해낸다고 하더라도 다른 부분은 틀림없이 실패할 것이며 이를 통해 사람들은 기계는 이해가 아닌 단지 기관 배열을 통해 작동한다는 사실을 드러낸다는 점이다. 이성은 모든 상황에서 사용될 수 있는 보편적인 도구인데 반해, 이러한 기관은 어떤 특정한 행동을 위해 특정한 배열을 필요로 하기 때문이다. 따라서 인간이 이성에 따라 행동하는 것처럼 기계가 삶의 모든 우연적인 상황에서 충분히 다양한 기관에 따라 행동하는 것은 모든 실천적 의도에 비추었을 때 불가능하다. 이 같은 두 가지 수단으로 사람들은 또한 인간과 짐승의 차이를 인식할 수 있다.

René Descartes(1637),《Discours de la méthode》, in (TRANS) John Cottingham, Robert Stoothoff, Duglad Murdoch,《The Philosophical Writings of Descartes》 Vol. 1, Cambridge University Press, 1985, pp. 139~140.

[나]

동물 실험이 정당화될 수 있는 경우는 언제인가? (중략) 실험자들에겐 다음과 같은 준비된 대응 방식이 있다. "그렇다면 한 마리의 동물에게 단 한 번의 실험으로 구할 수 있는 수 천 만의 인간들을 죽게 내버려둘 용의가 있는가?" (중략) 이러한 가설적인 질문에 답하는 방법은 또 다른 질문을 제기하는 것이다. 만약 수 천의 목숨을 구할 수 있는 유일한 방법일 경우 실험자들은 6개월이 채 되지 않은 고아를 실험용으로 사용할 용의가 있는가? 만약 실험자들이 고아를 사용할 수 없다고 생각한다면 인간 아닌 동물을 사용하고자 하는 그들의 입장은 종에 기초한, 정당화할 수 없는 형태의 차별을 드러내는 것이라 할 수 있다. 이렇게 말하는 이유는 성장한 유인원, 원숭이, 개, 고양이, 쥐 그리고 다른 동물들은 인간의 유아에 비해 자신에게 무슨 일이 벌어지고 있는지를 잘 알고 있고, 그들에 비해 더 자발적일 수 있는 능력을 지니고 있으며, 최소한 인간의 유아 못지않게 고통을 민감하게 느낄 수 있기 때문이다. (중략) 원래의 질문을 약간 수정하여 다음과 같은 경우를 생각해 볼 필요가 있다. 유아가 회복될 수 없는 정도의 뇌 장애를 가지고 있어서 6개월 된 유아 수준 이상의 지적 발달을 기대할 수 없다고 가정해 보자. (중략) 지적 장애가 있음에도 이 아이들의 해부학적, 생리학적 특성은 거의 모든 면에서 정상인들과 동일하다. 때문에 그들에게 다량의 바닥 광택제를 강제로 먹이거나 눈에 화장품 농축액을 떨어뜨려 결과를 확인할 경우 인간에 대한 안전도를 나타내 주는 매우 신뢰할 만한 지표를 얻게 될 것이다. 이는 현재 다른 여러 종을 대상으로 한 실험 결과로부터 얻게 되는 자료보다도 더 신뢰할 수 있을 것이다.

피터 싱어 지음, 김성한 옮김, 《동물해방》, 연암서가, 2012, pp. 151~152.

[다]

한 살이나 그 이상의 포유류의 정신에는 지각, 기억력, 욕망, 자기의식, 의도, 미래감 등 핵심적인 속성이 있다. 이 목록에 덜 중요하게 간주되었지만 실제로는 그렇지 않은 감정(예를 들면 두려움과 증오), 지각력, 고통과 쾌락을 표현하는 능력 등을 포함하면 우리는 동물의 정신에 대해 공정한 해석을 시작할 수 있다. (중략) 맥락 속에서 이해할 때, '모든 동물은 평등하다'는 말은 참이다. (중략) 어떤 개체가 믿음과 욕망을 갖는다면, 지각과 기억과 자신의 미래가 포함된 미래적인 생각을 갖는다면, 쾌락과 고통을 느끼는 삶을 산다면, 선호와 복지와 관련된 이익이 있다면, 자신의 욕구와 목적을 달성하기 위해 행동을 시작할 능력이 있다면, 심리적인 동일성을 지속해서 갖는다면, 다른 존재를 위한 효용이나 다른 존재의 이익과는 논리적으로 독립해 자신의 개별적 복지를 경험한다면, 그 개체는 삶의 주체이다. 이 기준은 내재적 가치를 이해할 수 있게 하고 자의적이지 않게 하는 충분조건이다. (중략) 우리는 동등한 내재적 가치를 갖는 개체가 도덕적 능동자인지 아니면 도덕적 피동자인지와 상관없이, 그리고 만약 도덕적 피동자라면 그것이 인간이든 동물이든 상관없이 이들을 동등하게 존중해야 한다는 요구를 받는다. 이것은 우리 각자가 마땅히 해야 할 일이다. 우리가 내재적 가치를 가진 존재에게 적절한 존중을 보이지 못할 때(예를 들어 마치 그들의 가치가 타자를 위한 공리로 환원될 수 있는 것처럼 그들을 대우할 때) 부정의가 일어난다.

Tom Regan, 《The Case for Animal Rights》, 1983, p. 81, pp. 264~265.

1) 고전을 이해하는 토론

1 동물 실험이 도덕적으로 문제 있거나 없다고 주장하기 위해서는 동물의 도덕적 지위에 대해 어떤 입장을 취해야 할까요? 제시문

에 대한 비판적 분석을 통해 이러한 입장을 정당화하기 위한 근거를 제시해 보세요.

2 동물 실험을 포함해 다양한 동물을 이용하는 일과 관련해서 현대 한국 사회가 동물의 도덕적 지위에 대해 어떤 입장을 취해야 할까요? 이러한 입장을 어떻게 정당화할 수 있을지, 제시문 뿐만 아니라 다양한 근거를 통해 제시해 보세요.

2) 오늘을 위한 토론

1 동물 윤리 학계에서 가장 도덕적으로 논란이 많은 주제는 '동물 실험'입니다. 한국 사회에서는 오히려 동물 식용도 뜨거운 논쟁입니다. 특히 개 식용 논란은 굉장히 오래된 논쟁입니다. 근거를 통해 이를 옹호하거나 비판하는 입장을 제시해 보세요.

2 반려 동물 인구 1천 만 명 시대입니다. 한국 사회에서도 많은 사람이 반려 동물과 더불어 살고 있습니다. 최근에는 반려 동물을 위한 다양한 식품, 동물 병원, 반려 동물을 위한 카페 등 다양한 시설과 서비스도 많아졌습니다. 이렇게 반려 동물을 대우하는 것은 도덕적으로 어떻게 평가할 수 있을까요? 혹자는 반려 동물과의 삶을 윤리적이라고 하고 또 다른 혹자는 인간의 관점에서 비윤리적이라고 주장하면서 이들을 자연으로 돌려보내야 한다고 주장합니다. 자신의 입장을 정하고 이에 대한 근거를 제시해

정당화해 보세요.

3 _ 도덕적 고려의 대상이 될 수 있는 동물과 그렇지 않은 동물을 구
분할 수 있을까요? 이를테면 축산 동물인 돼지는 먹어도 괜찮지
만 반려 동물인 돼지는 먹으면 안 된다는 생각은 논리적으로 일
관된 생각이라고 할 수 있을까요? 특정 동물의 고통에 더 민감하
게 반응하는 태도에 대해서 어떻게 바라보아야 할까요.

더 깊은 토론을 위한 참고자료

★ 제레미 벤담 지음, 강준호 옮김, 《도덕과 입법의 원칙에 대한 서론》, 아카넷, 2013
지문은 벤담의 《An Introduction to the Principles of Morals and Legislation》 (1789/1823)의 일부를 직접 번역한 글입니다. 초판은 1789년에 출판됐고 몇몇 사소한 수정을 한 제2판이 1823년에 출간됐습니다. 이 책은 '철학적 공리주의의 아버지'로 불리는 벤담의 주저로서 공리의 원리, 인간 행동의 심리학적 분석, 범죄와 처벌 논의, 법과 도덕의 관계 등을 300페이지가 넘는 서문과 17장에서 체계적으로 다룬 대작입니다. 공리주의에 대한 체계적인 대표 연구서라는 점에서 의미가 있습니다.

★ 피터 싱어 지음, 김성한 옮김, 《동물 해방》, 연암서가, 2012
싱어가 1975년에 초판을 발행했고, 2009년에 개정판을 낸 《Animal Liberation》의 번역본입니다. 제목에서 알 수 있는 것처럼 고통 속에서 살아가고 있는 동물의 해방을 철학적으로 정당화하고 요구하는 책입니다. 윤리학사에서 공리주의를 확장하여 동물의 도덕적 지위와 관련된 현대적 논의를 촉발하고 동물 복지론의 이론적 토대를 마련한 저서로 평가됩니다.

★ Tom Regan, 《The Case for Animal Rights》, University of California Press, 1983
이 저서는 칸트의 권리 이론을 동물에게 그대로 적용하면서 동물의 권리를 절대적 권리로 상정했습니다. 싱어의 동물 복지론과 대비되어 이후 동물권 논의의 토대가 되는 중요한 저서인데 아쉽게도 한국에는 아직 번역되지 못했습니다. 2004년에 리건은 초판 이후 자신에게 제기된 비판과 오해에 대해 해명하는 글을 서문에 담은 개정판을 출간했습니다.

DISCUSSION CLASS

지구가 인류를 심판합니다
: SILENT SPRING

레이첼 카슨과 함께 토론하는
기후 위기와 대안

오늘의
토론 주제

　지구 온난화로 뜨거워진 지구에서 여러 자연 재해가 일어나고 있습니다. 가뭄, 폭우, 폭설, 폭염, 산불, 해수면 상승, 해안 침식, 산사태 등은 현재 우리가 목격하고 경험하는 현상입니다. 우리나라에서는 여름마다 가뭄과 폭우로 농작물 피해가 극심해지고 있습니다. 최근에는 해수면 상승으로 해안 침식이 심각한 문제로 대두되었고, 해안가뿐만 아니라 해수욕장과 인근 시설까지 유실됐습니다. 강원도 주문진의 소돌 해변은 3년 전까지만 해도 모래가 쌓여 있었지만 지금은 해안 침식을 막기 위한 인공 구조물이 가득합니다. 부산의 해운대, 포항의 영일만, 강원도 삼척의 해변 등은 침식되기 시작한 지 오래됐고 이는 현재 진행형입니다.

　지구 온난화는 주로 대기의 이산화탄소 농도가 높아져서 발생합니다. 메탄가스도 지구 온난화를 일으키는데 이산화탄소보다 온실 효과가 28배 높습니다. 메탄가스는 지구 온난화로 극지방의 동토층에 쌓여 있던 동식물의 사체를 부패시키는 미생물의 분해 과정과 인간이 사육하는 소가 내뿜는 방귀 등에서 발생합니다. 우리가 매년 배출하는 이산화탄소와 메탄가스를 포함한 온실 가스는 510억 톤에 달합니다. 이 중 27%는 전기 생산, 31%는 제조, 19%는 사육과 재배, 16%는 교통, 7%는 냉·난방에서 발생합니다. 우리나라의 온실가스 배출량도 매년 최고치를 갱신하며 증가하고 있습니다. 어쩌다 온실가스의 배출량이 기후 위기를 불러일으킬 정도로 증가하게 되었을까요?

근대 이후 시민 계급은 거대한 자본을 소유하면서 과학 기술에 막대한 자본을 투자해서 더 많고, 더 좋은 성능의 생산 수단을 확보하고자 했습니다. 더 많은 생산 수단을 가동하고 유지하기 위해서 더 많은 에너지원이 필요했고 이를 해결하기 위해 더 많은 화석 연료가 사용됐습니다. 순수 학문의 울타리에 갇혀 있던 과학은 기술과 결합됐고 이렇게 탄생한 과학 기술, 즉 공학은 자본의 지원을 받아 영역의 세분화·전문화가 이루어지면서 엄청난 발전을 이룩했습니다.

문제는 과학이 고대 이래로 자연 철학의 범주로 이어져 오다가 철학과 헤어지고 기술과 결합한 이후로 반성 없이 폭주하기 시작했다는 겁니다. 특히 핵무기 같은 대량 살상 무기의 개발과 사용은 과학 기술이 인류와 자연 환경 모두에 얼마나 큰 위험과 피해를 초래할 수 있는지 경각심을 불러일으켰습니다.

루소Jean Jacques Rousseau가 《인간 불평등 기원론》에서 지적했듯이 인간은 자기 완성을 추구하는 존재인지라 과학 기술을 사용해 자연이 제공한 모든 것을 이용하려 듭니다. 인간은 자연을 지배하고 개발해 왔습니다. 인간의 삶은 윤택해졌지만 자연은 파괴되었습니다. 환경 파괴와 이에 따른 인간 삶의 파괴를 강조하며 과학자, 사용자와 정부를 포함한 모두가 과학 기술의 개발과 사용에 신중을 기해야 한다는 주장도 있습니다.

인간 중심적 생각에서 벗어나 생태주의적 관점으로 전환하면 환경 문제의 실마리가 보입니다. 근대 철학자들이 인간을 지구 환경 없이 살 수 있는 절대적이고 독립적인 존재로 만들어 버리는 바람에 지금의 환경 문제가 발생했다고 보기 때문입니다. 그렇다면 인간 중심적 생각에서 벗어나 인간을 지구 생태계의 일원으로 여긴다면 환경 위기가 사라질 수 있을까요?

만약 인간이 자연 생태계의 다른 구성원과 동등하다면 여타 동·식물처럼 주어진 환경 위기에 순응하며 무력하게 지내야 합니다. 동양 전문가이자 새로운 공간 존재론을 주장하는 오귀스탱 베르크Augustin Berque는 지구는 단순한 생태계가 아니라 인간의 거주지, 즉 '외쿠메네'écouméne라고 강조합니다. 지구가 인간의 거주지라고 스스로 인식할 때 비로소 자신의 거주 공간에 대한 이해와 사랑이 가능하다고 말입니다. 인간이 여타의 생명과 동등하게 자연 생태계를 구성하는 단순한 일원이라면 환경 보전이라는 막중한 책임과 의무를 요구할 수 없습니다. 그렇다면 인간은 자연을 지배하는 위치에 있어서도, 다른 생태계의 구성원과 완전히 동등한 위치에 있어서도 안 될 것 같습니다. 인간은 환경 문제 해결과 자연 생태계 보호를 위해서 어떠한 태도와 관점을 취해야 할까요?

토론 수업을 위한
오늘의 고전

레이첼 카슨의 《침묵의 봄》

미국의 해양 생물학자인 레이첼 카슨Rachel Louise Carson은 《침묵의 봄》(1962)을 발표하여 DDT와 같은 살충제, 제초제, 살균제 등 화학 물질이 자연과 인간에 미치는 치명적인 결과를 알려 전세계에 환경에 대한 관심을 불러일으켰습니다.

[가]

DDTdichloro-diphenyl-trichloro-ethane, 다이클로로다이페닐트라이클로로에테인는 1874년 독일 화학자에 의해 처음 합성되었지만 살충제로서 효능이 발견된 것은 1939년이었다. 그 즉시 DDT는 질병을 옮기고 한밤중에 식량을 축내는 해충들에 대항해 승리를 안겨줄 수 있는 수단으로 인정받았다. 발견자인 스위스의 파울 뮐러Paul Müller는 노벨상을 받았다.

　너무나도 광범위하게 사용되어서인지 사람들은 DDT를 별 해가 없는 물질로 여긴다. DDT의 무해성에 관한 신화는 전쟁 중 수천만 명의 군인, 피난민, 포로들의 몸에서 이를 박멸하는 데 처음 사용되면서부터 시작되었다. 너무나도 많은 사람들에게 뿌려진 데다 즉각적으로 어떤 나쁜 문제도 발생하지 않았기 때문에 해가 없는 것으로 생각되었다. 다른 염화탄화수소 계열의 물질과 달리 DDT는 피부 속으로 스며들지 않는 분말 형태이기 때문에 사람들은 잘못 생각한 것이다. 일반적으로 DDT는 지방 성분에 녹으면 상당한 독성을 발휘한다. 소화기관이나 폐를 통해 천천히 흡수되는 이 물질은 일단 몸속으로 들어가면 대부분 부신, 고환, 갑상선 등 지방이 풍부한 신체 장기에 축적된다 DDT 자체가 지용성이기 때문이다. 또 상대적으로 많은 양이 간, 신장 그리고 장기를 감싸고 있는 커다란 보호막인 장간막에도 쌓인다.

　DDT 축적은 아주 적은 양부터 시작해 상당수의 음식물에는 농약이 남아 있다 상당 수준에 도달할 때까지 계속된다. 체내에 저장된 지방이 생물학적 증폭기 구실을 하기 때문에, 음식을 먹을 때 DDT를 0.1ppm 100만분의 1만 흡수해도 100배나 많은 10~15ppm이 체내에 축적된다. ppm 단위는 화학자나 약리학자들에게는 익숙한 말이지만 일반인에게는 낯설 것이다. 1ppm이란 상당히 적은 양이다. 그러나 이런 화학물질은 강력한 효력을 지니기 때문에 극소량이라 해도 인체 내에서 큰 변화를 일으킨다. 동물실험에 따르면 DDT 3ppm은 심장 근육에 필수적인 효소 작용을 억제하고 5ppm은 간세포의 괴저 또는 조직 분해를 일으키는 것으로 나타났다. DDT와 비슷한 물질인 디엘드린과 클로르데인은 2.5ppm만으로도 이와 비슷한 결과를 낳았다. (중략)

이렇게 미량이지만 지속적인 독극물 축적, 음식에 들어 있는 유독물질로 인한 간 손상 등을 지켜본 미국 식품의약국의 과학자들은 1950년부터 "DDT의 잠재적 위험성이 과소평가되었다"고 주장해왔다. 의학 역사상 이와 유사한 사례는 일찍이 없었다. 그렇기에 화학물질 남용이 궁극적으로 어떤 결과를 불러올지 아는 사람은 아무도 없다.

[나]

새들에게 닥쳐올 비극적인 운명을 잘 말해주는 몇 가지 사례가 있다. 몇몇 종에 불어닥친 운명은 이제 모든 새를 위협하고 있다. 그중 대표적인 것이 우리에게 친숙한 울새 이야기다. 수많은 미국인에게 울새의 출현은 기나긴 겨울에서 벗어났음을 의미한다. 이 새의 등장은 뉴스를 통해 보도될 정도이고, 사람들은 아침 식탁에서 울새 이야기를 하느라 정신이 없다. (중략)

울새는 물론 다른 새들의 생존은 나무와 숙명적으로 연결되어 있다. 대서양에서 로키 산맥에 이르는 수많은 도시의 거리, 광장, 대학 캠퍼스 등에 웅장한 녹색 아치를 만들어주는 느릅나무는 오랜 세월 사람들과 함께해왔다. 그러나 곳곳에 퍼져 있는 느릅나무 대부분이 병충해 때문에 고통 받고 있다. 병이 너무 심각해서 전문가들은 느릅나무를 구하려는 노력이 결국 수포로 돌아갈 것이라고 믿을 정도이다. 느릅나무를 잃는 것도 슬픈 일이지만, 더욱 비극적인 것은 많은 새들도 함께 어둠 속으로 사라지리라는 점이다.

네덜란드느릅나무병은 1930년경에 합판을 만들기 위해 유럽에서 들여온 느릅나무 목재에 숨어서 미국으로 건너왔다. 이 병은 균류로 인해 발생하는데, 나무의 수관에 침투한 병원균이 수액을 타고 나무 전체로 퍼진다. 병원균은 나무에 물리적 장애를 유발함과 동시에 독성물질을 분비해 가지를 시들게 하여 결국 죽게 만든다. 느릅나무 껍질에 사는 딱정벌레는 이 병을 다른 나무에 옮긴다. 딱정벌레가 죽은 나무껍질 밑에 만든 통로에는 병원균 포자가 우글거리는데, 이 포자는 딱정벌레의 몸에 붙어서 딱정벌레가 날아가는 곳마다 함께 이동하게 된다. 느릅나무병을 막기 위해 매개체인 딱정벌레를 없애는 방법이 자주 사용되었다. 특히 느릅나무가 번성하는 중서부 지역에서 뉴잉글랜드에 이르는 지역에서는 화학약제의 집중적인 살포가 일상화했다. (중략)

네덜란드느릅나무병의 방제는 1954년 대학 구내에서 소규모로 시작되었다. 이듬해에는 대학이 위치한 이스트랜싱 시가 참여하여 살포 범위가 확대되었다. 또 이 일대에서 매미나방과 모기 박멸 계획이 시행되자 각종 화학약품이 폭우처럼 쏟아졌다.

적은 양이 살포된 1954년에는 별 문제가 없어 보였다. 이듬해 봄, 울새들은 여느 해와 다름없이 캠퍼스로 돌아왔다. (중략) 그러나 곧

무언가 잘못되었음을 분명히 알 수 있었다. 죽어가는 울새가 서서히 발견되기 시작한 것이다. 정상적으로 먹이를 찾아다니거나 떼를 지어 모여 있는 새들의 모습은 거의 찾아볼 수 없었다. 둥지도, 어린 새끼들도 마찬가지였다. 이 현상은 다음 해, 또 그다음 해를 거치며 계속 반복되었다. 화학물질이 살포된 지역은 치명적인 함정이 되어, 그곳을 찾아온 울새들은 일주일 뒤 모두 죽고 말았다. 그리고 다시 한 무리의 새가 날아왔지만 그들 역시 죽음에 앞서 찾아오는 최후의 고통에 몸부림치며 캠퍼스에서 운명을 다한 다른 새들의 뒤를 따를 뿐이었다. (중략)

여러모로 판단해볼 때, 울새들은 살충제와 직접적으로 접촉했다기보다 지렁이를 먹음으로써 간접적으로 중독되었음을 알 수 있었다. 연구를 위해 학교에서 지렁이를 잡아 가재에게 먹이로 주었는데, 가재들이 모두 즉사하고 말았다. 연구실 우리에 있던 뱀도 지렁이를 먹은 후 극심한 경련을 일으키며 죽었다. 봄철에 울새가 주로 먹는 것이 바로 지렁이였다.

울새의 암울한 운명이라는 수수께끼 퍼즐의 중요한 조각을 찾아낸 사람은 어배너에 있는 일리노이 자연조사단의 로이 바커Roy Barker 박사였다. 1958년에 발간한 연구서에서 바커 박사는 울새가 지렁이를 통해 느릅나무병과 어떻게 연결되는지 그 복잡한 경로를 추적해냈다. 사람들은 봄철에 살충제를 뿌리고〔대개 50피트약 15미터 높이의 나무마다 2~5파운드의 DDT를 뿌리는데 느릅나무가 무성한 곳에서는 1에이커당 23파운드를 뿌린다〕, 7월에 다시 그 절반 정도의 양을 뿌리곤 했다. 키 큰 나무의 구석구석까지 유독 약품을 쏘아 올릴 수 있는 강력한 농약살포기는 해충인 느릅나무딱정벌레뿐 아니라 가루받이를 돕는 곤충, 포식성 거미, 다른 딱정벌레 등 모든 곤충을 죽인다. 유독 약품은 나뭇잎과 나무껍질에 좀처럼 벗겨지지 않는 얇은 막을 형성하는데, 빗물에도 씻겨 내려가지 않는다. 가을이 되어 땅에 떨어져 축축해진 낙엽은 아주 천천히 분해된다. 지렁이들은 가장 좋아하는 느릅나무 썩은 잎을 먹어치워 이 과정을 돕는다. 그런데 나뭇잎을 먹은 지렁이들은 어쩔 수 없이 살충제까지 흡수하게 되고, 체내에 그 살충제가 축적되고 농축된다. 바커 박사는 지렁이의 소화관, 혈관, 신경조직, 체벽에서 DDT 성분을 발견했다. 물론 많은 지렁이가 죽었지만, 살아남은 지렁이들은 독극물의 '생물학적 증폭기' 구실을 했다. 그리고 다시 봄이 되면 이런 순환 경로의 한 고리를 연결할 울새들이 날아온다. 큰 지렁이 11마리면 울새에게 치명적인 양의 DDT를 공급하기에 충분하다. 1분에 한 마리씩 지렁이를 먹어치우는 새들에게 지렁이 11마리는 별로 대단치 않은 양이다.

[다]

중요한 살충제인 염화탄화수소계와 유기인산계 화학물질은 약간 방법적 차이는 있지만 신경계에 직접 손상을 가한다. 각종 동물 실험과 인간을 대상으로 한 관찰에서 이 점은 확실히 증명되었다. 널리 사용되는 유기 살충제의 첫 번째 주자인 DDT는 주로 중추신경계에 영향을 미쳐서 소뇌와 대뇌 운동피질을 손상시킨다. 독물학 교과서에 따르면 대량의 DDT에 노출되면 찌르는 듯 타는 듯 피부가 아프고 가려우며, 또 몸이 떨리고 경련이 일어나는 등의 증상이 나타난다고 한다.

DDT 중독 증세를 처음 알린 것은 영국의 몇몇 연구자였다. 이들은 이런 결과를 얻기 위해 직접 유독물질에 접촉해보기도 했다. 영국 왕립해군생리학연구소에서 일하는 과학자 두 명은 피부를 통한 직접적인 DDT 흡수에 관해 알아보기로 했다. DDT 2퍼센트가 포함된 수성페인트를 칠한 벽에 얇은 기름 막을 입히고 몸을 밀착시켰다. 이들의 설명을 들으면 DDT가 신경계에 어떤 영향을 미치는지 확인할 수 있다. "피로감과 무기력함이 밀려왔고 팔다리가 쑤셨으며, 정신상태도 혼미해졌다. …… 심한 흥분을 느꼈고 …… 아무것도 하고 싶지 않았으며 …… 가장 단순한 정신 활동도 귀찮아졌다. 관절의 통증이 심해졌다."

아세톤 용액에 녹인 DDT를 피부에 발라본 또 다른 영국 과학자는 무기력해지고 팔다리가 쑤시더니 근력이 약해지고 '극도의 신경 발작'을 겪었다고 한다. 휴가를 내어 쉬었더니 조금 나아졌지만 다시 일을 시작하자 증상이 더욱 악화되었다. 그 후 3주 동안 침대에 누워 팔다리의 통증과 불면증, 신경과민, 극도의 불안감 등의 증상으로 고생했다. 때때로 온몸에 경련이 일었는데 이는 DDT에 중독된 새들에서 이미 확인한 증상이었다. 이 실험자는 10주 동안 일을 하지 못했고, 그해 연말 실험 결과가 영국 의학 학술지에 실릴 때까지도 회복하지 못했다고 한다. (중략)

그런데 살충제를 다루거나 사용하는 사람마다 증상이 다르게 나타나는 이유는 무엇일까? 바로 이 시점에서 개인차가 있는 민감성 문제가 등장한다. 일반적으로 여성이 남성보다, 어린이가 성인보다, 실내에서 오래 머무르는 사람이 야외에서 힘든 일을 하는 사람보다 화학물질에 더 민감하다. 증상의 차이를 나타내는 요소는 더 다양하지만 아직은 정확하게 파악되지 않았다. 어떤 사람이 먼지나 꽃가루에 알레르기 반응을 일으킨다거나, 어떤 사람은 다른 사람보다 유독물질에 더 민감하고 질병에 더 잘 걸리는 이유는 의학적으로 설명할 수 없는 신비다. 하지만 원인이 잘 알려지지 않았다고 해서 무시할 수는 없는 노릇이다. 의사들에 따르면, 환자의 3분의 1 이상이 특정한 화학물질에 민감성을 나타내는데 그 수치가 점점 증가하고 있다고 한다. 불행하게도 이전에는 별 문제가 없던 사람에게서 갑자기 문제가 발생하기도 한다. 몇몇 의사는 화학물질에 대한 간헐적 노출 때문에 문제가 일어난다고 믿는다. 만일 이런 추측이 사실이라면 몇몇 연구에 나타난 것처럼 직업 때문에 유독물질에 계속 노출된 사람들에게서는 별다른 증세를 발견하지 못할 것이다. 계속적인 접촉 때문에 유독물질에 무감각해지기 때문이다. 알레르기질환을 치료할 때, 환자에게 알레르기 유발물질을 소량씩 계속 투입하는 것과 마찬가지라 할 수 있다.

레이첼 카슨 지음, 김은령 옮김, 《침묵의 봄》, 에코리브르, 2011, pp. 44~45 [가], pp. 129~133 [나], pp. 220~222 [다].

1) 주제 이해를 돕는 연습

1   지문 [가]에서 DDT를 최초로 합성한 사람과 DDT의 살충 효과를 발견한 사람이 서로 다릅니다. 그렇다면 DDT를 최초로 합성한 사람은 DDT의 숨겨진 위험에 대한 책임이 있을까요?

2   지문 [나]에서 느릅나무 숲을 보존하기 위해 새를 희생시킨 결정은 합리적일까요?

3   지문 [다]를 보면 DDT를 사용한 사람들마다 증상이 다르게 나타납니다. 그래도 DDT가 각종 부작용을 낳는 원인이라는 주장은 정당할까요?

2) 해석해드립니다

카슨은 《침묵의 봄》을 통해 인간은 자연의 한 부분이고 인간의 행위는 자연에 영향을 미치며 결국 인간에게 피해가 돌아온다고 말합니다. 이러한 관점을 유기체적 자연관 또는 생태주의라고 합니다. 카슨은 생태주의자로서 자연 생태계의 모든 대상이 유기적으로 연결되어 있고 자연은 인간을 위해 존재하지 않으며 인간과 공존하는 대상이라고 강조합니다. 이점을 망각하고 해충 방제라는 명목 하에 DDT 같은 화학약품을 무차별적으로 살포하면 DDT가 흡착된 느릅나무의 썩은 잎은 지렁이가 먹고 DDT가 축적된 지렁이를 먹은 울새는 결국 멸종합니다. 겨울이 끝나고 봄이 되어도 울새가 돌아오지 않는 '침묵의 봄'이 되고 이러한 침묵은 인간에게도 올 수 있습니다.

지문 [가]에 따르면 DDT의 살충 효과를 발견하고 사용할 당시엔 이후에 발생할 위험성을 예측하지 못했습니다. DDT는 살충 효과가 크면서도 무해한 물질로 여겨져 광범위하게 사용됐습니다. 하지만 곧 DDT는 체내에 한 번 흡수되면 몸에 축적되며 극소량만으로도 사람에게 치명적인 손상을 줄 수 있는 물질이라는 사실이 드러났습니다. 이 경우 DDT를 최초로 합성한 사람에게 위험한 물질을 만들어낸 사회·윤리적 책임을 부과할 수 있을까요? 아니면 DDT의 살충 효과를 발견한 사람에게 책임을 부과할 수 있을까요?

어떤 사람의 행위에 윤리적 책임을 부과하기 위해서는 그 사람이 우리와 같은 규범을 공유해야 합니다. 행위는 자유의지에 따라 이루어져야 하고, 행위자가 결과를 예측할 수 있어야 합니다. 더 정확한 정보 확인이 필요하겠지만 [가]만 보면 DDT 개발자나 DDT의 살충 효과를 발견한 사람은 DDT의 위험성에 대해서 예측하지 못했기 때문에 DDT 개발과 대중화에 책임이 없다고 말할 수 있습니다. 하지만 DDT 개발자든 살충 효과를 발견한 사람이든 자신이 개발한 물질이 위험한 물질인지 아닌지 검토하지 않았다고 할 수 있는지는 의문으로 남습니다.

지문 [나]에 따르면 방제 목적으로 무차별 살포된 DDT는 나뭇잎에 흡착되었고 이를 먹은 지렁이에 축적되었습니다. 울새가 그 지렁이를 먹고 죽었고 지렁이를 가재와 뱀에게 먹였더니 가재와 뱀이 죽었습니다. 따라서 DDT 때문에 울새가 죽었다고 결론내릴 수 있습니다. 울새가 죽은 원인을 찾는 과정을 관찰과 실험으로 보여준 것입니다.

지문 [나]에 제시된 자료를 보면 울새가 DDT 때문에 죽었다는 주장이 강화되고 참일 확률이 높아집니다. 그렇지만 비판적으로 평가해 봐야 합니다. 우선은 울새의 다른 사망 요인은 없는지 생각해봐야 합니다. DDT 때문에 울새가 죽었다는 판단은 울새의 다른 사망 요인을 의도적으로 무시한 결과일 수 있습니다. 이전 거주지에서 섭취한 다른 먹이에 문제는 없었는지 조사해 보면 다른 사망 원인이 밝혀질 수 있습니다. 느릅나무병을 없애는 바람에 생태계에 어떤 영향을 주었고 이 때문에 울새가 죽었을 수도 있습니다. [나]의 결론은 수많은 인과적 경로 중에서 하나만 본 경우입니다. DDT가 축적된 지렁이 섭취 이외에 다른 조건을 통제한 경우를 고려했어야 하는데 그렇지 못했습니다.

지문 [다]에서 제시된 카슨의 주장은 두 가지입니다. 각종 부작용의 원인이 DDT이며 민감성의 개인차 때문에 이를 사용하는 사람마다 증상이 다르게 나타난다는 내용입니다. DDT는 유기 살충제인데 여기서 나온 유기인산제 화학 물질이 신경계를 손상시킨다는 사실은 각종 동물 실험과 인간을 대상으로 한 관찰로 증명되었습니다.

그래도 의문이 생깁니다. DDT가 각종 부작용의 원인이라면 왜 사람마다 증상이 다를까요. 이에 카슨은 알레르기 반응이 사람마다 다르게 나타나는 것처럼 화학 물질 노출에 대한 개인의 민감성이 다르기 때문이라고 말합니다. 카슨은 DDT에 대한 노출 정도에 따라 사람마다 다르게 부작용을 일으킨다고 경고합니다. 하지만 지문 [다]에서 DDT가 꽃가루와 비슷하다는 유비 추론을 하는데 이것이 적절한가에 대한 의심의 여지는 있습니다. 꽃가루 알레르기는 면역 반응으로 인체를 파괴하지 않습니다. 반면 DDT는 신경 계통을 직접적으로 손상시키는 기전을 지닙니다. 그렇다면 DDT와 꽃가루 비교는 잘못된 유비 추론의 오류일 수도 있습니다.

인간이 자연의 자정 능력을 간과한 채 인위적으로 해충이라고 생각한 대상을 방제하기 위해 살포한 살충제는 돌고 돌아 궁극엔 인간의 생명을 앗아가는 해악이 됩니다. 화학 살충제가 식물과 동물 그리고 인간의 세포 속에 축적되어 세포 활동과 유전 구조를 변형시켜서 결국 멸종이나 죽음에 이르게 할 수 있기에 이 문제는 더욱 심각합니다. 치명적인 화학 제품의 개발과 사용은 '부분이 생존하기 위해서는 결국 그 부분이 속한 전체가 건강해야 한다'는 점을 망각한 인간의 오만입니다. 우리는 과학 기술의 사용과 진보에 제동을 걸어야 할 것 같습니다. 과학 기술을 사용해 인간이 자연을 조절할 수 있다는 생각을 바꿔야 합니다.

한편으로는 과학 기술로 발생한 문제 또한 과학 기술이 해결할 수 있으리라는 기대와 희망도 있습니다. '자연의 일부인 인간'과 '자연의 문제를 해결할 수 있는 인간'이라는 두 가지 인간관이 대립하는 것이죠. 이는 인간 중심적인 기계적 자연관과 생태주의적인 유기체적 자연관 사이의 대립으로 정리할 수 있습니다. 각각의 입장은 과학 기술 때문에 파괴된 환경 문제에 대한 대안을 생각해 보는 출발점이 됩니다.

유기체적 자연관에서 자연은 장구한 시간의 흐름에 따라 진화를 거쳐 형성된 복잡한 유기적 시스템과 같습니다. 자연에 존재하는 것은 자율적으로 작동하는 한편, 유기적으로 연관되어 있습니다. 이들은 복잡한 인과연쇄로 얽혀있지만 자연의 요소는 그 과정에서 서로 균형과 조화, 자정 능력을 갖추게 되었습니다. 유기체적 자연관은 자연을 생명체처럼 여깁니다. 인간을 포함한 자연 생태계를 구성하는 요소 하나하나가 생명을 가진 유기체의 기관처럼 통일적이고 조화로운 전체를 이룬다는 시각입니다. 자연의 구성 요소는 마치 생명체의 각 기관처럼 각각 독립적이면서도 긴밀하게 유기적으로 결합되어 있기 때문에 상호 의

존적이고 서로 영향을 미칩니다. 한 부분이 오염·손상되면 자연 전체로 확산될 수 있습니다.

인간도 자연의 일부분이기에 손상된 자연으로부터 악영향을 받을 수 있습니다. 그렇기에 인간은 어떤 행위를 할 때 자연의 유기적인 관계나 질서를 흩트리지 않고 보존하도록 노력해야 합니다. 독일 관념론 전통의 철학자 셸링Friedrich Wilhelm Joseph Schelling은 《자연철학의 이념》 Ideen zu einer Philosophie der Natur에서 "나 자신이 자연과 동일한 것인 한, 나는 나 자신의 생명을 이해하듯, 생동적인 자연이 무엇인지를 이해한다"고 강조합니다. 자연을 인간에 종속된 대상이 아닌 자율성과 자족성을 가진 생산적인 주체로 봐야 한다는 말입니다.

야생 동물은 자연의 먹이사슬에서 오직 물질적 원리에 따라서 움직입니다. 하지만 인간은 그렇지 않죠. 인간은 필요에 따라서 자연 자체를 바꾸고 완전히 새로운 체계로 개편하기도 합니다. 그런 면에서 인간은 다른 동물과 달리 자연을 '정복'하고 '통제'하는 특별한 주체라는 것 또한 부정할 수 없습니다. 이러한 생각은 서양의 오랜 사상적 배경으로 인간을 자연의 다른 구성원과 근본적으로 다른, 특별한 존재로 여깁니다.

아리스토텔레스는 이 세상의 모든 존재는 고유한 선善을 가지고 있다고 말합니다. 식물의 선은 성장과 재생산에 필요한 영양적 기능을 행하는 것입니다. 동물의 선은 영양적 기능에 더해서 스스로의 욕구를 충족하는 기능입니다. 인간의 선은 이러한 영양적 기능 및 욕구 충족 기능과 더불어 이성적으로 숙고하는 인생을 사는 것입니다. 이성을 잘 발휘하는 것은 인간에게 고유한 기능이며 이런 이성 능력을 잘 발휘하면 행복에 이르게 됩니다. 식물과 동물의 선은 인간을 위해 사용됩니다. 식물은 동물을 위해 존재하고 동물은 인간을 위해 존재합니다. 인간이 최상위에 위치하고 그 아래에 동물과 식물이 위치하기 때문에 인간의 선을 이루기 위해 식물과 동물을 이용하는 것은 정당하다고 주장할 수 있습니다.

아리스토텔레스는 비록 식물과 동물이 인간보다 아래에 놓이지만 그들에게 적어도 어떤 기능이나 자발적 능력이 있다고 인정했습니다. 하지만 근대 철학자인 데카르트는 한 발 더 나아가 식물과 동물을 이성이 결여된 대상으로 여기며 그들은 자발적 능력으로 활동할 수 없다고 생각했습니다. 데카르트에 의해 살아 있는 자연이 생명이 없는 대상으로 바뀐 셈입니다. 이는 기계적 자연관으로 자리 잡게 됩니다. 인간을 제외한 자연, 특히 동물이 기계와 같다는 관점을 잘 보여주는 데카르트의 《방법서설》을 함께 읽어봅시다.

토론해봅시다

　내가 여기서 특별히 보여주려고 노력했던 점은 만약 이성을 결여한 원숭이나 어떤 다른 동물의 외양과 기관을 가진 어떤 기계가 있더라도 우리는 그 기계가 동물과 동일한 본성을 완전히 갖고 있는지 알 수 있는 방법이 없다는 점이다. 그러나 설령 우리 신체와 닮았고 실천적 목적을 위해 우리의 행동을 가능한 만큼 모방하는 기계가 있더라도 우리는 그것이 절대 진정한 인간일 수 없다는 것을 알아낼 수 있는 아주 확실한 두 가지 수단이 있다. 첫째는 우리가 다른 이들에게 생각을 제시하는 것처럼 그 기계는 결코 말을 사용할 수 없고 다른 기호를 조합할 수도 없다는 점이다. 말할 수 있도록 만들어진 기계를 우리는 분명히 생각할 수는 있다. (중략) 그러나 면전에서 들려오는 모든 말에 적절히 의미 있는 대답을 할 정도로 단어들을 다양하게 배열할 수 있는 그런 기계를 생각할 수는 없다. (중략) 둘째는 기계가 우리만큼 많은 것을, 어쩌면 우리보다 더 잘 해낸다고 하더라도 다른 부분은 틀림없이 실패할 것이며, 이를 통해 사람들은 기계는 이해가 아닌 단지 기관 배열을 통해 작동한다는 사실을 드러낸다는 점이다. 이성은 모든 상황에서 사용될 수 있는 보편적인 도구인데 반해, 이러한 기관은 어떤 특정한 행동을 위해 특정한 배열을 필요로 하기 때문이다. (중략)

　이 같은 두 가지 수단으로 사람들은 또한 인간과 짐승의 차이를 인식할 수 있다. (중략) 까치와 앵무새는 인간인 우리가 하는 것처럼 말을 내뱉을 수는 있어도 우리처럼 이야기를 나눌 수는 없다. 즉 그것들은 자신들이 무슨 말을 하는지를 생각하고 있다는 사실을 증명할 수 없다. 반면에 태어날 때부터 귀가 들리지 않고 말을 하지 못해서 짐승 못지않게 말하는 기관이 발달하지 못했거나 그보다 더 심한 경우일지라도 인간은 자신의 생각을 전달할 수 있는 나름의 기호를 만드는 것이 보통이다. 이들과 어울리면서 이들이 사용하는 언어를 배운 사람들은 이들의 생각을 이해할 수 있다. 이는 짐승이 인간보다 더 적은 이성을 지닌다는 점뿐만 아니라 이성을 전혀 갖고 있지 않다는 사실을 보여준다. 왜냐하면 아주 약간이라도 이성이 있다면 말을 할 수 있다는 것이 분명하기 때문이다.

René Descartes(1637), 《Discours de la méthode》, in (TRANS) John Cottingham, Robert Stoothoff, Duglad Murdoch, 《The Philosophical Writings of Descartes》 Vol. 1, Cambridge University Press, 1985, pp. 139~140.

데카르트의 논증은 두 부분으로 이루어집니다. 첫 번째로 인간과 기계가 근본적으로 다르다는 주장, 즉 기계에게는 이성이 없지만 인간에게는 이성이 있다는 주장을 뒷받침하기 위해 두 가지 전제를 제시합니다. 두 번째로 데카르트는 기계와 인간의 차이점은 동물과 인간 사이에서도 유사하게 성립한다고 말합니다. 그리고 한 가지 전제를 추가하는데 만약 이성이 아주 조금이라도 있다면 언어를 사용할 수 있다는 것입니다.

하지만 동물은 언어를 사용할 수 없습니다. 따라서 기계와 마찬가지로 동물에게는 이성이 없다는 결론이 도출됩니다. 살아있는 생명인 동물도 결국 태엽이나 톱니바퀴로 된 기계와 차이가 없다는 의미입니다. 이러한 데카르트의 논리는 이후 서양을 지배한 기계론적 세계관, 동·식물을 포함한 모든 자연은 물리 법칙에 따라 작동하는 거대한 기계 장치나 다름없다는 생각의 근간이 됩니다.

현대의 과학 기술이 우리에게 도움을 주는지 피해를 주는지는 아주 오랜 세월이 지난 후에 알 수 있을지도 모릅니다. 하지만 과학 기술이 양날의 검이라는 점은 분명합니다. 우리는 어떠한 태도로 과학 기술을 이용하고, 자연과 생태계를 보존하기 위해 어떤 노력을 해야할지 고민하고 실천해야 합니다. 이와 관련해서 흥미로운 방향을 제안하는 사람이 있습니다. 마이크로소프트사의 창립자이자 CEO인 빌 게이츠Bill Gates는《빌 게이츠, 기후 재앙을 피하는 법》에서 기후 변화의 심각성을 인식하고 전문가의 조언에 따라 적어도 2050년에는 지구의 온실가스 배출을 0zero으로 만들어야 인류가 생존할 수 있다고 강조합니다. 그는 기후 재앙을 막기 위해서 우리는 변할 수 있으며, 변화에 필요한 기술을 가지고 있다고 낙관합니다. 물론 더 발전해야 할 기술도 있지만 혁신을 일으킬 수 있는 가능성이 많다고 말입니다. 우리는 기후 변화에 관한 새로운 데이터, 컴퓨터 모델링 기법, 화석 연료를 대신할 다양한 기술 개발, 제로 탄소 제품과 탈 탄소화 정책 등을 시행하고 실천할 수 있습니다.

"기후 변화와 같이 거대한 문제 앞에서 개인은 쉽게 무력감을 느낀다. 하지만 그럴 필요가 없다. 정치인이나 자선사업가가 아니어도 각 개인들도 변화를 만들 수 있기 때문이다. 개인은 시민으로서, 소비자로서, 그리고 고용주 또는 직장인으로서 변화를 이끌 수 있다."[7]

1) 고전을 이해하는 토론

1 자연의 부분으로서 인간이 다른 생태계의 생명과 유기적으로 연결되어 있다는 생태주의적인 관점은 환경 문제 해결에 대한 단서가 될까요? 자연 생태계의 다른 생명체와 같은 위상을 지닌다는 관점과 자연 생태계의 다른 생명체보다 더 높은 위치에 있다는 관점 가운데 어떤 관점이 더 환경 문제 해결에 도움이 될까요?

2 인간에게 해를 끼치는 곤충을 없앨 목적으로 살충제를 개발한 과학 기술은 좋은 것일까요? 아니면 나쁜 것일까요? 아니면 가치중립적일까요?

---

7 빌 게이츠 지음, 김민주·이엽 옮김, 《빌 게이츠: 기후 재앙을 피하는 법》, 김영사, 2021, p. 310.

3__ 카슨은 과학 기술에 대한 맹신을 경계해야 한다고 강조합니다. 반대로 빌 게이츠는 과학 기술이 기후 재앙을 해결할 수 있다고 합니다. 과학 기술이 정말로 환경 문제의 대안이 될 수 있을까요?

2) 오늘을 위한 토론

1__ 매년 우리가 배출하는 온실가스의 27%는 전기 생산 과정에서 배출됩니다. 우리나라뿐만 아니라 수많은 나라에서 화석 연료 발전소를 가동하고 있기 때문입니다. 그렇다면 화석 연료 발전 없이 원자력 발전으로 전기를 생산하는 방법은 온실가스 배출을 줄이기 위한 최선의 선택일까요?

2__ 기후 변화는 현세대를 넘어서 미래 세대까지 심각한 악영향을 미칠 수 있습니다. 그렇다면 현세대는 환경 보호와 관련해 미래 세대에 대한 책임과 의무가 있다고 할 수 있을까요?

더 깊은 토론을 위한 참고자료

★ 레이첼 카슨 지음, 김은령 옮김, 《침묵의 봄》, 에코리브르, 2011

과학 기술에 대한 맹신에 의문을 제기하고 환경에 대한 관심과 사회 운동을 촉발시킨 책입니다. 자연을 지배할 수 있다고 생각한 인간이 해충 방제를 위해 살포한 살충제가 어떤 과정을 거쳐서 식물, 동물 그리고 생태계 피라미드 최상위에 있는 인간까지 농축되는지 극사실적으로 보여줍니다. 카슨은 방대한 자료 수집, 현장 조사, 치밀한 분석과 연구를 토대로 살충제의 영향이 현세대뿐만 아니라 다음 세대까지 이어진다고 이야기합니다.

★ 게리 스나이더 지음, 이상화 옮김, 《지구, 우주의 한 마을》, 창비, 2015

게리 스나이더(Gary Snyder)는 미국의 시인이자 환경 운동가입니다. 그는 우주의 모든 생명과 더불어 살아가는 진정한 삶을 역설하고, 지구가 처한 생태적 위기의 여러 양상을 분석합니다. 그는 대안으로 환경과 생태에 대한 인식의 전환과 일상의 실천을 제안합니다. 이 책에는 자연에서 노동하고 명상하며 평생을 보낸 구도자이자 시인이기도 한 작가의 독특한 시각이 담겨 있습니다.

★ 르네 데카르트 지음, 이현복 옮김, 《방법서설》, 문예출판사, 2016

17세기 프랑스의 사상가 데카르트가 자신의 학문적 생애를 되돌아보며 쓴 자전적 철학 에세이입니다. 데카르트는 이성적 사유에 기초한 '방법적 회의'를 통해 더 이상 의심할 수 없는 확실한 진리에 도달합니다. 그것이 바로 코기토(Cogito) 명제 '나는 사유한다. 그러므로 나는 존재한다'입니다. 데카르트는 이 확실한 진리를 토대로 신앙 중심의 학문적 기반을 모두 헐고 인간의 이성이라는 새로운 토대에서 진리를 탐구해야 한다고 선언합니다.

★ 유발 하라리 지음, 김명주 옮김, 《호모 데우스》, 김영사, 2017

호모 사피엔스의 미래를 예측한 책입니다. 하라리는 공학 기술을 마냥 낙관적으로만 보지 않습니다. 그는 인간이 공학 기술을 통해 거대한 데이터를 구성하는 알고리즘의 일부가 될 것이라고 전망합니다. 또한 생태계의 최상위에서 신의 위치까지 넘보던 인간이 멸종한 다른 종과 비슷한 길을 가게 될 것이라고 담담하게 예측합니다.

DISCUSSION CLASS

과학은 얼마나 합리적인가?
: THE STRUCTURE OF SCIENTIFIC REVOLUTIONS

토머스 쿤과 함께 토론하는
과학적 지식의 특성

오늘의
토론 주제

17세기 과학혁명이 일어난 후 우리는 비로소 근대적인 과학의 시대를 살고 있습니다. 이전에는 과학, 종교, 철학 등이 완전히 구분되지 않았기 때문에 과학은 현재와 같이 전문적·독립적 학문으로 존재하지 않았습니다. 세계의 원리에 대한 탐구는 일반적으로 철학이나 신학의 과제였습니다. 과학은 철학의 하위 학문이었고 철학이나 신학보다 학문적 서열이 낮았기 때문에 과학의 권위와 과학자의 지위도 상대적으로 낮았습니다.

그러나 현대 과학에 대한 대중의 인식은 완전히 역전됐습니다. 오늘날 우리는 과학과 기술이 강력한 영향력을 미치는 공학 기술의 시대에 살고 있습니다. 체계적이고 수학적인 과학 이론이 없다면 공학 기술도 있을 수 없습니다. 과학은 철학과 신학의 영향력에서 벗어나 가장 객관적인 이론이라는 인식론적 지위를 얻었습니다.

현대 사회에서는 단지 '과학적' 또는 '비과학적'이라는 표현만으로 진리와 거짓이 구분되는 것처럼 여겨집니다. 과학자의 사회적 지위는 높아졌으며 최소한 객관성과 진리 측면에서 가장 신뢰받는 집단이 되었습니다. 법정에서는 과학적 증거가 절대적인 힘을 발휘하고, 소위 과학 전문가가 광고하는 상품은 안전성과 효능이 검증됐다고 여겨집니다. 게다가 현대 정부는 과학에 막대한 예산을 투입하고 있습니다.

과학의 지위가 이렇게 변한 이유는 과학이야말로 세계에서 가장 객관적인 진리를 추구하는 활동이라는 인식 때문입니다. 과학자는 정치적·종교적·사회적 영향력으로부터 독립하여 오직 객관적 관찰과 증거만으로 진리를 탐구하는 사람으로 여겨집니다. 즉 사람들은 과학이 가장 합리적이고 이성적인 학문이며 과학자는 자신의 주변을 둘러싼 어떠한 사회적 영향력을 초월하여 가장 순수하게 진리를 추구하는 사람이라고 생각합니다.

그러나 정작 우리는 과학에 대해 얼마나 알고 있나요? 현대 과학은 너무 전문화되어 심지어 과학자조차도 자신의 전문 연구 분야 외에 다른 분야는 잘 알지 못합니다. 대중은 과학의 본질보다는 결과물에 더 관심이 많습니다. 과학이라는 전문 분야가 어떻게 운영되는지, 과학자는 어떻게 연구를 수행하는지에 대해서는 아는 바가 거의 없습니다.

과학은 막대한 정부 예산이 필요한 학문일 뿐만 아니라 세계에 대한 우리의 가장 포괄적인 인식과 판단에 지대한 영향력을 행사합니다. 하지만 과학의 본질과 과학자의 활동에 대한 철학적 분석의 필요성은 그다지 강하게 제기되지 않습니다. 우리는 삶에 가장 많은 영향력을 행사하며 우리가 가장 신뢰하는 과학의 본질에 대해서 잘 알지 못하며, 그것이 무엇인지 적극적으로 묻지도 않습니다. 우리가 과학의 본질과 과학자의 활동에 대해서 반드시 알아야 하는 이유입니다. 과학은 진정 모든 외부 영향으로부터 독립된, 자율적이고 합리적인 활동일까요? 아니면 과학이 실제로는 다양한 사회적 영향력 하에 있으며, 따라서 과학은 순수하게 자율적이거나 합리적인 활동이 될 수 없다고 해야 할까요?

전통적으로 과학은 심리학, 사회학, 경제학 등 인간과 인간 활동의 산물과 법칙을 탐구하는 사회과학과 물리학, 화학, 천문학 등 인간과 독립적으로 존재하는 물리적 세계에 대해 탐구하는 자연과학으로 구분됩니다. 단지 탐구 대상의 차이만으로 이렇게 구분하는 것은 아닙니다. 사회과학과 자연과학의 학문적 특성을 비교해 볼까요?

사회과학은 인간의 본질과 활동의 산물을 다루기 때문에 인간이 탐구의 대상이며 그렇기 때문에 탐구 주체와 객체는 구분될 수 없습니다. 반면 자연과학은 탐구자와 탐구 대상이 완전히 구분됩니다. 자연과학이 제기하는 질문과 탐구 방법이 사회과학의 그것과 상이하기 때문입니다. 탐구자가 탐구 대상과 완전하게 구분되어 있지 않다면 객관적이고 이성적인 탐구는 어렵습니다. 자연과학에서는 탐구 주체와 대상이 완전히 구분된다고 믿기 때문에 자연과학은 사회과학보다 더 객관적이고 이성적인 탐구 활동으로 여겨집니다.

그렇다면 과학 활동은 어떤 방법론을 통해서 이루어지고 그 활동이 어떻게 과학의 발전으로 이어질까요? 과학은 정말 객관적이고 이성적인 탐구 활동으로 구성될까요? 전통적 과학의 방법론적 모델과 변화를 살펴보면서 과학의 본질과 과학적 지식의 특성을 비판적으로 검토해 봅시다.

귀납주의:
경험적인 데이터에서 일반 법칙을 추론하기

전통적인 과학관에 따르면 과학은 실험과 관찰, 즉 경험적인 데이터로부터 자연에 관한 일반 법칙을 귀납적으로 추론하는 학문입니다. 여기서 중요한 두 가지 방법론은 경험 자료_{실험과 관찰}와 그것으로부터 일반 법칙을 추론하는 귀납 논리입니다. 귀납적 방법론은 개별적인 사례_{실험과 관찰로 수집한}로부터 보편적인 형식의 법칙을 추론하는 것입니다. 이러한 방법론을 통상 '귀납주의'라고 부릅니다.

그런데 귀납주의는 다음과 같은 한계에 노출됩니다. 그것은 경험적 자료의 신빙성과 귀납의 논리적 문제입니다. 먼저 실험과 관찰은 순수한 경험적 데이터가 될 수 없습니다. 잘 알려진 '관찰의 이론 의존성'에 따르면 우리의 관찰 자체가 어떤 이론적 배경을 가지고 있습니다. 게슈탈트 전환의 예시로 종종 언급되는 '오리-토끼' 그림을 떠올려 봅시다. 어떠한 관찰도 그 경험을 해석해 줄 이론이 없으면 아무런 의미가 없는, 그저 감각적인 자료에 불과합니다. 관찰 경험 자체가 이론에 의해서 확보된다는 의미입니다. 그렇다면 과학은 정당화해야 할 것을 이미 전제로 사용하고 있는 셈입니다.

귀납 논리 자체에도 한계가 있습니다. 귀납 논리를 통해 일반적인 법칙으로 도출된 지식은 언제나 거짓일 가능성이 있습니다. 유명한 러셀의 닭 문제나, 검은 백조의 문제 등이 대표적입니다. 귀납은 도출된 결론의 참을 필연적으로 보장할 수 없기 때문에 과학 법칙이라 하더라도 언제든 거짓으로 판명될 수 있습니다. 따라서 우리는 과학 법칙을 무조건 신뢰할 수 없습니다.

실제로 과학사에서 과학자의 활동은 귀납 방식으로 이루어지지 않습니다. 자료를 모아서 이론을 만들기보다 이론이 될 만한 가설을 먼저 세우고 이를 입증하는 자료를 찾는 경우가 대부분입니다. 때문에 귀납주의적 과학 모델은 철학적인 한계를 지니며 역사적 사례에 잘 맞지 않는 소박한 과학 모델로 평가됩니다.

반증주의:
실험과 관찰로 제기된 가설을 연역적으로 반증하기

반증주의는 귀납주의의 방법론을 정면 반박합니다. 반증주의에 따르면 무엇보다도 과학은 일반적인 과학 법칙을 실험과 관찰로부터 도출하지 않습니다. 실험과 관찰은 가설을 반증하는 역할을 할 뿐 입증하지 않습니다. 아무리 많은 검은 까마귀를 관찰해도 '모든 까마귀는 검다'라는 일반 법칙을 추론할 수 없지만 검지 않은 까마귀가 한 마리라도 나타나면 '모든 까마귀는 검다'라는 일반 법칙을 반증할 수 있습니다. 이처럼 관찰 데이터에 의한 이론 입증은 불가능하지만 반증은 가능합니다.

실험과 관찰에 따른 반증은 귀납 추론과 전혀 다른, 철저하게 연역 논리를 따르는 방법론입니다. 우리가 인정하는 과학 이론은 이러한 반증 과정에서 아직 반증되지 않고 살아남아 있는 이론입니다. 즉 반증주의에 따르면 과학은 실험과 관찰에서 일반 법칙을 추론하는 귀납적 방법론이 아니라, 실험과 관찰로부터 제기된 가설을 반증하는 연역적 방법론을 따릅니다. 그렇기 때문에 과학은 이론을 확증하는 활동이 아니라 반증하는 활동입니다. 수많은 사례를 통해 과학 법칙을 추론할 수는 없지만 단 하나의 반례만으로도 가설을 반증할 수 있습니다.

이러한 반증주의적 과학관에 따르면 과학은 절대적인 진리를 보장하는 활동이 아닙니다. 과학적 진리로 여겨져도 언제든 반증될 수 있습니다. 또한 반증주의는 과학과 비과학을 구분할 수 있는 기준을 제시합니다. 바로 '반증 가능성'falsifiability입니다. 과학 이론은 언제나 반증될 가능성이 있기 때문에 반증을 통해서 발전하지만, 비과학 이론은 반증의 가능성이 없습니다. 예를 들어 대표적으로 점성술 예언이나 사람의 운명에 대한 판단 등은 그것을 반증할 수 있는 경험 데이터가 없기 때문에 반증 가능성에 전혀 노출되지 않습니다.

그러나 반증주의 역시 심각한 문제가 있습니다. 첫째, 확률적 과학 법칙은 반증될 수 없습니다. 예를 들어 주사위의 각 눈은 6분의 1 확률로 나타난다는 지식은 어떠한 경우에도 반증되지 않습니다. 주사위를 열 번 던졌는데 모두 1이 나왔다고 해서 '주사위의 각 눈이 나올 확률은 6분의 1'이라는 법칙이 틀렸다고 할 수 없습니다. 둘째, 실제로 과학자는 반증 사례가 나타날 때 간단히 가설을 포기하지 않습니다. 과학자는 반증 사례가 나타난 원인을 찾기 위해 관찰과 실험 과정에서 어떤 잘못이 있었는지 점검할 수도 있고, 반증 사례를 사소한 것으로 무시하거나 묵인하고 연구를 지속할 수도 있습니다. 귀납주의와 마찬가지로 반증주의 역시 실제 과학사에서 과학자가 채택하는 방법은 아닙니다.

토론 수업을 위한
오늘의 고전

토머스 쿤의 《과학혁명의 구조》

귀납주의와 반증주의에 따르면 과학은 객관적인 관찰 자료를 통한 논리적인 추론 과정입니다. 그런데 과학이 정말로 그렇게 객관적이고 합리적일까요? 과학 철학자들의 분석은 일치하지 않습니다. 쿤Thomas Kuhn은 과학의 합리성과 객관성에 대해 가장 강력한 의문을 제기한 현대 과학 철학자입니다. 그는 과학 활동 및 발전이 귀납이나 연역 논리에 따라 합리적으로 이루어지지 않는다고 주장합니다. 쿤의 과학관은 패러다임 안에서 진행되는 정상과학에 심각한 변칙이 나타나고, 변칙이 누적되어 위기가 발생하면서 새로운 패러다임으로 전환하는 혁명이 일어난다는 주장으로 요약됩니다.

《과학혁명의 구조》의 주요 내용

★ **정상과학**normal science

- 과거에 일어났던 과학적 성취들에 기반한 연구 활동
- 과학적 성취는 특정 과학자 공동체가 일정기간 동안 인정한 것
- 이러한 성취들은 오늘날 기초 과학 교과서나 고급 과학 교과서에 상세히 설명됨
- 이런 책들의 역할은 후속 연구자 세대에게 각 연구 분야에 합당한 문제들과 방법들을 암묵적으로 정해주는 것

★ **패러다임**paradigm

- 법칙, 이론, 응용, 도구 조작 등을 모두 포괄한 실제 과학 활동 중에서 인정된 몇몇 구체적 사례들이 과학 연구의 특정한 전통을 정합적으로 만들어낼 수 있게 하는 틀
- 패러다임에 대한 연구를 통해 과학도는 과학 활동을 실행할 과학자 공동체의 일원이 될 수 있는 준비를 함
- 공유된 패러다임을 토대로 연구하는 이들은 과학 활동에 관한 똑같은 규칙과 표준에 충실하게 됨
- 패러다임은 전문가 집단이 경쟁 상대들보다 빨리 해결해야 한다고 느끼는 몇몇 문제를 해결하는 데에 더 성공적이기 때문에 그 지위를 얻음
- 그러나 '더 성공적'이라는 표현은 같은 종류의 문제에 대한 완전

무결한 성공을 의미하지도, 다양한 종류의 문제들에 대한 완벽에 가까운 성공을 의미하지도 않음

★ 변칙anomaly과 위기crisis

- 과학 연구에 의해 전혀 예상하지 못했던 새로운 현상들의 비밀이 꾸준히 밝혀졌고, 과학자들에 의해 최첨단의 새로운 이론들이 거듭하여 다시금 창조됨
- 이런 새로운 사실과 이론이 일련의 규칙에 따라 전개되는 일종의 게임에서 우연히 창안된다면, 이것들이 기존의 것과 조화를 이루는 데에는 여타의 일련의 규칙이 필요함
- 새로운 것들을 받아들인 분야는 더 이상 이전과 같은 모습의 과학일 수 없음

★ 과학혁명revolution

- 과학혁명이란 과거의 것과 양립 불가능한 새 패러다임이 옛 패러다임을 점진적 또는 급진적으로 대체해 나가는 과정이자 누적적이지 않은 진보의 에피소드
- 과학적 탐구를 이끌었던 기존 패러다임이 자연 현상에 관한 복합적인 탐구에서 더 이상 적절한 역할을 하지 못할 때 혁명이 시작됨
- 과학적 발전은 근본적으로 정치적 발전과 유사함
- 정치적 혁명은 일반적으로 기존의 정치제도가 금지하는 방식으로

사회 및 제도를 개혁하고자 함. 정치 혁명의 성공은 타파해야 할 일부 제도를 제외한 나머지 제도를 수호하는 데 있음. 혁명이 완수되기까지 사회는 그 어떠한 제도에 의해서도 관리되지 못하는 시기를 겪게 됨

- 사회는 혼란의 시기에 다양한 계통의 경쟁하는 진영이나 파벌로 분열되어 한 극단은 오래된 제도를 옹호하는 반면, 다른 극단은 새로운 제도를 확립하고자 함
- 진영의 양극화가 심할 경우 갈등을 정치적으로 해결하기 어려움
- 서로 경쟁하는 정치 제도 간의 선택처럼, 경쟁하는 패러다임 간의 선택은 양립할 수 없는 집단적 삶의 방식 가운데서 이루어지는 선택임
- 패러다임 사이의 선택은 혁명적·비논리적 과정으로 진행. 비논리적이라고 하는 이유는 선택이 부분적으로 특정 패러다임에 의존하는데 그 패러다임 자체가 논쟁의 대상이기 때문

귀납주의와 반증주의를 토대로 논의된 전통적 과학관에 따르면 과학은 다음과 같은 특성이 있습니다.

★ 과학적 지식의 누적성
★ 과학적 지식의 가치중립성
★ 과학과 비과학의 경계성

쿤의 과학관에 따르면 과학은 진리에 접근하는 지식의 누적 과정이 아닙니다. 과학은 누적해서 발전하지 않기 때문에 과거의 과학을 미신이나 비과학으로 단순하게 취급할 수 없을 뿐만 아니라 현대 과학을 맹신하는 것 또한 합리적인 태도가 아닙니다. 또한 과학 지식 역시 사회과학 지식과 마찬가지로 상황과 맥락에 상당히 의존합니다. 쿤에 따르면 관찰과 경험만으로 과학적 믿음의 특정한 요체를 결정할 수 없습니다. 개인적인 이유나 역사적 우연 때문에 만들어진 임의적인arbitrary 요소가 항상 한 시대의 과학자 공동체에 의해 제창된 믿음의 구성 성분으로 끼어들기 마련입니다.

정상과학은 여러 가지 설명하기 어려운 현상이 축적되었을 때 위기를 맞게 됩니다. 정상과학기에는 기존 패러다임이나 이론으로는 설명할 수 없는 변칙 현상이 발견될 수 있습니다. 기존 패러다임이나 이론이 풀지 못하는 것일 수도 있고 아직 풀리지 않은 것일 수도 있습니다. 따라서 과학자는 변칙 현상이 몇 번 관찰되었다고 해서 기존 패러다임이나 이론을 쉽게 포기하지는 않습니다. 이는 과학 발전이 반증으로 이루어지지 않는다는 것을 시사합니다. 즉, 쿤에 따르면 반증의 방법론은 실제 과학의 역사에서 찾아보기 어렵고 과학자가 사용하는 방법론도 아닙니다. 그러나 이러한 변칙 현상이 계속 축적되면 상황은 달라집니다.

쿤의 과학관에 따르면 과학은 귀납적으로 지식이 축적되는 과정도 아니고 과학 이론이 합리적으로 입증되거나 반증되는 것도 아닙니다. 과학의 역사는 기존 이론이 새로운 이론으로 대체되는 혁명적인 과정입니다. 과학 이론은 역사적 맥락과 환경의 영향을 받고, 객관적이고 순수하다는 관찰은 그 자체가 이론의 영향을 받기 때문에 더 객관적인 이론을 판별할 수 있는 단일한 기준은 없습니다. 따라서 낡거나 버려진 과학 이론이 비합리적이라거나 미신이라고 말할 수 없습니다. 과학 변화는 기존 패러다임을 다른 패러다임으로 바꾸는 과학 공동체의 선택입니다.

우리는 과학이 모든 참된 지식의 모범인 것처럼 여기며 '과학적'인 것에 집착하는 경향이 있습니다. 이러한 경향은 과학을 인간의 모든 실천에 대한 가장 합리적인 판단 기준, 또는 지성적으로 유일하게 정당한 탐구 방식으로 여기게 합니다. 그러나 쿤은 과학이 우리에게 미치는 이러한 영향력은 과학 이론이 발전하는 역사적인 맥락과 상황이 어느 정도 감춰졌기 때문이라고 말합니다. 우리가 주로 과학을 접하는 과학 교과서는 필연적으로 설득과 교육을 위해 만들어졌습니다. 이는 마치 한 국가의 문화 이미지를 관광 안내 책자나 어학 교본의 묘사와 등치시키는 셈이라 실제와 잘 맞지 않습니다.

쿤은 과학의 역사에서 과학자들이 개인적인 이해관계를 배제하고 순수하게 객관적이고 이성적인 탐구를 통해 이론을 전개하지 않았다고 말합니다. 그들은 오히려 기존 패러다임을 유지하고자 애쓰고 기득권을 지키고자 합니다. 실험 자료를 왜곡하거나 연구를 조작하고 연구비를 지원하는 단체에 유리한 연구에 참여하거나 결과를 왜곡하는 일부 과학자가 그 예입니다.

1) 주제 이해를 돕는 연습

1 정상과학에서는 과학자 사회에서 받아들여지는 교과서적 가르침 혹은 가장 표준적인 퍼즐 풀이 방식의 모범, 규칙, 지향점 등

을 패러다임이라고 합니다. 우리 사회의 정상과학 내에서 패러다임이라고 받아들여지는 과학 이론은 매우 많습니다. 그럼에도 불구하고 몇몇 사람들은 그러한 과학 이론을 받아들이지 않습니다. 그들을 비합리적이라고 할 수 있을까요?

2 역사적으로 보면 코페르니쿠스처럼 사회에서 과학적 진리로 받아들여지는 패러다임에 대해 반기를 든 사람은 많은 비난을 받았습니다. 하지만 이러한 반발이 당대에는 비난받을지언정 새로운 이론이 출현하는 계기를 마련하기도 합니다. 기존 이론에 문제를 제기하는 자세를 어떻게 평가하면 좋을까요?

3 과학혁명의 가능성은 언제든지 존재합니다. 그렇다면 우리가 '과학적'이라는 수식어에 대해서 객관적인 진리로 받아들일 만한 이유가 있을까요?

토론해봅시다

1) 고전을 이해하는 토론

과학이 순수하게 이성적이고 객관적인 탐구가 아니라면 모든 사물과 사고를 '과학'이란 기준으로 평가하기 어렵습니다. 종교를 기준으로 모든 인간을 판단했던 시대가 있었다면 '과학의 세례'라는 현대 교육을 받은 사람들은 과학으로 인간의 행동과 정당성을 판단합니다. 그들은 종교, 예술, 윤리 등 인문학적 주제를 모두 과학 문제로 환원하여 비과학적인 것을 비이성적이라거나 비도덕적이라고 판단하려고 합니다. 쿤에 따르면 패러다임과 패러다임을 비교하는 동일한 기준이 없고, 정상과학 이론을 선택하는 과정에는 역사적·사회적 때로는 심리적 요소가 관여하기 때문에 과학이 여타 모든 활동의 판단 기준이 될 수 없습니다. 과학은 순수하게 이성적이고 가치중립적인 활동이 아니기 때문에 과학과 과학이 아닌 다른 학문 영역을 구별하고 판단하기 어렵습다. 이러한 문제의식을 가지고 다음 문제에 대해서 토론해 봅시다.

1 지식이 쌓여 발전하는 과학 분야는 무엇일까요?

2 기존 이론을 폐기하고 새로운 것으로 대체하는 혁명적인 과정을
   거치는 과학 분야는 무엇일까요?

3 공학의 사회적 영향에 대한 이해, 공학인의 책임 윤리가 중요한
   이유는 무엇일까요?

4 정부나 기업이 제공하는 연구비는 과학자와 과학 활동에 어떤
   영향을 줄 수 있을까요?

2) 오늘을 위한 토론

우리는 종종 다른 사람의 의견을 반박하거나 무시할 때 '비과학적'이
라고 말합니다. 과학을 모든 진리의 판단 기준처럼 생각한다는 뜻입니
다. 비과학적인 것은 모두 잘못되었다고 거부해야 할까요? 이러한 문
제의식을 가지고 다음 문제에 대해서 토론해 봅시다.

1 과학과 비과학을 구분할 수 있을까요?

2 과학적 지식이 모든 종류의 지식 중에서 가장 믿을만 할까요?

3 비과학적이라고 알려져 있지만 우리가 소중히 다루어야 하는 것
이 있다면 무엇일까요?

4 비과학적이라는 이유로 타인의 삶을 재단할 수 있을까요?

5 과학과 종교, 과학과 예술 등 과학과 인문학이 조화를 이룰 수 있
을까요?

더 깊은 토론을 위한 참고자료

★ 토머스 쿤 지음, 김명자·홍성욱 옮김, 《과학혁명의 구조》, 까치, 2013

이 책에서 쿤은 과학사의 수많은 사례를 통해 과학이 점진적·누적적으로 발전한다는 생각을 비판합니다. 과학의 '발전'이라고 여겼던 것이 실제로는 혁명을 통한 패러다임의 '변화'일 뿐이라는 쿤의 주장은 과학적 상대주의를 낳았다는 평가를 받기도 합니다.

★ 프랜시스 베이컨 지음, 진석용 옮김, 《신기관》, 한길사, 2001

전통 과학은 아리스토텔레스의 논리적인 방법론이었습니다. 베이컨은 관찰과 실험을 통해 귀납에 기초한 근대 과학적 방법론을 정립했습니다. 합리적 판단을 방해하는 마음의 우상(Idols of the Mind)인 종족의 우상, 동굴의 우상, 시장의 우상, 극장의 우상 등을 논의합니다.

★ 데이비드 흄 지음, 이준호 옮김, 《인간 본성에 관한 논고》, 서광사, 1994

흄은 자연주의 오류와 관련한 윤리학, 귀납의 문제와 관련한 과학 철학 그리고 관념과 인상에 대한 논의를 통한 인식론에 지대한 영향을 끼친 철학자입니다. 귀납에 대한 흄의 논의에 따르면 관찰한 사실을 통해 관찰되지 않은 일반 법칙을 추론하는 귀납은 항상 거짓이 될 개연성이 있습니다. 이러한 귀납의 문제점을 인정한다면 귀납적 과학 방법은 합리적인 근거가 사라집니다.

★ 칼 포퍼 지음, 박우석 옮김, 《과학적 발견의 논리》, 고려원, 1994

과학과 비과학은 어떻게 구분되는가? 과학은 어떤 방법론을 통해 발전하는가? 과학 지식의 한계는 무엇인가? 포퍼는 소위 사이비 과학을 진짜 과학과 구분합니다. 그에 따르면 반증할 수 없는 모든 이론이나 주장은 과학적 주장이 아닙니다. 포퍼의 반증주의는 귀납적 과학관을 대체하는 새로운 방법론입니다. 그는 과학이 귀납을 통해 이론을 확증하지 않고 반례를 통해 반증하는 활동이며 이런 방법으로 과학은 얼마든지 진보할 수 있다고 말합니다.

★ 홍성욱 지음, 《과학은 얼마나》, 서울대학교출판부, 2004

쿤의 《과학혁명의 구조》로 과학의 본성에 관한 논의가 촉발됐습니다. 이 논의는 급기야 1990년대 소위 '과학 전쟁'이라고 불리는 과학의 본질과 속성에 대한 격렬한 논쟁으로 치닫습니다. 이 전쟁은 과학이 진정한 합리적 학문이라고 주장하는 이들과 과학이 전적으로 사회적 활동이기 때문에 과학자의 상상력, 믿음, 정치, 경제, 사회적 이해관계의 산물이라고 주장하는 이들의 격렬한 논쟁이었습니다. 이 책에는 '과학 전쟁'의 주요 인물과 장면이 풍부하고 상세하게 담겨 있습니다.

DISCUSSION CLASS

불쾌한 골짜기,
과연 넘을 수 있을까?
: THE SINGULARITY IS NEAR

레이 커즈와일과 함께 토론하는
인공지능과 인류

오늘의
토론 주제

　우리 삶에서 인공지능은 다양하게 활용됩니다. 로봇 청소기나 인공지능 세탁기 같은 가전제품, 애플의 시리나 구글의 나우 같은 핸드폰의 개인 비서 서비스, 음악이나 동영상을 추천하는 알고리즘 등은 이미 일상에서 친숙한 인공지능 기술입니다. 전문 영역을 담당하는 인공지능도 있습니다. 암 진단으로 유명한 인공지능 의사나 약사, 법적 판단을 해주는 변호사도 있습니다. 인공지능이 주식 관련 기사를 쓰고 투자 분석을 하거나, 그림을 그리고 작곡하고 소설을 쓰는 등 예술·창작 분야까지 확장되고 있습니다. 곧 스스로 운행하는 완전 자율주행 자동차도 출시될 예정입니다.

　우리에게 인공지능의 존재감을 널리 알린 사건이 있습니다. 바로 2016년에 열린 인간 이세돌과 인공지능 알파고의 바둑 대결입니다. 이 대국을 지켜본 사람들은 모두 충격에 빠졌습니다. 당연히 인간이 알파고를 이기리라 생각했지만 이세돌이 4대 1로 대패했기 때문입니다. 이

세돌도 4대 1이나 5대 0으로 이기리라 예측했기 때문에 패배는 그에게도 큰 충격이었을 겁니다. 그는 대국이 끝난 후 인터뷰에서 자신이 알파고에게 진 것이지 인류가 알파고에게 패한 것이 아니라고 사람들에게 위로의 말을 전했지만 사람들은 알파고의 위력을 쉽게 잊을 수 없었습니다.

인공지능은 여기서 멈추지 않고 엄청난 속도로 발전을 거듭하고 있습니다. 이세돌에게 압승을 거둔 알파고 리AlphaGo Lee는 제공된 빅데이터로 학습했지만, 바로 1년 후에 등장한 알파고 제로AlphaGo Zero는 제공되는 데이터 없이 스스로 학습하여 알파고 리를 빠른 시간 안에 능가하는 수준에 이르렀습니다. 이런 수준의 인공지능이라면 이제 바둑에서 인간이 인공지능을 이기기는 어렵지 않을까요? 알파고 제로처럼 딥러닝을 통한 인공지능의 능력은 어디까지 발전할까요?

우리는 인간이 산업용 로봇보다 느리게 제품을 조립한다거나 자율주행 무인 지게차보다 무거운 물건을 들 수 없다는 점을 쉽게 인정할 수 있습니다. 하지만 이세돌의 패배가 크게 각인된 이유는 무엇보다도 바둑이 인간 지성의 고유한 활동이라고 생각했기 때문이겠지요. 바둑뿐만 아니라 다른 분야에서도 이처럼 빠르게 발전하는 인공지능을 이기기 어렵겠다는 생각이 듭니다. 이는 인류의 미래에 대한 고민으로 이어집니다. 특히 현대 과학 기술의 빠른 진보로 인간의 고유 영역이라 여겨온 지성, 감성, 직관 등을 가진 기계의 등장도 머지않은 미래 같습니다.

너무 암울한 미래만 상상하는 건 아니냐고요? 그렇다면 그동안 인류가 해결하지 못했던 많은 일을 인공지능이 해결하고 우리의 삶을 개선할 것이라는 긍정적인 전망도 살펴봅시다. 처음에 언급했듯이 인공지능은 우리의 일상을 편리하게 만들어줄 뿐만 아니라, 인간의 노동을 대신하거나 친구가 되어주기도 합니다. '아이보' 같은 반려 로봇, '파로' 같은 심리 치료 로봇은 인간과 감정을 나누고 '효돌·효순'과 같은 돌봄 로봇은 외로운 노인을 돌봅니다. 의료 영역에서는 인공지능이 환자의 생체 정보와 최신 의료 정보 등 방대한 정보를 빠르게 검토하고 정확한 진단과 처방을 내려 질병을 치료함으로써 인간이 더욱 건강하고 오래 살 수 있게 해줍니다. 육체적·정신적·정서적으로 인간의 삶은 인공지능을 통해 개선되고 있습니다.

여러분은 어떤 인공지능을 기대하나요? 지금 존재하는 인공지능은 대체로 인간이 하는 일을 돕거나 알파고처럼 인간의 지능을 모방하여 작동하는 컴퓨터 프로그램 수준입니다. 인간과 비슷한 지능을 갖거나 알파고처럼 한 분야에 국한된 것이 아니라 모든 상황에서 생각할 수 있는 범용 인공지능이 당장 등장할 것 같지는 않습니다. 그럼에도 불구하고 기술의 빠른 발전 속도 때문에 우리가 즐겨보는 SF 영화의 상상과 공상이 실현되지 않을까 걱정되는 것도 사실입니다.

미래학자 레이 커즈와일Raymond Ray Kurzweil은 머지않아 인공지능이 인간의 두뇌를 추월하리라 예측합니다. 디스토피아를 다룬 SF 영화의 공식처럼 로봇이 인간을 해치거나 인류를 멸망시키는 일이 벌어지지 않을까 우려되기도 합니다. 영화 《아이, 로봇》(2004)의 배경은 인간과 로봇이 공존하며 살아가는 2035년입니다. 영화는 인간을 보호하도록 설계된 로봇의 지능이 점차 진화하면서 결국 인간이 위험에 처하게 되는 미래를 보여줍니다. 인간의 제어와 통제를 벗어난 인공지능이 인류를 파멸로 몰고 갈지 모른다는 두려움은 어쩔 수 없습니다.

SF 영화에 등장하는 로봇은 다양한 외형으로 그려집니다. 영화

《A.I.》(2001)의 데이비드, 《엑스 마키나》(2015)의 에이바는 인간과 매우 흡사합니다. 반면 《월-E》(2008)의 월-E는 기계에 가깝습니다. 여러분은 인간을 닮은 로봇과 인간을 닮지 않은 로봇 중 어떤 로봇에게 더 친밀감을 느끼나요? 로봇 공학자 모리 마사히로森政弘는 '불쾌한 골짜기' 가설을 제시합니다. 이 가설에 따르면 우리는 인간과 닮은 존재에 대해 친밀감을 느끼다가도 유사성이 일정 수준을 넘어서면 낯설고 불쾌해진다고 합니다. 차갑고 딱딱한 시체나 좀비가 마치 인간처럼 살아 움직일 때 불쾌한 골짜기는 깊어집니다. 인간이 느끼는 두려움의 근원은 차이가 아니라 지나친 유사성이라는 뜻이죠. 그래서 인간을 닮은 인공지능을 기대하면서도 두려워하는 것이 아닐까요? 우리는 불쾌한 골짜기를 넘어설 수 있을까요? 미래에 우리와 공존할 인공지능은 어떤 모습일지 궁금합니다. 뛰어난 지능과 감성 등을 갖춘 인공지능이 등장한다면 인간은 과연 이들과 공존하며 살아갈 수 있을까요?

토론 수업을 위한
오늘의 고전

레이 커즈와일의 《특이점이 온다》

인공지능이 인간보다 더 뛰어난 지능을 갖게 되는 미래가 올까요? 이에 대한 논쟁은 학자들 사이에서도 격렬합니다. 이 논쟁의 중심에 '특이점'Singularity이라는 용어로 사람들의 이목을 집중시킨 레이 커즈와일의 《특이점이 온다》(2005)가 있습니다.

'특이점'이라는 개념을 널리 알린 사람은 헝가리 출신의 수학자이자 SF 작가 버너 빈지Vernor Vinge라고 합니다. 그는 자신의 소설에서 사용한 이 용어를 논문 「다가오는 기술적 특이점: 포스트휴먼 시대에 살아남는 법」(1993)을 통해 이론화했습니다. 빈지는 기계가 인간의 이성을 능가하는 초월적 지성을 가지게 되는 시점이 바로 특이점의 본질이라고 봅니다.[8] 인간이 쫓아가기 힘들 정도로 정보 기술이 발전한 단계이

---

8 장-가브리엘 가나시아 지음, 이두영 옮김, 《특이점의 신화: 인공지능을 두려워해야 하는가》, 글항아리 사이언스, 2017, 제2장 참고.

지요. 기술적 특이점에 대한 빈지의 논의 이후, 많은 학자들이 언제 특이점에 도달할지 예측했습니다. 저마다 제시하는 시기가 제각각인 것도 논쟁의 일부입니다.

커즈와일은 특이점의 시점을 2045년이라 예언합니다. 그는 이 책에서 '기술은 언제나 복합적인 축복'이라고 말합니다. 기술이 인류에게 축복만 가져다주지 않을 것이란 의미겠죠. 어쨌든 커즈와일은 인류의 미래를 다른 학자보다 희망적으로 본 것 같습니다. 과연 그런 미래가 가능할까요? 고도로 지능화된 인공지능이 곧 등장한다는 커즈와일의 예측은 실현될 수 있을까요? 그런 존재가 등장한다면 미래 사회는 어떻게 달라질까요?

커즈와일은 특이점이란 '미래에 기술 변화의 속도가 매우 빨라지고 그 영향이 매우 깊어서 인간의 생활을 되돌릴 수 없도록 변화되는 시기'라고 말합니다. 특이점은 항상 기술과 연관되는 개념은 아닙니다. 커즈와일은 이 책에서 '특이점'의 개념을 '놀랄 만한 결과를 가져오는 특이한 사건을 의미하는 단어'라고 정의합니다. 천체물리학이나 수학에서도 사용하기 때문에 기술과 관련한 논의에 국한된 개념은 아닙니다. 수학에서는 '유한한 한계를 한없이 초월하는 큰 값'을 의미하는데, 가령 '상수를 0에 한없이 가까워지는 수로 나눈 결과처럼 무한히 커지는 값'을 지칭합니다.

커즈와일이 기술과 관련하여 '특이점이 임박했다'고 생각한 근거는 가속화되는 기술의 진화 속도입니다. 그는 '수확 가속의 법칙'Law of Accelerating Return에 근거하여 기하급수적 진화를 설명합니다. 수확 가속의 법칙이란, 진화의 과정이 가속적이어서 그것의 산물 또한 기하급수적으로 증가하는 현상을 말합니다. 중요한 기술이 개선되는 속도가 빨라져서 다음 단계의 중요한 기술이 등장하기까지의 기간이 단축된다는 의미입니다. 특히 기술이 우수할수록 수확 가속의 법칙을 따릅니다. 우수한 기술은 더 빨리 진화하기 때문에 시간에 따라 기하급수적으로 개선되는 것이죠. 대표적인 예로 '무어의 법칙'Moore's law이 있습니다. 이 법칙에 따르면 컴퓨터 칩 하나에 조립할 수 있는 트랜지스터의 수는 18개월마다 두 배로 늘어납니다. 반도체 분야에서는 수십 년 동안 무어의 법칙이 지켜졌습니다. 커즈와일은 현재 우리는 기하급수적인 증가 추세가 시작하는 초기 단계에 도달했고 곧 폭발적인 증가로 이어질 것이라고 판단합니다.

커즈와일은 이 책에서 기하급수적 증가 혹은 갑작스러운 폭발적 증가를 설명하는 많은 지수 함수와 그래프 등을 제시합니다. 그가 제시하고 있는 '호수 우화'를 통해 기하급수적 증가를 쉽게 이해할 수 있습니다. 호수 관리인이 지켜본 몇 달 동안 호수를 덮은 수련 잎은 극히 일부였습니다. 그래서 그는 수련 잎이 호수의 1%도 차지하지 않았을 때 걱정 없이 자리를 비우고 휴가를 떠납니다. 관리인이 휴가에서 돌아왔을 땐 수련 잎이 호수 전체를 뒤덮고 물고기는 모두 죽은 상태였습니다. 수련 잎이 며칠마다 두 배로 늘어났고, 이 같은 증가가 일곱 차례만 일어났을 뿐인데 수련 잎이 호수를 덮어버렸기 때문이지요. 호수 관리인은 기하급수적 증가를 간과한 셈입니다.

커즈와일은 기하급수적 증가 법칙에 따라 우리가 지금껏 경험한 기계와는 전혀 다른 수준의 기술 발전 단계를 이야기합니다. 그는 인간이 창조한 기술을 통해 인공지능이 인간 수준으로 진화한 다음, 인간의 지능과 비교할 수 없을 만큼 강력해진 새로운 지능을 만들어 낼 것이라고 주장합니다. 이 시점이 바로 2045년입니다. 이 주장이 과장됐다고 비판하는 학자도 있습니다. 인공지능 연구 과제를 따기 위한 일부 연구자의 과장된 포장이거나 과학적 사실에 근거하지 않은 영화나 드라마의 영향을 받아서 하는 소리일 뿐이라고 일축하기도 합니다. 물론 커즈와일과 같은 미래학자의 견해가 틀릴 수도 있지만, 특이점이 일어날 가능성에 대해서 대비할 필요도 있습니다.

커즈와일은 특이점을 가능하게 하는 핵심 기술로 유전 공학, 나노 공학, 로봇 공학, 즉 'GNR'을 꼽습니다. 이 기술 혁명으로 평범한 인간을 뛰어넘는 비생물학적 지능이 탄생한다는 것입니다. 그는 주로 인공 '지능' 논의를 강조합니다. 왜냐하면 커즈와일은 인간의 지성을 통해 인류 역사가 변해왔듯이 '지능'이 세계에 커다란 영향을 미칠 수 있다고 생각하기 때문입니다. 그래서 로봇 공학 중에서도 강한 인공지능 strong AI의 기술과 등장을 중요하게 다룹니다.

기술이 특이점을 향해 진화하는 과정에서 인공지능은 매우 큰 역할을 담당합니다. 커즈와일에 따르면 기계 혹은 인공지능은 인간과 비교도 할 수 없는 방법으로 정보를 축적할 수 있습니다. 이를테면 인터넷은 쉽고 빠르게 연산 작용을 할 수 있고, 수많은 정보를 저장기억할 수 있으며, 통신 자원을 공유합니다. 인터넷은 거대한 연산 자원의 망으로 진화하여 순식간에 슈퍼 컴퓨터를 이룰 수도 있습니다. 게다가 인공지능은 완벽하게 기억을 보존할 수 있으며 꾸준히 최고 및 최신 수준을 유지할 수 있기 때문에 인간을 쉽게 능가하리라 예측할 수 있습니다. 그는 이번 세기의 가장 중요한 사건으로 이러한 인공지능의 도래를 강조합니다.

하지만 인공지능이 아직 인간의 지능을 구현했거나 능가했다고 보기는 어렵습니다. 사전적인 의미에서 인공지능은 '인간의 지능을 구현한 인공적인 기계 혹은 장치'입니다. 하지만 아직 우리 주변에 있는 인공지능은 특정한 작업을 위해 프로그래밍된 장치입니다. 이를 '약한 인공지능'week AI 혹은 '좁은 인공지능'narrow AI이라고 합니다. 약한 인공지능의 지능은 구축된 알고리즘을 따르거나 제공된 데이터를 토대로 지시된 업무를 처리할 수 있게 구현된 수준이며 제한된 범위의 업무를 수행할 뿐입니다.

커즈와일은 1999년에 그려진 한 컷짜리 만화를 통해 약한 인공지능이 이미 훌륭하게 수행하고 있는 일이 무엇인지 알려줍니다. 예를 들어, 심전도 진단, 바흐 풍의 작곡, 얼굴 인식, 미사일 인도, 탁구 치기, 체스 두기, 주식 고르기, 재즈 즉흥 연주, 중요한 정리 증명하기, 연설 이해하기 등입니다. 이런 일은 이제 더 이상 인간만 할 수 있는 고유한 일이 아닙니다.

그는 2005년에 이 책을 쓰면서 가까운 미래에 영화 감상 쓰기, 기자 회견 열기, 통역, 집 청소, 운전 같은 인간의 고유 영역이라 여겨졌던 일도 인공지능의 일이 될 것이라고 예측했습니다. 바로 강한 인공지능의 등장이죠. 강한 인공지능은 컴퓨터나 로봇이 단지 인간의 지능을 모의模擬한 수준이 아니라 인간의 지성을 구현한 장치입니다. 커즈와일은 사람들이 곧 뇌의 전 영역을 역분석하여 작동 원리를 알아낼 것이며 2020년대가 되면 인간의 뇌와 맞먹는 연산 플랫폼이 등장하리라 예측했습니다. 그 원리를 입력한다면 인공지능이 사람보다 훨씬 빠르게 학습해 강한 인공지능이 등장하리라는 시나리오입니다. 참고로 인공지능은 여러분이 스무 해 걸려야 배울 수 있는 내용을 단 몇 주 만에 배울 수 있습니다.

강한 인공지능은 특히 자연어natural language를 이해하는 능력이 탁월합니다. '영화 감상 쓰기, 기자회견 열기, 통역하기'가 이 능력에 해당합니다. 커즈와일에 따르면 기계가 이런 능력이 있다면 튜링 테스트Turing Test를 통과했다는 뜻이며 동시에 강한 인공지능의 시대가 시작됐다고 볼 수 있습니다. 과연 튜링 테스트가 무엇이기에 인공지능의 수준을 판단하는 데 있어서 이렇게 중요한 기준으로 사용되는 걸까요?

튜링 테스트는 1950년에 수학자 앨런 튜링Alan Mathison Turing이 '기계가 인간처럼 생각할 수 있는가'를 판단하는 기준을 제시하기 위해 고안한 테스트입니다. 질문자는 상대가 인간인지 기계인지 모르는 상태에서 질문을 던집니다. 질문자가 상대의 답변을 보고 그가 인간인지 기계인지 구별할 수 없다면 기계는 튜링 테스트를 통과한 것입니다. 튜링은 기계를 인간이라고 잘못 판정할 만큼 질문자를 속일 수 있다면 그 기계를 생각할 수 있는 존재로 봐야 한다고 주장했습니다.

우리는 일상에서 다양한 챗봇을 만납니다. 챗봇은 '인간처럼 자연스럽게 대화할 수 있는 기능'을 가진 프로그램입니다. 최초의 챗봇은 '엘리자Eliza 프로그램'으로 1966년 조지프 와이젠바움Joseph Weizenbaum이 개발한, 상담하는 인공지능입니다. 엘리자는 상대방의 질문에 대응 규칙을 가지고 대답을 수행합니다. '우리 아이 때문에 힘들어요'라고 말하면 엘리자는 '아이에 대해서 더 이야기해 줄래요?'라고 대답하는데 상대방의 말을 모방해 대응하는 식입니다. 현재 많은 기업에서 고객 응대를 위해 사용하는 챗봇보다 더 단순한 규칙을 가진 프로그램이었습니다. 당시 엘리자와 상담한 사람들의 만족도는 높았다고 합니다. 그렇다면 엘리자는 어느 정도 튜링 테스트를 통과했다고 인정해야 할까요?

유진 구스트먼Eugene Goostman은 공식적으로 튜링 테스트를 통과한 인공지능입니다. 유진은 2014년 한 로봇 기술 연구기관에서 개최한 대회에서 튜링 테스트를 통과했습니다. 심사위원의 30% 이상이 인간이라고 판정하면 테스트를 통과하는데 유진과 5분간 대화한 심사위원의 33%가 유진을 인간이라고 판정했습니다.

튜링이 제시한 기준에 따르면 유진은 인간처럼 생각하는 기계입니다. 하지만 유진은 심사위원과 대화할 수 있는 규칙이 입력된 정교한 프로그램에 불과하다는 비판의 목소리도 있습니다. 유진은 대화의 내용을 전혀 이해하지 못하고 그저 인간을 흉내 내서 답변했을 뿐, 인간처럼 생각한다고 볼 수 없다는 입장입니다. 튜링 테스트에 대한 비판은 존 설John Searle의 '중국어 방 사고 실험'을 통해 알아볼 수 있습니다. 이 실험에 대해서는 잠시 후에 다시 살펴보도록 합시다.

사람들은 과학 기술의 발전이 가져올 미래에 대해 다양한 태도를 보입니다. 우선 이를 경이롭고 긍정적으로 생각하는 태도를 생각해 볼 수 있습니다. 커즈와일이 말하는 '기술이 가져올 복합적인 축복'에서 주로 '축복'에 초점을 두는 입장입니다. 한편 미래를 디스토피아로 그리며 새로운 기술이 가져올 심각한 위험을 두려워하는 태도도 있습니다. 이들은 인공지능 기술이 인간에게 가져다줄 해악에 초점을 맞춥니다. 마지막은 기술이 가져올 위험도 인식하지만, 그것을 적절히 관리하면서 편익을 극대화하는 방향으로 나가자는 태도입니다.

물리학자 스티븐 호킹Stephen Hawking 박사는 한 인터뷰에서 '인공지능의 진화는 인류의 종말을 의미한다'고 말했습니다. 그는 인공지능의 진보를 통제할 수 없을 때 인간에게 최대 위협이 될 것이고 인공지능으로 인류가 멸종할지도 모른다고 경고했습니다. 테슬라의 경영자 일론 머스크Elon Musk도 이런 입장입니다. 그는 인공지능이 핵무기보다 더 큰 위험을 내재하고 있다고 말합니다. 유발 하라리Yuval Harari는 강한 인공지능은 인간에게 새로운 기회를 주지만 더불어 경악할 만한 새로운 위험일 수 있다고 경고했습니다.

커즈와일은 이들과는 달리 중립적인 입장을 견지합니다. 그는 기술의 편익을 거두면서 위험을 피하는 방법을 모색하고자 합니다. 기술은 양날의 칼일 때가 많습니다. 우리는 GNR 기술을 과연 잘 사용할 수 있을까요? 커즈와일은 인공지능이 인간의 지능을 초월하는 특이점의 시대가 오더라도 두려워할 필요가 없다고 주장합니다. 그는 인공지능이 인간을 능가하면 결국 인간을 해칠지도 모른다는 주장은 인간 중심적인 사고에 갇힌 편견이라고 말합니다. 인간 사회에서 강자가 약자를 괴롭히듯, 인공지능도 열등한 존재를 이용하려 들 수 있다는 생각에서 벗어나자는 말입니다. 그는 자유, 관용, 나양성에 대한 존중 등 인간적인 가치를 가진 인공지능을 상상해보자고 합니다.

인공지능은 선한 인간적 가치를 지닐 수 있을까요? 커즈와일은 인공지능을 만들어낸 사람이 얼마나 성숙한 가치를 가지고 있느냐가 중요하다고 말합니다. 예를 들어 우리가 타인을 향한 폭력성과 잔혹성을 정당화하고 인정한다면 우리가 만드는 존재도 이런 성향을 갖게 된다는 것입니다. 챗봇 '이루다'의 혐오·차별적 발언도 결국 우리 사회의 어두운 면을 반영한 것은 아닐까요. 반대로 우리가 자유나 관용 같은 가치를 중요하게 삼는다면 이러한 가치를 반영한 인공지능과 충분히 공존할 수 있을지 모릅니다. 커즈와일은 인공지능을 인간답게 만들기 위해서는 우리가 더 인간적이어야 한다고 이야기합니다.

자율주행 자동차를 앞다퉈 개발하는 이유는 무엇일까요? 안전의 증진, 경제적 이익, 사회적 효율성의 증대, 이동성의 확대 등을 들 수 있습니다. 이 중 가장 최우선으로 꼽는 가치는 바로 '안전'입니다. 인간이 운전하는 것보다 더 안전하지 않다면 자율주행 자동차를 타려고 하지 않을 테니까요. 그래서 자율주행 자동차의 개발과 사용의 전제 조건은 인간보다 뛰어난 운전 기능입니다.

하지만 운전은 꽤 복잡한 선택 과정을 동반합니다. 자율주행 자동차가 기능적으로 아무리 뛰어난 운전 실력을 갖췄다 하더라도 복잡한 도로 위에서 모든 사고를 피할 수는 없습니다. 만약 자율주행 자동차가 사고를 낸다면 차량 제조사, 부품 공급업체, 운영 체계와 소프트웨어 업체, 통신 서비스 업체, 지도 서비스 업체, 차량 구매자 중 누구에게 책임이 있을까요? 자율주행 자동차는 교통 신호를 무시하고 길을 건너는 사람과 차에 타고 있는 운전자 가운데 누구를 보호해야 할까요? 직진한다면 교통 신호를 지킨 노인이, 운전 방향을 바꾸면 차에 탑승한 젊은이가 다치는 상황이라면 어떤 선택을 해야 할까요?

널리 알려진 트롤리 딜레마처럼 자율주행 자동차도 도로에서 다양한 딜레마 상황에 봉착하게 될 것입니다. 트롤리 딜레마는 트롤리 열차가 인부 5명을 덮치기 전에 레일 변환기를 당겨 인부 1명이 있는 방향으로 열차의 방향을 바꾸어야 하는지 묻습니다. 이 같이 유사한 상황이 도로 위에서도 일어나겠지요. 행인 다수와 차에 타고 있는 탑승자 한 명 중 누구를 보호해야 할까요? 만일 차에 탑승한 사람을 살리는 이기적인 자율주행 자동차를 판매한다면 자동차 회사는 윤리적인 비판을 받을 수 있습니다. 하지만 차에 탑승한 사람을 희생시키는 쪽을 선택한다면 사람들이 이런 자동차를 구매하려 할까요? 자율주행 자동차의 운행 프로그램에는 어떤 윤리적 원칙이 적용되어야 할까요? 자율주행 자동차와 같이 지능화된 인공지능이 등장한다면 그에 걸맞도록 사회적·윤리적·법적 측면을 새롭게 검토할 필요가 있습니다. 또한 자율주행 자동차를 인간처럼 능동적으로 판단하는 도덕적 행위자로 볼 수 있을지 철학적인 논의도 필요합니다.

1) 주제 이해를 돕는 연습

1 기술의 변화 속도는 우리가 눈치 채지 못할 정도로 매우 빠릅니다. 이를 입증할 만한 주변의 사례를 찾아보고, 기술 변화가 더 가속화될 것이라고 예측할 만한 근거가 있다면 제시해 봅시다.

2 인공지능은 좁은혹은 약한 인공지능과 강한 인공지능으로 구분됩니다. 어떤 기준으로 구분했을까요? 현재 구현된 강한 인공지능이 있다면 무엇일까요?

3 기술 발전이 가져올 미래에 대한 다양한 입장이 있습니다. 각각의 입장이 주장하는 바를 구체적으로 정리해보고 내가 생각하는 미래의 모습도 제시해 봅시다.

토론해봅시다

존 설은 튜링의 주장을 겨냥하여 '중국어 방 사고 실험'을 제시합니다. 설은 중국어를 전혀 할 줄 모르는 사람이 어떤 방 안에 갇힌 상황을 가정합니다. 방 바깥에는 중국어를 할 줄 아는 사람들이 있습니다. 이 사람들이 방 안에 있는 사람에게 어떤 질문을 던지면, 그 질문이 특정 기호로 변환되어서 방 안의 사람에게 전달됩니다. 방 안에는 기호 배열 규칙에 대한 설명서가 있어서, 방 안에 있는 사람은 설명서에 따라 기호를 배열하여 방 밖으로 내보냅니다. 방 밖으로 내보낸 기호는 중국어로 변환되어 바깥 사람들에게 전달됩니다. 바깥에 있던 사람들은 방 안에 있는 사람이 중국어로 대답했다고 생각합니다.

규칙에 따라 기호 배열 작업을 잘 수행하면 방 안에 있는 사람은 튜링 테스트를 통과하게 됩니다. 방 바깥에 있는 사람들은 중국어로 된 답변을 받았기 때문에 방 안에 있는 사람도 당연히 중국어를 할 수 있다고 생각합니다. 하지만 방 안에 있는 사람은 실제로는 중국어를 전혀

13강 불쾌한 골짜기, 과연 넘을 수 있을까?

339

하지 못합니다. 방 안의 사람이 내놓은 답은 단지 문제를 해결할 수 있도록 작성된 형식적 프로그램의 결과일 뿐입니다.

설은 튜링 테스트를 통과하도록 프로그램된 인공지능도 중국어 방 안에 있는 사람과 다를 바 없다고 주장합니다. 또한 중국어로 된 답변을 내놓았다고 해서 중국어 방에 있는 사람이 진정으로 중국어를 이해했다고 볼 수는 없다고 말합니다. 방 안에 있는 사람이 자신의 모국어로 대화할 때와 단순히 설명서의 규칙에 따라 대응할 때 그의 내면에는 엄청난 차이가 있기 때문입니다. 마찬가지로 앞서 살펴보았던 인공지능 유진 구스트먼이 인간과의 대화에 성공했더라도 정작 대화 내용을 이해했다고는 볼 수 없습니다. 방 안의 사람과 유진 모두, 단지 문제를 해결하도록 작성된 프로그램을 형식적으로 실행했을 뿐입니다. 따라서 설은 튜링 테스트를 통과한 인공지능에게 지능이나 생각하는 능력이 있다는 주장은 틀렸다고 말합니다.

1) 고전을 이해하는 토론

1 기계는 과연 생각할 수 있을까요? 튜링 테스트를 통과한 인공지능은 인간의 지능을 가졌다고 볼 수 있을까요? 설이 튜링을 반박하는 근거가 타당한지 토론해 봅시다.

2 커즈와일은 특이점의 시점을 예측합니다. 현재 과학 기술의 발전 속도를 구체적으로 확인해 보면서 과연 커즈와일이 말하는 특이점이 올 것인지, 온다면 그 시점은 언제일지 비판적으로 검

토하며 토론해 봅시다.

3 커즈와일은 특이점 시대가 오더라도 두려워할 필요가 없다고 이야기하며 인공지능의 미래를 낙관합니다. 과연 미래의 인공지능은 자유, 관용, 존중 같은 인간의 가치를 따를 수 있을까요? 미래에 대한 커즈와일의 주장에 대해 비판적으로 검토하며 토론해 봅시다.

2) 오늘을 위한 토론

1 커즈와일에 따르면 인간의 영역이라 여겼던 일이 모두 인공지능으로 대체되리라 예측됩니다. 어떤 일자리를 인공지능이 대체하게 될까요? 대체될 수 없는 일자리가 있을까요? 인공지능으로 대체될 수 없는 이유는 무엇일까요? 인간이 더 잘하는 혹은 인간만 할 수 있는 직업이 있을까요? 근거를 제시하며 논의해 봅시다.

2 현재 인공지능은 시나 소설, 그림이나 음악 작품을 만듭니다. 인공지능의 작품을 창작품이라고 할 수 있을까요? 창작품이라고 볼 수 있다면 이유는 무엇인가요? 반대로, 인정할 수 없다면 어떤 이유인가요? 근거를 제시하며 논의해 봅시다.

3 윤리적 딜레마에 처한 자율주행 자동차는 어떤 원칙에 따라 혹

은 어떤 방식으로 제어되어야 하는지 논의해 봅시다. 도로에서 일어날 만한 윤리적 딜레마를 생각해보고 5강에서 다룬 공리주의나 의무론과 같은 윤리관을 토대로 자율주행 자동차의 운행 원칙은 어떠해야 하는지 논의해 봅시다.

4_ 인간은 마음을 가진 존재라고 합니다. 마음을 가진 인공지능이 등장할 수 있을까요? 인간의 '마음'이 지닌 특성을 생각해보고 이것을 인공지능으로 구현할 수 있을지 논의해 봅시다.

5_ 영화《A.I.》에 등장하는 데이비드는 어린아이와 똑 닮은 모습의 로봇입니다. 기계로 된 몸을 가지고 있다는 점 말고 인간과 다를 바가 없죠. 하지만 로봇이기 때문에 사람들처럼 음식을 먹을 필요가 없습니다. 영화에서는 데이비드가 음식을 먹어보려다가 결국 토하는 장면이 나옵니다. 사람이 되고 싶은 데이비드에게 어떤 불편한 감정을 느꼈다면 여러분은 데이비드를 불쾌한 골짜기로 내던져 버린 것입니다. 여러분은 불쾌한 골짜기를 넘어서는 인공지능을 상상할 수 있나요? 그러한 인공지능은 어떤 모습일지 이야기해 봅시다.

더 깊은 토론을 위한 참고자료

★ 레이 커즈와일 지음, 김명남·장시형 옮김, 《특이점이 온다》, 김영사, 2007

과학 기술의 발전과 더불어 인류의 미래가 어떻게 변화할지 예측하는 책입니다. 특히 GNR 혁명이 단계적으로 펼쳐지면서 생물학적 인간의 조건을 뛰어넘는 미래 인류의 모습을 전망합니다. 또한 특이점이 언제 도래할지, 각종 기술 진화에 따른 변화와 혁명이 인간과 우주의 지적 운명에 어떤 영향을 미칠지에 대해서 논쟁합니다. 이러한 격렬한 논쟁에 대한 저자의 의견과 저자의 입장에 대한 비판을 함께 검토할 수 있습니다.

★ 폴 뒤무셸·루이자 다미아노 지음, 박찬규 옮김, 《로봇과 함께 살기》, 희담, 2016

로봇에 대한 친절한 설명과 더불어 미래에 우리가 함께할 로봇과 인공지능에 관한 이야기를 흥미롭게 제시하는 책입니다. 특히 감정이나 공감 능력을 지닌 소셜 로봇에 대해 더 알고 싶은 사람에게 추천합니다. '불편한 골짜기' 가설을 보여주는 표도 직접 확인할 수 있습니다.

★ 이중원 외 지음, 《인공지능의 윤리학》, 한울아카데미, 2019

인공지능의 등장으로 제기되는 다양한 윤리적 쟁점에 관해 다루는 책입니다. 자율주행 자동차, 섹스 로봇, 군사 로봇 같은 인공지능과 관련한 윤리적 문제가 무엇인지 구체적으로 분석하고 논의합니다. 인공지능 로봇이 윤리적 행위자가 될 수 있는지, 인공지능의 행위에 대한 책무 부여가 가능한지, 또한 인공지능과 공존을 위한 윤리학은 무엇인지 등에 대해서 많은 질문과 시사점을 던집니다.

정치가 자격 시험을 보겠습니다

: POLITEIA

플라톤과 함께 토론하는
정치가의 자격과 이상적 정치

정치는 삶의 여러 영역에서 큰 영향을 끼칩니다. 대부분 정치를 '권력'과 연결해서 이해하기 때문에 '국가에서 누가 영향력이 있는가' 하는 문제로만 생각하기 쉽습니다. 하지만 정치의 어원을 따져보면 더 복잡한 논의가 필요합니다.

정치의 영어 단어인 'politics'는 그리스어 '폴리스'polis에서 나왔습니다. 폴리스는 고대 그리스인이 살았던 도시 국가입니다. '도시'라고 해도 지금의 서울 같은 현대 도시와 달랐습니다. 서울 동대문구보다 인구가 적었던 각각의 폴리스는 독립 국가로서 정치 체제를 갖추고 자치와 자립을 지향했습니다. 현대 도시보다 훨씬 작은 규모의 생활 공동체였지만 시민의 유대감은 훨씬 깊었지요. 이런 유대감은 사적인 관계뿐 아니라 공적인 정치 체제에서도 생겨나고 유지되었습니다.

그리스인은 폴리스를 구성하고 운영하는 방법을 '폴리티케'politikē라고 불렀습니다. 폴리스에서 시민이 함께 살아가도록 하는 기술이 폴리티케, 다시 말해 '정치술'이었지요. 국가가 구성되는 방식이나 운영과 관련이 있는 기술입니다.

정치는 한 국가에서 함께 살아가는 사람들의 관계와 역할 등을 규정합니다. 여기에서 우리가 쉽게 떠올리는 권력과 정치가 연결됩니다. 국가 구성원의 이익과 손해, 역할과 지위 등이 정치에 따라 정해지기 때문에 정치의 힘은 굉장히 큽니다. 그래서 누가 강한 힘을 발휘할 것인가, 다시 말해 '누가 정치인이 될 수 있는가'가 중요합니다.

정치인이 모든 국민에게 전폭적인 지지를 받기란 쉽지 않습니다. 우리나라 대통령은 보통 집권 초기의 지지율이 높은 편입니다. 한국 갤럽의 조사에 따르면 역대 대통령의 취임 후 첫 직무 수행 긍정률은 보통 50~80% 중반입니다. 새로 취임한 대통령에 대한 기대가 커서 그렇겠지요. 새로운 대통령이 불러올 변화에 대한 기대가 지지율로 나타나고, 이후 대통령이 수행한 직무에 대한 불만족이나 다양한 논란과 잡음으로 지지율이 떨어지는 패턴이 반복되곤 합니다.

하지만 직무 수행 긍정률 결과를 뒤집어서 생각해 보면 기대가 높은 임기 초반에도 적게는 15%, 많게는 50%에 가까운 국민이 새로 선출된 대통령을 지지하지 않는다는 뜻이기도 합니다. 새로운 대통령에 대한 기대가 큰 시기에도 국민 전체의 지지를 받기란 불가능하고, 대통령이 업무를 제대로 수행하지 못하거나 실수하면 국민의 지지는 더욱 떨어진다는 의미죠. 왜 모두가 대통령 등 정치인을 한마음으로 지지하지 않을까요?

대통령이 되고 싶은 후보는 대통령직을 잘 수행하겠다고 약속합니다. 유권자는 후보의 약속에 비추어 그의 역량을 다양한 방법으로 평가한 다음, 한 표를 행사합니다. 따라서 정치가로서의 역량은 국민의 뜻을 따라 정치하는 정치인이 유권자의 지지를 받기 위해 갖추어야 할 매우 중요한 자질입니다.

그러나 대통령을 포함해 정치인이 권력을 가졌다고 해서 그들이 '국가를 구성하고 운영하는 기술'을 완벽하게 사용할 수 있다는 의미는 아닙니다. 여기엔 다양한 이유가 있는데 그중 하나는 그들이 정치가로서 자격이나 능력을 충분히 갖추지 못했기 때문입니다. 많은 유권자는 후보의 정치적 역량을 기준으로 투표하니까요. 이런 점을 미루어보면 정치인이 자신의 직무를 제대로 수행하기 위해서는 매우 뛰어난 사람이어야 할 것 같습니다. 만약 공직에 선출된 사람이 역량 부족으로 업무를 잘 수행하지 못하거나 실수를 저지르면 국민은 '저 정도는 나도 할 수 있지 않을까?'라고 생각하게 됩니다.

대한민국 헌법

[시행 1988. 2. 25.] [헌법 제10호, 1987. 10. 29., 전부개정]

제1조　　① 대한민국은 민주공화국이다.

　　　　② 대한민국의 주권은 국민에게 있고, 모든 권력은 국민으로부터 나온다.

대한민국 헌법의 제1조 1항을 보면 우리나라는 민주공화국이라고 명시되어 있습니다. '민주'는 국민이 주인이라는 뜻입니다. 고대 그리스의 정치 체제 중 하나인 '데모크라티아'dēmokratia에서 나온 말로 '데모스'dēmos의 통치를 의미합니다. 데모스는 주로 '민중'이라고 번역되고 크라티아는 그리스어 '크라토스'kratos의 변화형으로 '힘'이라는 뜻입니다. 따라서 데모크라티아는 민중에게 권력이 있는 정치 체제라는

의미입니다. '민주공화국'에서 '공화'는 여러 의미를 갖지만 일단 군주
가 없는 정치 체제라는 점이 중요합니다. 헌법 제1조 1항의 '대한민국
은 민주공화국'이라는 규정은 대한민국은 민중 혹은 국민에게 힘이 있
고 특정 군주에게 힘이 있지 않다는 선언입니다. 그리고 2항에 근거해
서 정치 권력은 정당성을 얻습니다.

　국민에게 힘이 있다는 것은 무슨 의미일까요? 단지 선거일에 한 표
를 던질 힘이 있다는 말은 아닙니다. 모든 권력은 국민에게 있습니다.
우리나라의 국가 체제는 국민 누구든 권력을 가질 수 있는 민주공화국
이지요. 누구든 권력을 가질 수 있고 실제로 그래야 합니다.
　그런데 헌법 1조는 정치인이 직무를 수행하고 국민이 평가하는 현실
과 충돌합니다. 권력은 국가의 여러 관계와 역할 등을 규정하는 정치인에
게 있는 것처럼 보입니다. 우리는 정치 권력을 갖게 될 사람이라면 특정
한 조건을 만족해야 한다는 전제로 지지 혹은 반대합니다. 정치인이리면
투표권을 행사하는 유권자보다 더 뛰어나고 탁월한 능력을 갖추어야 한
다고 생각하기 때문에 정치인에게 그 위치에 걸맞은 자격을 지녔기를 기
대합니다. 어느 정당에서는 정치인으로서 역량을 갖춘 사람만 공천해야
한다면서 후보자가 그만한 역량을 갖추고 있는지 알아보는 '기초 자격 평
가' 시험을 치르기도 합니다. 특히 대통령이라면 특정한 역량을 가져야
한다고 전제합니다. 그렇지 않다면 '대통령이 될 능력도 없는 사람이 왜
출마했지?' 하는 의문을 갖게 됩니다.
　모든 사람이 권력을 가질 수 있는, 즉 모든 사람이 정치인이 될 수 있
는 민주 정치 체제의 이념과 특정한 역량을 갖춘 사람이 정치 권력을
가져야 한다는 필요와 기대는 서로 충돌합니다. 둘 중 어느 쪽이 맞을

까요? 누구든 대통령이 될 수 있어야 할까요?

　고대 그리스의 아테네 사람들도 같은 문제를 놓고 논쟁을 벌였습니다.[9] 민중에게 권력이 주어진다면 누구든지 권력을 가질 수 있습니다. 그리스 민주 정치 체제의 가장 중요한 특징은 특정 가문_{왕정이나 귀족정}이나 재산_{금권정} 등을 기준으로 정치 권력을 가질 수 있는 조건을 구분하지 않았다는 겁니다. 아테네의 시민이라면 누구나 투표할 수 있는 권한을 가졌습니다. 뿐만 아니라 입법, 행정, 사법 등 공직에 참여했으며 정치인으로 활동할 수 있었습니다. 아테네의 걸출한 지도자인 페리클레스는 펠로폰네소스 전쟁 중 사망한 아테네 용사를 추모하는 국가 장례식의 연설에서 다음처럼 말했습니다.

> 우리는 집안일 뿐 아니라 도시의 일에 대해서도 신경을 씁니다. 자신의 일에 매여 있는 자들도 도시와 관련된 일들을 부족함 없이 알고 있습니다. 공적인 일에 참여하지 않는 자들을 초연한 자가 아니라 쓸모없는 자로 여기고 있는 것도 우리 아테네인뿐입니다. 그러면서도 우리는 사안들을 판단하거나 제대로 논의하며, 말이 행동에 해가 된다고 여기지 않고 행동으로 가기 전에 먼저 말을 통해 배우지 않는 것이야말로 해가 된다고 여깁니다.

투키디데스, 《펠로폰네소스 전쟁사》 2권 40장 2절.
투키디데스 지음, 김헌·장시은·김기훈 옮김, 《그리스의 위대한 연설》, 민음사, 2015. p. 45.

9　민주 정치 체제는 현대 민주주의와 달리 대의제가 아닌 직접 참여 정치가 특징입니다. 이 글에서는 민주주의와 민주 정치 체제를 구분해서 사용했습니다. 민주주의는 근대적인 이념이며 민주 정치 체제는 고대 아테네 등에서 실제로 구현되었던 정치 체제입니다. 따라서 '고대 아테네의 정치 체제는 민주주의 이념을 기반으로 했다'는 명제는 옳지 않습니다. 물론 민주주의와 민주 정치 체제가 개념상으로 서로 연결되어 있기는 하지만요.

공적인 일은 한 표를 행사하는 것만을 의미하지 않습니다. 아테네 시민이 적극적으로 정치 권력을 행사하는 것을 의미합니다. 그 권력을 행사하지 않는 사람은 아테네에서 쓸모없다고 여겨졌습니다. 시민 모두가 정치인이 되는 체제는 민주 정치 체제의 가장 근본적인 형태이지요. 시민들은 공적인 활동을 하기 위해서 잘 배우고, 토론하고, 자신의 생각을 설득력 있게 제시할 수 있어야 한다고 생각했습니다. 이를 바탕으로 모든 시민은 정치적인 행동을 해야 합니다.

그런데 누구나 공적인 활동에 참여한다면 더 큰 문제가 발생할 수 있습니다. 페리클레스는 정치에 참여하지 않는 자가 쓸모없다고 했지만, 국가 이익의 관점에서 보면 정치 역량을 갖추지 못한 사람이 오히려 쓸모없을 수도 있습니다. 법리 판단 능력을 충분히 갖추지 못한 사람이 재판관이 되어 판결을 내린다고 생각해 보세요. 피고가 실제로 아무런 잘못을 저지르지 않았는데 고소를 당한 경우, 법리 판단 능력을 갖추지 못한 재판관은 피고에 대한 고소 내용을 정확히 이해하지 못하고 고소인의 화려한 수사에 현혹될지도 모릅니다. 결과적으로 잘못된 사법 판단을 내려 사형을 선고할 수도 있지요. 국가에서 예산을 집중적으로 투자할 분야를 결정하기 위해서는 전체를 볼 수 있는 시야가 필요합니다. 그런 시각과 역량이 없는 사람이 국가의 막대한 예산을 집행하는 권력을 가진다면 국가에 큰 경제적 손해를 끼칠 수도 있습니다. 또한 정의가 무엇인지 잘 알지 못하는 사람이 법을 만든다면 국가가 부정의해지고 혼란에 빠질 수 있습니다.

모든 사람에게 권력을 부여할 때 발생할 수 있는 위험을 비판한 철학자가 있었습니다. 그는 특정한 역량을 갖춘 사람만 정치를 해야 한다고 생각했습니다. 바로 철학과 통치 권력이 일치되어야 한다고 주장한 플라톤입니다. 그러나 그의 주장은 특정 조건을 갖춘 사람에게만 정치 권력을 부여한다는 점에서 민주적이지 않습니다. 어떤 사람이 정치하는 것이 옳을까요? 정치인이 되기 위한 특정한 역량이나 정치 기술이 따로 있고 이를 갖춘 사람만 정치인이 되어야 할까요? 아니면 민주주의 이상에 충실하여 누구든 정치를 할 수 있도록 해야 할까요?

토론 수업을 위한
오늘의 고전

플라톤의 《국가》

특정 자격을 가진 사람이 국가를 통치해야 한다는 플라톤의 글을 읽어보도록 하겠습니다. 다음 인용한 지문 세 개는 플라톤이 쓴 《국가》의 일부입니다. 소크라테스와 제자인 글라우콘의 대화로 구성됐습니다.

[가]

"우리가 찾아서 보여 주도록 할 것은 오늘날 나라들에 있어서 잘못되고 있는 것이 도대체 무엇인지, 무엇 때문에 이들 나라들이 그런식으로 다스려지지 못하고 있는지, 그리고 최소의 것으로 무엇이 변혁을 봄으로써 한 나라가 이런 형태의 정체政體로 옮겨 갈 수 있을것인지 하는 것일 것 같으이. 이 경우의 변혁으로는 한 가지 것이면제일 좋겠으나, 그렇지 못하면 두 가지 것이나, 이로써도 안 된다면,

가능한 한, 수에 있어서도 적고 규모에 있어서도 작은 변혁들이면 좋겠네만."

"그야 전적으로 그렇습니다." 그[글라우콘]가 말했네.

"한데, 내 생각으론 한 가지 변혁을 통해서도 나라가 바뀌는 것을 우리가 보여 줄 수 있을 것 같으이. 그렇더라도 그건 작은 것도 쉬운 것도 아니나, 가능은 한 것일세." 내[소크라테스]가 말했네.

"무슨 변혁인가요?" 그가 물었네.

"이제 나는 우리가 가장 큰 파도에 비유했던 바로 그 문제에 이르렀네. 하지만 비록 그것이, 영락없는 파도처럼, 내가 웃음거리가 되어 폭소를 터뜨리게 하며 나쁜 평판을 흠뻑 뒤집어쓰게 하는 일이 있을지라도, 말하게 될 걸세. 그러면 내가 말하려는 것을 생각해 보게." 내가 말했네.

"말씀하세요." 그가 말했네.

"철학자_{지혜를 사랑하는 이: ho philosophos}들이 나라들에 있어서 군왕들로서 다스리거나, 아니면 현재 이른바 군왕_{basileus} 또는 '최고 권력자'_{dynastēs}들로 불리는 이들이 '진실로 그리고 충분히 철학을 하게'_{지혜를 사랑하게} 되지 않는 한, 그리하여 이게 즉 '정치 권력'_{dynamis politikē}과 철학_{지혜에 대한 사랑: philosophia}이 한데 합쳐지는 한편으로, 다양한 성향들이 지금처럼 그 둘 중의 어느 한쪽으로 따로따로 향해 가는 상태가 강제적으로나마 저지되지 않는 한, 여보게나 글라우콘, 나라들에 있어서, 아니 내 생각으로는, 인류에게 있어서도 '나쁜 것들의 종식'_{kakōn paula}은 없다네. 그렇게 되기 전에는, 지금껏 우리가 논의를 통해서 자세히 말해 온 그 정체가 결코 가능한 한도까지 성장하여 햇빛을 보게 되는 일은 결코 없을 걸세. 실은 이게 벌써부터 나로 하여금 발설하기를 망설이게 한 바로 그것일세. 그건 굉장히 역설적인 언급이 될 것이라는 걸 내가 알고 있었기 때문일세. 다른 방식으로는, 사적으로건 또는 공적으로건, 어떤 나라政體가 [진정으로] 번영하지는 못할 것이라는 걸 깨닫기란 힘든 일이니까." 내가 말했네.

[나]

"내 비유를 들어보게. (중략) 가령 여러 선박에서든 또는 한 선박에서든 이런 사태가 벌어진다고 생각해 보게나. 선주船主가 덩치나 힘에 있어서는 그 배에 탄 모든 사람보다 우월하지만, 약간 귀가 멀고 눈도 마찬가지로 근시인데다 항해와 관련된 다른 것들에 대해 아는 것도 그만하이. 한데, 선원들은 키의 조종과 관련해서 서로 다투고 있네. 저마다 자기가 키를 조종해야만 한다고 생각해서지. 아무도 일찍이 그 기술을 배운 적도 없고, 자신의 선생을 내세우지도 못하며, 자신이 그걸 습득한 시기도 제시하지 못하면서 말일세. 게다가 이들은 그 기술이 가르칠 수도 없는 것이라고 주장하며, 누군가가 그걸 가르칠 수 있는 것이라고 말하기라도 하면, 그를 박살낼 태세가 되어 있다네. 그러면서도 이들은 언제나 이 선주를 에워싸고서는 자신들에게 키를 맡겨 주도록 요구하며 온갖 짓을 다 하네. 그리고 때로 자신들은 설득에 실패하고 오히려 다른 사람들이 설득에 성공하게

라도 되면, 그들을 죽여 버리거나 배 밖으로 던져 버리거나 하네. 그리고선 점잖은 선주를 최면제나 술 취함 또는 그 밖의 다른 것으로써 옴짝달싹 못하게 한 다음, 배 안에 있는 것들을 이용해서 배를 지휘하네. 또한 술을 마시며 잔치를 벌이면서 으레 그런 사람들이 할 법한 식으로 항해를 하네. 게다가 이들은 자신들이 선주를 설득해서든 강제해서든 지휘할 수 있도록 도와주는 데 능란한 사람을 항해술에 능하며 조타술에 능한 사람 그리고 배와 관련된 것을 아는 사람으로 부르며 칭찬하지만, 그렇지 못한 사람은 쓸모없는 사람으로 비난하네. 이들은 참된 키잡이와 관련해서 이런 사실을 알지도 못하네. 즉 그가 참으로 배를 지휘하기에 적절한 사람이 되려면, 한 해^年와 계절들, 하늘과 별들, 바람들, 그리고 그 기술에 합당한 온갖 것에 대해 마음을 쓰는 게 그에게 있어서 필연적인 것이라는 걸 말일세. 그래서, 남들이 원하건 원하지 않건 간에, 키를 어떻게 조종할 것인지에 대한 기술적 지식을 가질 수 있다거나 수업을 받음과 함께 조타술을 습득케 될 수 있다는 생각을 이들은 하지 못하네. 이런 일들이 배에서 일어나고 있다면, 정작 조타술에 능한 사람은 이런 상태에 있는 배를 탄 선원들한테서 영락없는 천체 관측자나 쓸데없는 이야기나 늘어놓는 자로, 그리고 자신들에게는 쓸모없는 사람으로 불릴 것이라 자네는 생각지 않는가?"

[다]

"그러니까, 첫째로, 이들은 자유로우며, 이 나라는 자유_{eleutheria}와 언론 자유 parrhēsia로 가득 차 있어서, 이 나라에는 자기가 하고자 하는 바를 '멋대로 할 수 있는 자유' exousia가 있지 않겠는가?"

"어쨌든 그렇게들 말하고 있죠." 그가 말했네.

"한데, 적어도 '멋대로 할 수 있는 자유'가 있는 나라에서는 각자가 어떤 형태로든 제 마음에 드는 자신의 삶의 개인적인 대책을 마련할 게 명백하이."

"그건 명백합니다."

"이렇게 되면, 이 정체에서는 무엇보다도 온갖 부류의 인간들이 생겨날 것이라 나는 생각하네."

"어찌 그렇지 않겠습니까?"

그래서 내가 말했네. "아마도 정체들 중에서는 이게 가장 아름다운훌륭한 것임직하이. 마치 온갖 꽃의 수를 놓은 다채로운 외투처럼, 이처럼 이 정체도 온갖 성격으로 장식되어 있어서 가장 아름다워 보일걸세." 그리고서 또 내가 말했네. "그뿐더러 아마도 많은 사람 또한, 마치 다채로운 것들을 보고 있는 아녀자들처럼, 이 정체를 가장 아름다운 것이라 판단할 걸세."

"그러고말고요." 그가 말했네. (중략)

"이 나라에서는, 비록 자네가 능히 통치를 할 수 있다고 할지라도, 꼭 통치해야 된다는 아무런 강요도 없다네. 또한 자네가 원하지 않는데도 통치를 받아야 한다는 그 어떤 강요도 없으며, 다른 사람들이 전쟁을 하고 있다고 해서 자네가 전쟁을 해야 한다는 강요도, 다른 사람들이 평화롭게 지낸다고 해서 자네가 원하지 않는데도 평화롭게 지내야 된다는 강요도 전혀 없다네. 반면에 비록 어떤 법조문이 자네로 하여금 관직을 맡거나 배심원 노릇을 하는 걸 못하게 할지라도, 만약에 자네 자신으로서는 그래야겠다는 생각이 든다면, 그럴 경우에 관직을 맡거나 배심원 노릇을 하는 걸 하지 못하게 하는 강제적 제약 또한 없다네. 이와 같이 지낸다는 것이 당장에는 놀랍고 신나는 일이 아니겠는가?"

"아마도 당장에야 그럴 것입니다." 그가 말했네.

"그리고 어떤가? 유죄 선고를 받은 몇몇 사람들의 느긋함은 묘하지 않은가? 이와 같은 정체에서는 사람들이 사형이나 추방형의 선고를 받고서도, 그대로 머물러 있으면서 공공연히 나돌아다니는 걸, 그래서 마치 영웅의 혼령처럼, 아무도 마음쓰지도 눈여겨 보지도 않는 가운데 돌아다니는 걸 혹시 자네는 목격하지 못했는가?"

"그야 많이 목격했죠." 그가 말했네.

"우리가 나라를 수립하면서 엄숙히 말한 것들에 대한, 즉 월등한 성향을 지니고 있지 않는 한, 그래서 바로 아이일 적부터 훌륭한 놀이를 하며 이와 같은 모든 것에 종사하지 않는 한, 결코 훌륭한 사람이 될 수 없다고 한 것에 대한 이 나라의 관대함과 어떤 형태의 좀스러움커녕 전적인 경시는 이 모든 걸 얼마나 당당하게 짓밟아 버리며, 어떤 사람이 어떤 종류의 일들에 종사하다가 정치 활동을 하려는지에 대해서는 전혀 개의치 않으면서, 그가 대중 군중: plēthos에 대해서 호의를 갖고 있다고 말하기만 하면, 이를 얼마나 높이 사는가?"

"이 정체는 어쨌든 아주 특출하지요." 그가 말했네.

"그러니까 민주 정체는 이런 점들을 그리고 그 밖에도 이것들과 유사한 점들을 갖고 있겠으며, 또한 즐겁고 무정부 상태의 長이 없는: anarchos 다채로운 정체이며, 평등한 사람들에게도 평등하지 않은 사람들에게도 똑같이 일종의 평등 isotēs 을 배분해 주는 정체인 걸로 보이네." 내가 말했네.

플라톤, 《국가》 5권 473b~473e [가], 6권 487e~489a [나], 8권 557b~558c [다].
플라톤 지음, 박종현 옮김, 《플라톤의 국가·정체》, 서광사, 2021, pp. 364~365,
pp. 393~394, pp. 536~538.

1) 주제 이해를 돕는 연습

1   지문 [가]의 관점에서 보면 정치 권력이 지향해야 할 목표는 무엇인가요? 여러분은 이에 대해 어떻게 평가하나요?

2   지문 [나]의 화자는 최다 득표자가 공직에 오르는 현대 민주주의 선거 제도를 어떻게 평가할까요?

3   지문 [다]에 따르면 모순처럼 보이는 자유와 평등이 어떻게 양립할 수 있을까요?

2) 해석해드립니다

플라톤의 《국가》는 소크라테스를 주인공으로 쓴 일종의 드라마입니다. 펠로폰네소스 전쟁기원전 431년~404년에서 스파르타에게 패배한 아테네의 민주 정치 체제는 일시적으로 붕괴됐고 참주 30인이 통치했습니다. 하지만 민주 세력은 곧 다시 권력을 차지했고 아테네는 민주 정치 체제를 회복했습니다. 참주 정치 체제에 소크라테스의 제자가 다수 참여했기 때문에 일종의 정치범으로 몰린 소크라테스는 민주 정치 체제 하에서 사형당합니다.

소크라테스의 제자인 플라톤은 《국가》에서 이 비극적인 사건이 민주 정치 체제의 한계라고 비판합니다. 책을 쓴 사람은 플라톤이지만 소크라테스를 화자로 하여 다른 제자와 논의하는 방식으로 내용이 진행되기 때문에 민주 정치 체제에 대한 비판이 소크라테스의 입장인지 아니면 플라톤이 자신의 생각을 소크라테스를 통해 말하고 있는 것인지 불분명합니다. 우선 플라톤이 민주정을 비판했다고 전제하고 논의해 보겠습니다.

지문 [가]에서 플라톤은 철학자라는 특정한 역량을 갖춘 사람이 국가를 통치해야 이상 국가를 실현할 수 있다고 말합니다. 플라톤은 나쁜 것을 종식시켜야 번영을 이루고 이상 국가가 실현된다고 말합니다. 이를 위해 플라톤의 이상 국가 시민은 모두 자신의 역할을 담당합니다. 각자가 전문가로 일하는 분업 시스템이 효율적으로 작동하는 국가입니다. 지위의 차이는 없지만 역할의 차이가 있고 이에 따라서 계급이 세 개로 구분됩니다. 세 계급이 서로 협력한다면 국가 전체가 잘 작동하게 됩니다. 이상 국가는 좋은 결과를 최대한 산출하도록 국가를 작동시키는 시스템입니다. 이 시스템을 유지하는 것이 통치자의 역할입니다.

글라우콘은 소크라테스에게 이상 국가가 실제로 구현되기 위한 조건이 무엇인지 묻습니다. 플라톤은 지문 [가]에서 철학자가 통치하거나, 통치자는 철학자가 되어야 한다고 말합니다. 철학자라는 직업보다 지혜를 사랑하는 철학자의 특징이 국가 권력과 결합되어야 한다는 주장입니다.

플라톤은 정치를 잘 하기 위해서는 특별한 기술이 필요하다고 전제합니다. 철학은 정치술, 즉 정치와 관련된 지식과 연결됩니다. 아무나 통치해서는 안 됩니다. 국가 전체를 돌보고 갈등을 조정할 수 있는 기술을 가진 사람이 통치해야 한다는 말이지요. 플라톤은 정치 권력을 가진 사람은 특정한 역량을 갖추어야 한다고 주장합니다. 현대 대의 민주주의의 특징적 절차인 선거에서 후보자에 대한 역량 평가는 중요한 조건입니다. 그러나 현실적으로 투표 과정에서 유권자의 판단은 다른 요인에 의존하는 경우도 있습니다.

지문 [나]에서 플라톤은 정치 지식을 갖고 있는 사람과 그렇지 않은 대중을 구분하는 비유를 제시합니다. 국가를 경영하는 일이 배를 운항하는 일과 같다는 비유입니다. 항해할 때 조타술을 아는 사람이 배를 조종합니다. 그런 기술을 갖지 못한 선원이 키를 맡아선 안 됩니다. 일반 선원이 배를 조종해보고 싶다는 욕구 때문에 키를 잡으면 배에 탄 사람의 생명이 위험에 처할 수 있습니다. 말 그대로 '배가 산으로' 갈 수 있지요. 플라톤은 국가 또한 이를 잘 운영할 수 있는 기술을 가진 사람이 이끌어가야 한다고 주장합니다.

그런 기술을 가진 사람이라도 대중에게 항상 좋은 평가를 받진 않습니다. 조타술을 가진 사람은 배에 한두 명 있겠지만 선원은 여럿입니다. 선원 다수가 조타수 한 명을 '쓸모없는 사람'이라고 평할 수 있습니다. 왜냐하면 항해 과정에서 다른 선원은 힘들게 노동하는데 조타수는 별로 힘도 쓰지 않고 하늘만 바라보면서 말로만 '이리로 가야 한다'거나 '저리로 가야 하니 힘을 더 쓰라'고 떠들고 있으니까요. 그러나 조타술이 결국 배를 인도하기 때문에 배를 운항하는 데 있어 조타수가 중요하다는 사실을 제대로 아는 사람은 그의 기술과 역할을 인정할 것입니다.

정치술을 가진 철학자는 다른 사람에게 좋은 평가를 받지 못할 수 있습니다. 그러나 플라톤은 정치 지식이 없는 다수의 판단보다는 기술과 지식을 갖춘 지도자가 국가를 이끌어가야 한다고 주장합니다. 여기서 플라톤이 초점을 맞추는 핵심은 다수와 소수가 아니라 지식의 유무입니다. 지식인이 다수라면 그들의 판단은 문제없습니다. 따라서 다수의 지배 자체를 비판하는 것이 아닙니다. 정치 역량을 갖추지 못한 사람에게 권력이 부여되는 것이 문제입니다.

그런데 모든 사람이 어떤 공직이라도 맡을 수 있는 민주 정치 체제에서 누가 더 많이 아는지 여부는 중요하지 않습니다. 지문 [다]에서 알 수 있듯이 민주 정치 체제의 가장 중요한 특징은 '개인의 자유'입니다. 모든 사람의 자유는 보장되어야 합니다. 더 알거나 모른다는 이유로 차별해서는 안 됩니다. 모든 사람은 자신의 의지대로 말하고 생각할 자유가 있습니다. 이들은 다양한 사건에 대해 각자 다른 의견을 가질 수 있습니다. 누구도 그 자유를 빼앗아갈 수 없습니다. 모두 자유를 가지고 있기 때문에 평등합니다.

이 사회는 다양한 사람들이 모여 있기에 다채롭고 아름답습니다. 그러나 플라톤은 모두가 권력을 가지고 있고 누구의 자유도 제한하지 않는 정치 체제는 일종의 무정부 상태와 같다고 비판합니다. 그는 모두 원하는 대로 행하다 보면 국가의 질서가 무너지며 이것이 민주 정치 체제의 한계라고 주장합니다.

토론해봅시다

대한민국 헌법

[시행 1988. 2. 25.] [헌법 제10호, 1987. 10. 29., 전부개정]

제67조 ① 대통령은 국민의 보통·평등·직접·비밀선거에 의하여
선출한다.

② 제1항의 선거에 있어서 최고득표자가 2인 이상인 때에
는 국회의 재적의원 과반수가 출석한 공개회의에서 다
수표를 얻은 자를 당선자로 한다.

③ 대통령후보자가 1인일 때에는 그 득표수가 선거권자 총
수의 3분의 1 이상이 아니면 대통령으로 당선될 수 없다.

④ 대통령으로 선거될 수 있는 자는 국회의원의 피선거권
이 있고 선거일 현재 40세에 달하여야 한다.

⑤ 대통령의 선거에 관한 사항은 법률로 정한다.

우리나라는 민주공화국입니다. 모든 대한민국 국민에게 권력이 주어졌다는 의미입니다. 민주 국가의 권력에는 대표자를 뽑을 수 있는 투표권뿐 아니라, 대표자가 될 수 있는 피선거권도 포함됩니다. 그런데 우리나라의 정치 제도에 따르면 피선거권은 대통령은 40세 이상, 국회의원은 18세 이상에게 주어집니다「공직선거법」제16조 제1항. 우리나라는 민주주의 체제이지만 피선거권의 자격을 제한하기 때문에 특정한 자격을 갖춘 사람이 정치를 해야 한다는 플라톤의 주장을 일부 받아들인 것 같기도 합니다. 그렇다면 대한민국 헌법은 민주 정치 체제의 근본이념을 충실히 구현하지 못한 것 같습니다.

1) 고전을 이해하는 토론

1 국민 모두에게 권력이 있다는 민주주의 이념과 피선거권의 제한은 모순 같습니다. 어느 쪽이 옳을까요? 혹은 양쪽을 모두 포괄할 수 있는 방법이 있을까요?

2 플라톤은 정치술이라는 특정 지식을 가졌는지 여부에 따라서 정치할 수 있는 자격을 부여했습니다. 하지만 우리나라의 헌법과 법률은 나이로 피선거권과 정치 권력을 가질 자유를 제한합니다. 나이는 정치적 역량을 판단하는 정당한 기준일까요?

3 정치인이 되기 위한 조건을 어떻게 확인할 수 있을까요? 만약 정치인이 되기 위해 기초 자격 평가 시험을 치러야 한다면 이 시험

은 무엇을 측정해야 할까요? 이런 시험은 피선거권이라는 개인의 권리와 자유를 제한하는 기준이 될 수 있을까요? 시험 성적으로 권리와 자유를 제한한다면 정치인의 역량을 평가하는 데 어떤 장점과 단점이 있을까요?

4 ___ 우리나라를 비롯한 현대 민주주의 국가는 선거권 또한 나이와 범죄 경력 등에 따라 제한을 두기도 합니다. 선거권의 제한은 민주 정치 제도에서 정당화될 수 있을까요? 혹은 정당화될 수 없을까요?

2) 오늘을 위한 토론

1 ___ 플라톤은 지문 [가]에서 국가의 목표를 최대 이익 산출이라고 생각합니다. 그에 따르면 국가는 효율적이어야 합니다. 그러나 근대 이후 국가의 가장 근본적인 역할이자 존재 이유는 국민의 생명 보호라고 생각합니다. 어떤 주장이 더 정당할까요?

2 ___ 플라톤은 지문 [나]에서 정치, 즉 국가 운영이 배 운항과 같다고 전제합니다. 이 비유는 정당한가요?

3 ___ 플라톤은 지문 [다]에서 자유를 '멋대로 할 수 있는 권리'라고 정의합니다. 대한민국과 같은 민주주의 이념을 구현하는 국가는 이런 자유를 국민에게 보장해야 할까요? 만약 자유를 제한할 수

있다면 근거는 무엇일까요? 어떤 방식으로든 자유가 제한된다면 이는 민주적일까요?

더 깊은 토론을 위한 참고자료

★ 플라톤 지음, 박종현 옮김, 《플라톤의 국가·정체》, 서광사, 2021

플라톤의 《국가》는 많은 번역본이 있습니다. 《국가》를 공부하고 싶다면 그리스어를 직접 번역하고 원문을 가장 정확하게 우리말로 옮긴 이 번역서를 추천합니다.

★ 투키디데스 지음, 김헌·장시은·김기훈 옮김, 《그리스의 위대한 연설》, 민음사, 2015

페리클레스의 연설은 원래 투키디데스가 쓴 《펠로폰네소스 전쟁사》 2권에 기록되어 있습니다. 하지만 인용문은 고대 그리스 수사학의 거장 4인인 페리클레스, 뤼시아스, 이소크라테스, 데모스테네스의 연설만 따로 모아 번역한 이 책에서 가지고 왔습니다. 고대 그리스에 연설집이 따로 있진 않았지만 이 책은 여러 사료에서 네 사람의 연설을 발췌해서 번역했습니다. 고대 그리스에서 공동체의 회복을 위해 시민을 설득하는 말이 어떤 힘을 가졌는지 직접 맛보고 싶은 분에게 권합니다.

★ 유재원 지음, 《데모크라티아》, 한겨레출판, 2017

그리스의 민주 정치 제도에 대한 포괄적인 이해에 큰 도움이 되는 훌륭한 입문서이자 연구서입니다. 저자는 '데모크라티아'를 민주주의로 번역해서는 안 된다고 강조합니다. 고대 그리스의 '데모크라티아'가 근대의 정치 이념에 따른 민주주의라고 오해할 수 있기 때문입니다. 저자는 역사 사료를 통해 그리스인의 '데모크라티아'는 민중에게 권력이 주어지는 구체적인 정치 체제라고 설명합니다. 또한 고대 그리스의 역사에서 정치 권력이 어떻게 민중으로 이동했는지 상술합니다.

★ 이종환 지음, 《플라톤 국가 강의》, 김영사, 2019

플라톤의 《국가》를 포괄적으로 이해할 수 있도록 도와주는 해설서입니다. 난해하고 긴 《국가》를 독자가 스스로 읽어갈 수 있게 길잡이 역할을 합니다. 《국가》에 대한 다양하고 심도 있는 이해를 원하는 분에게 추천합니다.